一个君主,最好的堡垒就是不要被人民憎恨。

——马基雅维利

The Machiavellian Moment
of Modern Democracy

现代民主的
马基雅维利时刻

段德敏 著

南京大学出版社

李强序

段德敏教授新著《现代民主的马基雅维利时刻》,邀我作序。收到书稿后,我以十分愉悦的心情读完全书,不仅为书中精彩的理论分析所吸引,也为那种环环相扣、层层相接的书写方式所打动。

这部著作讲了三个故事。

一是马基雅维利的故事。马基雅维利作为西方政治思想从古典向近代过渡的关键人物,历来是治西方政治思想史者必读的大家。一个马基雅维利,一个霍布斯,研究西方政治思想史的主要学派都必须攻克这两座高峰,对二者作出自己独特的解释。施特劳斯学派如此,剑桥学派也是如此。

近些年来,国内学术界的马基雅维利研究十分繁荣,专著、专论迭出,观点纷呈。段德敏的著作全然不同于通常的马基雅维利研究。他是围绕一个主题来重新解读马基雅维利。这个主题就是冲突与共和的关系,而这也是我们今天分析世界政治,尤其是美国政治的重要视角。围绕这一主题，段德敏重新解读了《君主论》《论李维》《佛罗伦萨史》这三部马基雅维利的主要著作。

在解读马基雅维利的文本时，作者展现了深厚的学术功底。他对马基雅维利文本的娴熟程度令人赞叹，他能够从卷帙浩繁的文本中挖掘出可以展现主题的关键概念或话语，并以一种颇为细腻的方式对其进行解读，从而揭示马基雅维利的真实意图。他还将马基雅维利的一些核心观念与柏拉图、亚里士多德、西塞罗、奥古斯丁、阿奎那等古典思想家比较，与意大利文艺复兴时期其他公民人文主义者比较，与同时代的著名思想家如伊拉斯谟比较，在比较中展示马基雅维利学说的独特性，揭示马基雅维利理论的内涵。他也十分熟悉当代马基雅维利研究的各派著作，旁征博引，而且每每都以批判的眼光提出自己的独特观点。无论是引证古典思想家的观点，还是当代的研究著作，作者都以一种看似随手拈来却又十分严谨的方式处理所引证的文字。

通过如此抽丝剥茧的分析，作者展示了一个颇具革命性的马基雅维利。马基雅维利希望有一个"新君主"，依靠人民而非贵族，构建新的强大国家。在君主制与共和制之间，他钟情共和制。而且，更为关键的是，他不同于古典共和主义以及之后的共和主义思想家，强调冲突而非和谐乃是古罗马共和制繁荣的原因。当然，在分析佛罗伦萨历史时，他也对可能造成动乱、颠覆共和国之船的冲突忧心忡忡。如此一幅马基雅维利的画像确实让人印象深刻。

第二个故事是马基雅维利对近代以来思想界的影响。从以哈林顿为代表的英格兰共和主义到卢梭，马基雅维利的理论激发了近代早期的激进共和主义思想。更令人印象深刻的是作者关于当代左翼激进主义对马基雅维利的解读和利用。段德敏教授曾专门研究过法国左翼思想家勒弗，对当代左翼思想界的人物和著作有深入了解。

在左翼思想界的脉络中，葛兰西对马基雅维利的解释至关重要。按照葛兰西的解读，马基雅维利关注的重点在一个"新"上，即新的秩序（nuovi ordini; new order）如何产生、如何维系。作为一个马克思主义者，葛兰西认为马基雅维利所描述的新君主所要完成之事，跟现代工人运动倡导下层民众起来推翻旧秩序、建立新秩序，本质上是一样的。

葛兰西关于马基雅维利的解释影响了结构主义、后现代主义思潮。当代政治哲学家阿尔都塞（Louis Pierre Althusser）、墨菲（Chantal Mouffe）、拉克劳（Ernesto Laclau）等都受到马基雅维利和葛兰西的启发。现代思想史中最具批判性的一脉都对马基雅维利颇有好感，更愿意从他那里吸取思想灵感，希望借助马基雅维利的"新君主"概念思考现代社会的变革与革命问题。

经过如此一番梳理，马基雅维利的形象蓦地高大起来。马基雅维利不仅是西方从古代向现代转型过程中一位伟大的思想家，而且是现代革命家的先驱。尽管马基雅维利从未用过"革命"一词，其著作中却处处透露出革命精神。从葛兰西到当代左翼思想家都能够在马基雅维利那里获得巨大启发和精神支持，希望看到一种新的革命力量，即葛兰西所谓的"现代君主"，在历史中担当起行动的主体，将自己认识到的新的社会、新的人与人之间的关系从无到有地建立起来。

第三个故事严格说来不是故事，而是从以上两个故事导出的政治理论。这一理论的核心是冲突与共和的关系。实在说，如果接受马基雅维利的逻辑，人性本恶，那么人总是"忘恩负义、容易变心的，是伪装者、冒牌货，是逃避危难、追逐利益的"。"除非出于必要，人从来不做任何好的事情。"在这个意义上，无论君主制还是共和制，不同群体之间的冲突都在所难免。在君主制下，公开的冲突被严格禁止。其结果是，如果出现好的君主，"他会看到世界繁荣昌盛，君主有充分的荣耀，人民有爱心和安全"。但好君主乃可遇不可求之物，如果出现坏的君主，按照马基雅维利的说法，"他会看到他们由于战争而残暴，因叛乱而不和，在和平与战争时期都是残酷的；如此多的君主被刀剑杀死，如此多的内战，如此多的外战"。

在共和制度下，冲突也会是政治的常态。按照段德敏的分析，马基雅维利与古典共和主义理论分道扬镳，不再将公民之间的和谐视作共和政体之必要条件，而将不同群体、阶层之间的冲突视作刺激共和制活力、防止共和制走向腐败的重要机制。譬如，马基雅维利认为"冲突""不和"甚至"骚动"在罗马共和政治中扮演了非常积极正面的角色，使罗马越来越"自由"，从而也越来越具有扩张的能力。当然，冲突完全有可能变成政治共同体的噩梦，在马基雅维利晚年的政治著作中，尤其是在《佛罗伦萨史》中，他描述了一个与罗马共和国的正面例子完全相反的景象，在那里，平民与贵族之间的剧烈冲突和斗争造成如此重大的负面后果，以至于"佛罗伦萨变得越来越孱弱，越来越卑鄙无耻"。

马基雅维利这种冲突理论颇受当代左翼思想家的青睐。以墨菲为例，她借鉴马基雅维利，更借鉴卡尔·施密特，强调回归政治。墨菲嘲讽罗尔斯、哈贝马斯等思想家追求一致性，追求和谐，全然不理解冲突乃政治之实质。这种批评看似有理，但实际上不仅将马基雅维利的观点推向极端，而且也不符合政治的常识。实际上，无论构建何种形式的政治共同体，某种共识是必须的。用法国社会学家涂尔干的观点来说，构成一个社会的要素既要有机械团结（mechanical solidarity），即社会分工，又必须有共享的价值观等。

在这个意义上，马基雅维利对佛罗伦萨式冲突的担忧值得深深挖掘。段德敏用"政治状态"和"法律状态"两个概念阐释了马基雅维利的冲突观。冲突在马基雅维利那里其实是一种法律或制度之前的"政治"状态。没有哪一种法律或制度能保证一个共和国得以长久维系，时间和命运会带来不确定性。新的环境、新的社会和历史条件都会对共和国提出新的要求。冲突本身就带有一定的"非法"性质，但它又不是不正当的，它主要是一种"非常"状态，是一种共和国内部的动力机制，它可能产生好的、更加公平和正义的法律。法律和制度是这一状态的结果，而非相反。马基雅维利的深刻之处正在于他意识到了这一前法律的"政治"状态比法律本身重要得多，这才是罗马良好的法律制度及其强大的原因。但另一方面，在一个像罗马这样的共和国中，也需要有一些制度或法律的设置，使得冲突不至于成为内部剧烈的你死我活的对抗。马基雅维利认为罗马正是有着这样的法律设置，它们本身并不是本源性的，但其存在却构成了一种保护机制，使得人们更好地开展争执，使争执主要指向公共利益，而非完全由私利主导。

应该说卡尔·施密特的"政治"（the political）概念和马基雅维利的观点颇为近似，且更为展开。如果我们接受德国法学家、德国联邦宪法法院大法官恩斯特-沃尔夫冈·伯肯弗尔德（Ernst-Wolfgang Böckenförde）的解释的话，施密特"政治"概念的核心是敌友之区分，这一概念可以视作对政治现实的概括。但国家构建之后，国家凭借对合法使用暴力权力的垄断将国内的敌友冲突纳入一个和平的秩序之中。在这个意义上，政治便转化为法律，敌友冲突不再是国内政治的主要内涵。[1]

当代自由主义民主的鼓吹者强调理性共识的理论，希望不同群体从多元的立场出发，通过理性对话寻找人们都能够接受的共

---

[1] Ernst-Wolfgang Boeckenfoerde, "The Concept of the Political: A Key to Understanding Carl Schmitt's Constitutional Theory", in David Dyzenhaus ed., *Law as Politics: Carl Schmitt's Critique of Liberalism*, Duke University Press, 1998, pp. 38–41.

识，并以此共识作为制度、法律与政策的基础。这些说法其实和马基雅维利的观点并不矛盾，其目的也是将冲突限定在特定范围内，避免国内不同群体的冲突滑向施密特所谓的"政治"状态。当然，在认同政治大行其道的今天，类似美国式的"极化政治"会将美国引向罗马还是佛罗伦萨，我们将拭目以待。

段德敏讲述这三个故事的方式对于政治思想史研究有很大的启迪意义。从政治学的角度研究政治思想史不只是单纯勾勒、描述、分析历史上思想家的理论与行为。这种分析尽管十分有价值，但对于政治学而言，更有意义的是能够从思想史的研究中萃取政治理论，而这些理论对于思考当代政治问题有所启迪。段德敏关于冲突与共和的理论分析显然具有这方面的意义。我们不仅可以借鉴马基雅维利的理论分析当代西方民主的运行，尤其是美国民主的运行，观察不同种族、阶级的冲突将会造就更伟大的共和国还是导致类似佛罗伦萨的乱局。而且，我们也可以同时从理论上思考在现代社会条件下，何种政体、何种方式可以较好地处理冲突与秩序的关系。

段德敏的著作还有一点颇令人欣赏。他在著作中引证了大量的文献，特别是关于马基雅维利的研究文献。但他并不是简单陈述研究者的观点，而是以批判的眼光，既汲取他人研究的智慧，又指出其研究的缺憾，并进而展示自己的解释。当然，做到这一点并非易事，这需要对马基雅维利以及相关经典文本十分深入的理解，需要对相关研究文献的细致把握。但这正是一部优秀的思想史研究著作应该具备的特征。

　　基于上述贡献,我觉得,段德敏的这部著作为国内西方政治思想史研究树立了一个新的标杆,它将激发更多的研究者做出有分量的研究,开创政治学理论研究的繁荣局面。

目 录

小引 / 001

第一章 导论：马基雅维利与现代社会 / 004

第二章 奠基与暴力 / 025

 一 历史中的政治 / 027

 二 找回"政治" / 040

 三 奠基中的抗争 / 053

 四 "冲突"的两面 / 062

第三章 新君主与现代国家 / 090

 一 君主国的类型学 / 091

二　能力与命运 / 109

　　三　君主镜鉴 / 133

　　四　君主与国家 / 152

第四章　罗马共和的再造 / 166

　　一　"自由而强大" / 167

　　二　冲突的政治 / 191

　　三　德性与命运 / 219

第五章　佛罗伦萨史的启示 / 241

　　一　保守与激进 / 243

　　二　马基雅维利与"人民" / 252

　　三　马基雅维利的"保守转向"？ / 257

　　四　冲突理论中的"政治" / 267

第六章　现代君主与革命 / 280

　　一　"新制度与新秩序" / 281

　　二　"新秩序"的科学 / 294

　　三　现代君主与革命 / 308

第七章　权力与政治代表 / 328

一　代表与君主的面具 / 330

二　政治代表之争 / 346

三　权力与政治代表 / 372

第八章　结论 / 393

后记 / 407

小 引

本书的写作最早起源于我几年前在网络思想专栏"腾讯思享会"上发表的《现代民主的马基雅维利时刻》一文，这篇小文发表后，我收到很多人的反馈，包括我很景仰的前辈学者，也包括一些网友。有一位老师说读后意犹未尽，好像还有很多话要说，这正好也是我的感觉。后来在一些朋友的鼓励下，我慢慢将小文拓展成一本书，最早的那篇随笔也被我修改后放在了第一章"导论"中，其原始标题也是本书的题目。

我原来做托克维尔和近代法国政治思想研究，因为托克维尔所重点讨论的民主问题而对当代民主理论产生兴趣，进而做了一些更广泛的阅读，也写了一些文字，其中包括克劳德·勒弗、政治代表、当代民主和民粹主义等话题。主要是受勒弗的影响，我开始对马基雅维利有了兴趣，这也是本书写作的另一背景。

在写作本书的过程中，我越来越发现，托克维尔和马基雅维利可以说构成了思考现代民主的两个范式：托克维尔强调贵族的重要性，在贵族社会已经消失、身份平等化的现代社会，他认为需要找到古代贵族精神的现代替代物（如他所说的"正确理解的个人利益"），否则现代社会很难避免滑向新的专制。而马基雅维利则在总体上用一种愤世嫉俗的态度对待所谓的贵族精神，他认为在古罗马，贵族是对共和国自由的主要威胁，正是因为存在平民对贵族的不断斗争，罗马才变得"自由而强大"，同时这一教训也适合所有共和国。托克维尔担心现代社会人与人之间的关系纽带断裂、社会原子化，他认为这会使得最终只能由强制力来将人们凝聚在一起；但马基雅维利担心的可以说正好相反，社会纽带往往包含着权力结构，它更多是大人物与精英建构起来以满足自身欲望、野心的存在，就像新君主国一样，它既然是由人主动建构起来的，当然也可以被冲击、摧毁甚至替代，因此他完全不惮于去扯开社会纽带的面纱，并且认为这种撕扯是自由和进步的保证。

但同时，托克维尔和马基雅维利又分享着很多东西。托克维尔强调贵族的作用，其实也是看到封建社会中的地方贵族能形成一种对君权的约束，而现代社会的原子化会导致这种中间阶层的消失；马基雅维利强调共和国中"冲突"的正面作用，虽然主要放在平民对贵族的抗争上，但他也强调一种约束的机制。托克维尔反复讨论民众政治参与的重要性，认为只有在参与中民众才能培养美德；马基雅维利的共和理论同样将政治参与和美德培养作为核心。事实上，只有以这些共同点为基础，我们才能更好地理解他们之间的区别。托克维尔和马基雅维利代表了现代社会两种思考民主的范式,这也帮助我们理解,为什么在关于当代美国的争论中,有些人认为其"政治极化"背后的根本问题是社会缺乏共识和凝聚力,存在太多没有必要的、破坏性的抗争;而另一些人则认为社会的不平等,穷人、少数族裔、边缘群体长期被压制和排斥的事实,才是最重要的问题,因此需要做更多的抗争,冲破更多的边界,推动更多的"社会进步"。这两种视野似乎同时存在,互相之间很难说服对方。

本书也可以说是在尝试探讨马基雅维利这一边的观念体系,既包含对马基雅维利文本和思想的分析,也包含对马基雅维利思想的当代相关性的阐释。本书还特别指出了马基雅维利和马克思以及很多当代左翼思潮之间的关联;我们也应该从马克思主义的角度关注这些思想史、观念史上的诸多分歧及其当代含义。

第一章　导论：马基雅维利与现代社会

一

马基雅维利是 15—16 世纪意大利文艺复兴时期的著名思想家，他的一大半名声跟所谓"马基雅维利主义"有关，而这个"主义"大概的意思就是"目的证明手段，为达目的可以不择手段"。虽然很多时候一个人和以他的名字命名的"主义"并不完全一样，但总归不会完全没有联系。我们只要稍微从他那本意图用来指导君主行事的《君主论》一书中摘几句，就可以看出来：

　　一个君主被人惧怕比起被人爱，更为安全些。[1]

---

[1] 马基雅维利，《君主论》，潘汉典译，商务印书馆 1997 年版，第 80 页。

一个人如果在一切事情上都想发誓以善良自持,那么,他厕身于许多不善良的人当中定会遭到毁灭。所以,一个君主如要保持自己的地位,就必须知道怎样做不良好的事情,并且必须知道视情况的需要与否使用这一手或者不使用这一手。[1]

君主既然必须懂得善于运用野兽的方法,他就应当同时效法狐狸与狮子。由于狮子不能够防止自己落入陷阱,而狐狸则不能抵御豺狼。因此,君主必须是一头狐狸以便认识陷阱,同时又必须是一头狮子,以便使豺狼惊骇。[2]

拿马基雅维利所生活时代的教皇亚历山大六世为例,他为当上教皇不择手段,贿赂、恫吓,无所不用其极,且私生活极为糜烂,当上教皇之后继续和情妇厮混,为自己的私生子捞取好处。他的私生子切撒雷·博尔贾(Cesare Borgia)比其父有过之而无不及,后来却成为马基雅维利《君主论》中君主可以效仿学习的对象,因为他懂得"在必要的时候做必要的事",在夺取和巩固自己的权力、建设一个新君主国时,既不受传统道德原则的束缚,也不依靠他人的武力和幸运。教皇亚历山大本人也在《君主论》中时常出现,被当作取得和保有"教会的君主国"的典型。

很多人愿意从马基雅维利的著作中发展出一些具备"正当性"

---

[1] 马基雅维利,《君主论》,潘汉典译,商务印书馆1997年版,第73—74页。
[2] 马基雅维利,《君主论》,潘汉典译,商务印书馆1997年版,第84页。

的话题，如共和主义[1]、价值多元论[2]、政治的独立性[3]等，但也有人更直接地宣称马基雅维利就是"邪恶的导师"，如列奥·施特劳斯（Leo Strauss）[4]。客观地说，前面所引的那些"邪恶的教条"其实并不是马基雅维利的发现，它们和人类历史一样久远，但以前的人只做不说，在马基雅维利之前从来没有人将它们堂而皇之地放在一部严肃的政治学著作中去讲。马基雅维利却用那些教条作为某种"原则"指导君主，并告诉他们，"所有武装的先知都获得了胜利，非武装的先知都失败了"，[5] 这不能不说是一种极为离经叛道的思想。

但另一方面，从马基雅维利自己的角度来说，他可能并不认为自己在有意传播或宣扬恶，他只不过是认为人类社会所有形式的政治权力——只要它还有必要存在——都不可避免地包含着日常道德所不允许的成分，而他自己所做的也只是将这些成分展示

---

[1] 以剑桥学派为代表，典型如昆廷·斯金纳（Quentin Skinner）、J. G. A. 波考克（J. G. A. Pocock）、毛里齐奥·维罗里（Maurizio Viroli）等。昆廷·斯金纳，《近代政治思想的基础》，奚瑞森、亚方译，商务印书馆2002年版。J. G. A. 波考克著，冯克利、傅乾译，《马基雅维里时刻》，译林出版社2013年版。莫里齐奥·维罗里，《马基雅维里与共和主义政治观》，吉塞拉·波克、昆廷·斯金纳等编，阎克文译，生活·读书·新知三联书店2019年版。

[2] 例如以赛亚·伯林（Isaiah Berlin），《马基雅维利的原创性》，见以赛亚·伯林《反潮流：观念史论文集》，冯克利译，译林出版社2002年版。

[3] 例如克劳德·勒弗、尚塔尔·墨菲等人的工作。尚塔尔·墨菲，《政治的回归》，王恒、臧佩洪译，江苏人民出版社2005年版。Claude Lefort, *Le Travail de l'œuvre Machiavel*, Paris: Gallimard, 1972.

[4] 列奥·施特劳斯，《关于马基雅维利的思考》，申彤译，译林出版社2003年版。

[5] 马基雅维利，《君主论》，潘汉典译，商务印书馆1997年版，第27页。

出来而已。如果这正好能为君主所利用，建立一个持久而伟大的国家，未尝不是一件好事。且不说宗教及其先知，世俗的权力如罗马共和国，它的建立也和必要的恶有关，如果罗慕路斯在建国时没有杀死其兄弟，很可能就没有后来罗马的辉煌和伟大。因此，马基雅维利才说："我觉得最好论述一下事物在实际上的真实情况，而不是论述事物的想象方面。许多人曾经幻想那些从来没有人见过或者知道在实际上存在过的共和国和君主国。可是人们实际上怎样生活同人们应当怎样生活，其距离是如此之大，以致一个人要是为了应该怎样办而把实际上是怎么回事置诸脑后，那么他不但不能保存自己，反而会导致自我毁灭。"[1]

我们再把目光转向当代。2016 年的美国总统选战中，先是特朗普（Donald Trump）作为黑马异军突起，成为共和党总统候选人，和民主党的老面孔希拉里（Hillary Clinton）抗衡。虽然特朗普在受过良好教育、经济收入尚可的人群以及有色人种、少数族裔中接受度较低，但他很受中下层白人的欢迎，加上他具有煽动性的民粹主义宣传口号，入主白宫的可能性不低。但随后特朗普多年前在某电台吹嘘性侵女性的录音曝光，大批声称曾遭他侵犯的女性公开发声，特朗普选情大跌，希拉里似乎胜券在握。然后剧情又有大转折，大选前两周左右，美国联邦调查局局长宣布发现新的关于希拉里私人邮件的材料，有可能重启对此问题的调查。

---

[1] 马基雅维利，《君主论》，潘汉典译，商务印书馆1997年版，第 73 页。

维基泄密也持续助攻，披露希拉里竞选团队中一些不那么见得光的事，如她和银行业巨头的来往、对同党竞争对手桑德斯的攻击等等。只要看过美剧《纸牌屋》，大概都不会对以上这些感到陌生。

我们有时候有一种印象，即马基雅维利似乎和我们中国古代的法家类似，他们都是给大人物出谋划策的，而且这些谋策都更加适合在半夜说。比如韩非说"法莫如显，而术不欲见"，"去好去恶，臣乃见素；去旧去智，臣乃自备"。这些话恐怕就不大适合在光天化日之下大声宣扬。然而，现代民主政治是不是应该和这些都有所区别？民主难道不应该是某些大人物玩弄权术的反面，是人民自己统治自己的政治形式？如果是这样，那么在逻辑和道德上是不是都应该和上述这些"统治术"有所区别？更进一步地，民主政治中的政治家理应是人民的"代表"，他们应该听从人民的指挥和命令，而不应该将自己的私利凌驾于人民之上。否则，民主制和君主制有什么区别？

对于这些问题，一种可能的解释是，民主政治中的那些"马基雅维利时刻"是因为特定时期的特定"民主国家"还不够"民主"导致的，只要它们足够民主，这些应该都会消失。从而，在逻辑上，人们应该给"人民"更多在场的机会和更多权力，给那些"政治代表"们更少自由发挥的空间。然而，这个解释不仅没有解决问题，反而增加了问题的难度。因为它将答案推向了一个遥远的、人们需要不断去接近的未来，但在现实中，我们看到人民最直接在场的时候——如法国大革命期间,那些政治人物(如罗伯斯庇尔等)的重要性不仅没有减弱,反而比任何时候都举足轻重、令人生畏。这里,一个更为根本的问题在于:是否存在一个既在道德上正确,又能对代表们发出明确指令的"人民"?如果有,哪怕它只在理论上可能,也会一举解决我们提出的问题。

事实上,可能并不存在这样一个"人民",这也是我们理解现代民主的一大困难和障碍所在。我们在此简单提出两点即可大致说明问题。首先,人民的身份(identity)是不确定的,谁是人民、谁不属于人民,事实上都处于流变的状态,它们是被"建构"(constructed)的结果,而不是事先不变的存在。现代政治史上最重大的事件都与此有关,如美国历史上的妇女参政运动和黑人民权运动,都极大地改变了"人民"的身份。其次,人民的福祉或公共利益(common interest)也不可能有确定的内容。即便是对一个小小的家庭来说,在某一时刻去不去旅行,去A地还是去B地旅行,乘坐什么交通工具,这些都涉及该家庭的"公共善",但我们并没有完全客观的标准来衡量哪个更好,很多时候它们之间的区别跟人的"偏好"(preference)有关。将此推广至一个国家,更是如此。

如果以上论述成立,那么民主政治实际上并不是身份清晰的"人民"发布命令,交代政治代表如何行事的过程。事实上我们可能需要从相反的方向理解它,即由政治代表来"给定"人民的身份,"构想"关于公共利益的具体内容,并尽量争取得到人们的普遍支持。如果我们观察美国总统大选，这一点其实相当明了，尤其是在候选人辩论环节。两位候选人各自给出了关于这个国家"从哪里来""现在怎么样""出现了哪些问题""将来应该怎么办"等问题的答案，各自看上去又都有一些道理。他们对国家未来的展望之所以很不一样，正是因为涉及公共利益的问题并没有一个完全正确的答案。当然，并非所有的事都有争议余地，比如"入侵邻国墨西哥"这种提议显然会被几乎所有美国人认为不符合当前的公共利益。但在最为基础的层面，政治人物和政党对人民身份和公共利益的主动建构是不可否认的，它比我们一般想象或者愿意承认的要大得多。

在这个意义上，我们其实可以在另一层面重新建立起现代政治和马基雅维利之间的联系。现代政党、政治人物和马基雅维利笔下的君主所做的事其实并没有本质性的区别，他们都希望根据自己对这个国家和社会的"构想"建立起一种稳固的权力。唯一重要的区别在于，现代政党最终需要用选票来完成这一任务，而《君主论》中的君主手中可用的手段则要多得多。《君主论》讨论的重点是所谓新君主，一个人如果要从无到有建立一个全新的国家，这是最困难的。以前，人们一般认为只有先知、具备某种神性的人，或者神自己，才能完成这一任务。但马基雅维利告诉人们，其实所有人都"有可能"做到这一点，只不过它要求人具备超凡的"能力"，以及敢于面对命运、同命运对抗的勇气。更有甚者，马基雅维利说一般城邦都由两种人组成——贵族和平民，君主要建立起自己的权力，最好更多地争取平民的支持，因为他们更容易满足、更少反抗。种种这些都指向一点，即尽管马基雅维利生活在 15—16 世纪，他对政治权力的理解其实极为现代，将他对君主的描述用在今天的政党身上并不违和，二者可能仅仅是形式上的区别而已。

当然，马基雅维利与现代政治的关系其实远不止如此。八十多年前，意大利著名左翼思想家安东尼·葛兰西（Antonio Gramsci）就对马基雅维利情有独钟。在墨索里尼将他关进监狱之后，他花了大量时间阅读马基雅维利的著作，其流传后世的最重要作品《狱中札记》中专门有两篇是讨论马基雅维利的。[1] 更为重要的是，他在书中明确地用"现代君主"一词来指代现代革命政党，以至于葛兰西作品的第一种英译本直接就用《现代君主》(The Modern Prince) 作为题目。葛兰西生活在 20 世纪早期的资本主义社会，对他来说，革命政党要取得政权，建立新的社会，他们面临的处境及要做的事其实和马基雅维利笔下的新君主是一样的。换句话来说，葛兰西认为马基雅维利实际上已经很好地描述出了革命政党所要完成的事业究竟意味着什么。马基雅维利希望当时的意大利能出现一位具备充分能力的新君主，建立起强大的国家，完成统一意大利的伟业。但这个过程实际上意味着从根本上挑战和摧毁现存的政治秩序：教皇国，大大小小的意大利城

---

[1] 安东尼奥·葛兰西，《狱中札记》，葆煦译，人民出版社 1983 年版。

邦，法国和西班牙之类的外国势力，等等。因此，这个新君主一定会遇到旧秩序中各种权力的最顽强的反抗。马基雅维利的一些基本建议包括：要依赖人民，要有自己的军队而不依赖雇佣军，在必要的时候要毫不犹豫地做一些基督教道德所不允许的事，等等。就最后一点——基督教道德——而言，马基雅维利显然认为它是旧秩序的一部分，从根本上是有利于维护原有的政治秩序的，新君主如果受它的束缚，那便意味着承认和肯定原有的秩序，因此新的建国的事业便无从谈起。新君主的事业中既包括建立新的权力，也包括确立新的价值规范，二者互为一体、密不可分。

因此，尽管马基雅维利并没有用过"革命"一词，其著作当中却处处透露出革命的精神，这也正是葛兰西能从马基雅维利那里获得巨大启发和精神支持的原因。革命政党在葛兰西那里被称为"现代君主"，是因为在他看来，它需要在历史中担纲行动的主体，将新的社会、新的人与人之间的关系从无到有地建立起来。葛兰西这种对革命政党历史行动主体性的强调其实与当时共产国际的主流认识并不一样，在后者那里，社会形态的转变由一个被称作历史本质的东西掌握，所有事件都由此展开，具体的人在其中能起到的作用很有限。或许是因为其大部分写作都在监狱中进行，直到去世前，葛兰西并没有太受当时这种主流观点的影响。这也是后来葛兰西能对许多带有"后马克思主义"色彩的当代民主理论家——如勒弗（Claude Lefort）和墨菲等——有很大影响的原因。

"武装的先知都获得了胜利,非武装的先知都失败了。"在施特劳斯看来,这可能是马基雅维利所有文字中最邪恶的一句。[1] 但如果我们不像他那样对现代社会走向相对主义、虚无主义的危险那么激动不安,其实可以发现,这句话给了弱者以相当程度的尊严。先知有很多,那些消失了的、被人遗忘了的先知所宣导的东西并不一定就是错的或更低级的,他们只不过是失败了。在现代社会,无数政治力量试图从"先知"的视角告诉人们应该走向何方,有些人失败了,甚至因此被关在德国纳粹的监狱中,他们的失败也并不意味着其秉持的价值和理想就是错的。现代社会的一大挑战也许就是从这种非此即彼的野蛮冲突中超越出来,给不同的价值以相对宽容的空间。

二

马基雅维利认为人类社会的政治生活形式只有两种可能,一种是君主国(principato; principality),另一种是自主权或自由(libertà; liberty),实际就是共和国。当然,还有第三种可能,即无秩序、无法律、无政府的状态(licenza; licence),但这不能算政

---

[1] Leo Strauss, *Thoughts on Machiavelli*, The Free Press, 1958, p. 84.

治生活形式，而只能被看作政治生活形式的缺乏。[1] 与古典时期亚里士多德的政体区分相比，这一政体分类大大地简化了，政体的形式从六个缩减到两个，其中缺乏的主要是贵族政体。这并不是说政体的数量多么重要，因为即便在亚里士多德那里，六种政体的区分也只是权宜之计：按统治者的人数以及按每一种统治是否以公共善为目的，可以分为六种，即君主制、僭主制、贵族制、寡头制、共和制、平民制。但这只是为了理解城邦形式的多种可能性所做的大致区分，现实中的存在形式非常多样，不可能按照这种区分而存在。亚里士多德自己就曾指出，有可能在多数人统治的情况下，这些多数人却是富人，也有可能在少数人统治时这些少数人却是穷人，那它们分别是贵族政体还是平民政体？亚里士多德认为在这种情况下，还是不要拘泥于刻板的分类方法，贵族制应该主要是指富户贵族的统治，而平民制应该主要指穷人的统治。[2]

马基雅维利的两种政体形式的共同点是它们对贵族的否定。正如本书将要展现的那样，《君主论》的一个核心论点是君主不要依赖贵族，而应该将获得和维系其位置的希望尽可能地放在民众（或平民）身上。《李维史论》则反复强调罗马之所以"自由而伟大"，很大程度上是因为它有普通民众不断的、有效的参与，罗马

---

[1] 马基雅维利，《君主论》，潘汉典译，商务印书馆1997年版，第45页。
[2] 亚里士多德，《政治学》，吴寿彭译，商务印书馆1997年版，第134—135页（1279b）。

之区别于古代的斯巴达和"现代"的威尼斯,主要就在于它是一个"平民的"共和国。但批评贵族的前提是承认贵族的存在,马基雅维利认为人类社会始终有两种人,分别对应两种"脾性",即贵族和平民,或上层与下层、大人物与小人物。他并不认为民众本身有多么强的自主、自治能力,这或许更多的是现代人的想象。马基雅维利仍像一个古代人那样,认为历史是由那些英雄人物和具有极强能力的人创造的,民众主要是扮演被动的角色。但他同时又认为民众的支持和参与是最强大的统治权力的来源,无论是君主国还是共和国。在这一点上,不能不说他是极具预见力的。

在现代社会权力和民众之间的关系方面,法国大革命之后写作的托克维尔(Alexis de Tocqueville)曾从另一角度做过类似的分析。托克维尔思考的出发点是贵族社会事实上的消失和身份平等时代的到来,但他认为这一变化不仅不会导致无政府状态,反而会使得社会性权力更加扩大,在古代贵族社会尚有地方贵族作为中间阶层来缓冲,在现代提倡人人平等的时代,没有中间阶层约束的社会性权力将不再有任何限制。不过,与《君主论》的出发点相反的是,托克维尔以赞赏的眼光看待封建时代的地方贵族,并认为美国存在类似欧洲古代地方贵族的像乡镇这样的自治共同体,构成了一种中间缓冲地带,从而避免极端的社会性权力的出现。但这一状况的出现,在他看来并不是必然的。在现代社会,伴随社会平民化的更可能是多数人的暴政,或者是极端的社会性权力。在这一基础上，托克维尔对人类社会的预测是，世界最终会分成两种类型的社会，一种以俄国为代表，一种以美国为代表："他们的起点不同，道路各异，然而，其中的每一民族都好像受到天意的密令指派，终有一天要各主导世界一半的命运。"[1]

正如托克维尔所观察到的那样，美国的政治生态之所以与欧洲大陆——尤其是法国——很不一样，一方面有其"机运"的成分，例如其特殊的地理环境、宗教、地方自治传统，甚至西部大片未开发的土地，等等。但另一方面，要维持一个稳定的共和政治，它还需要人的美德，正如马基雅维利对罗马所做的分析那样，制度与法律在其中起到了至关重要的作用。在这方面，我们当然要提到《联邦党人文集》，其中多次提到罗马，而罗马的制度——如元老院和平民大会——对美国有着明显的影响。正如波考克在《马基雅维利时刻》中所说的那样，那些"建国之父"们对制度的设计与安排，目的是希望国家能够在时间的不确定中保持一些确定性，能够长久地维持其自身。但较少被提及的是，联邦党人还有另一层与佛罗伦萨人的"直接"联系：他们曾明确意大利和希腊的小共和国，并拒绝模仿它们。汉密尔顿在《文集》第九篇中说：

在阅读希腊和意大利一些小共和国的历史时，对于一直

---

[1] 托克维尔，《论美国的民主》，董果良译，商务印书馆1988年版，第481页。

使它们不安的骚动,以及使它们永远摇摆于暴政和无政府状态这两个极端之间连续不断的革命,没有恐怖和厌恶的感觉是不可能的。如果它们显示出偶然的平静,那只不过是接着而来的狂风暴雨的暂时对照。假如时常出现幸福的间歇,我们看到时还是有惋惜之感,因为想到我们眼前的愉快景色不久就会被暴乱和激烈党争的巨浪所淹没。假如在幽暗中有时放射出瞬息的光芒,当这些转瞬即逝的光彩使我们眼花缭乱时,同时也使我们悲叹,政府的弊病会使这些光辉的才能和崇高的天赋走上邪路,黯然失色,而这些产生它们的幸福土壤已经得到应有的歌颂。[1]

马基雅维利自己就生活在这样的"小共和国",他在《佛罗伦萨史》中详细记载和分析了他的祖国内部纷争、恶性冲突的历史和现状,表达了一种类似汉密尔顿所言的观点:

我们回忆这些腐败堕落的风气、四分五裂的往事和传统,并不是为了使你们感到惊恐,而是提醒你们产生这一状况的原因,向你们表明,你们可以将这些牢记在心,我们也会时常想起这些,要对你们说的是,这种种事例不应该使你们丧

---

[1] 汉密尔顿、杰伊、麦迪逊,《联邦党人文集》,程逢如、在汉、舒逊译,商务印书馆1980年版,第46页。

失制止这些纷争的信心。[1]

大多数时候,当论及马基雅维利的共和理论时,关注多在其《李维史论》中对罗马的分析,但他对自己国家——佛罗伦萨——的分析同样重要。他笔下的佛罗伦萨正是联邦党人想要极力避免的,即一个党派恶斗、不分是非的"共和国"。在这里,马基雅维利似乎再次展现了他的预见能力,21世纪初的美国岂不正是这样的"共和国"?所谓"极化政治"(polarized politics),在本质上就是一种党争政治,政治派别以一种近乎零和的方式争夺权力,互相之间看上去是在对话,但实际上并没有对话。从这个角度看,联邦党人当初最大的噩梦似乎要成真。

本书以美国作为切入点,进入现代政治的马基雅维利视角。要思考当代美国的"佛罗伦萨化",必须回到其体制的原初,即其奠基时的自由与暴力、奴役之间的结合。美国的建国者声称是在构建一个"新罗马",一个自由而伟大的共和国,但这一国家同时又是奴隶制的,美国的建国即包含着奴隶制的建构和对印第安人的剥夺,这一矛盾实际上从一开始就埋下了今天极化政治的种子,不同群体之间难以弥合的距离其实和这一"自由—暴力(奴役)"结合的意义的开放性有关。因此,我们在第一章讨论"奠基与暴

---

[1] Niccolò Machiavelli, *Florentine Histories*, trans., Laura F. Banfield & Harvey C. Mansfield, Princeton University Press, 1988, p. 118.

力",从两个方面确定马基雅维利政治思考的当代"相关性",寻找"现代民主的马基雅维利时刻"。一方面是权力与真理的关系,从马基雅维利的视角来看,任何奠基都不可避免地带有暴力色彩,因此奴隶制与美国的建国有着密切联系,它并不是很多当代美国的保守主义者所认为的那样,仅仅是某种时代的缺陷;另一方面,美国国内的冲突与极化实际上印证了马基雅维利共和论述中的共和国腐化、德性丧失的主题,罗马其实也有一个"佛罗伦萨化"的过程。

为了真正理解马基雅维利的现代性,我们需要进入马基雅维利的世界,了解其政治思考本身。本书从第三章至第五章,将详细解析马基雅维利政治思想的主要内容。

第三章将讨论马基雅维利《君主论》中的思想世界。传统的"君主镜鉴"(mirror of princes)体裁的写作通常以"传统君主"为讨论的重点对象,典型如马基雅维利同时代的伊拉斯谟,但马基雅维利对传统君主不感兴趣,他讨论的重点是所谓"新君主",特别是新君主创建"新的制度与秩序"。新君主建立新制度与秩序的行动最困难,最危险,但也最能突显人的能力,马基雅维利认为这是他的"新政治科学"的主要分析对象。对制度和秩序起源的分析直接涉及他对政治的看法,也展示了他和传统政治学之间的巨大区别。马基雅维利没有像过去的思想家那样将君主国区分为好君主与坏君主,或正宗君主国与变态君主国,而是以"能力"(virtù)对抗"命运"(fortuna)的情况对新君主国加以分析,这构成了马基雅维利《君主论》乃至其整体政治思想的核心主张。在"能力"与"命运"的问题上,马基雅维利确实如斯金纳等人所说,更像是古代人的思考,即突出、提升人的能力和主动性,降低神或命运的作用,[1] 但马基雅维利表达的显然又不是完全意义上的古典政治智慧,他对(新)君主能力的强调并不包含古典意义上的"美德"。马基雅维利自己也有意识地专门讨论了君主与传统"德性"之间的关系,其内容即便对现代人来说也极为"不正确",我们怎么理解这一关系?本章在这一部分将着重对此加以解析,并由此关联马基雅维利"君主论"的两个理论上的延伸:一是现代国家理论,二是现民主政治中领导者与民众之间的动力关系理论。

本书第四章处理马基雅维利在政治思想方面的另一重要贡献,即共和政治理论。与《君主论》不一样,《李维史论》成书较晚,它不是写给君主并意图借此获得重用的作品,而是写给公民——尤其是佛罗伦萨的公民——看的,他希望有着共和传统的佛罗伦萨人能够效仿古人,从而变得"自由而伟大",因此他希望从罗马那里找到可资借鉴的经验和教训。马基雅维利在这里再次回到"古代",但与《君主论》之仿古一样,他仿古却又不是真的回到古代,他将罗马共和国与古代的斯巴达和文艺复兴时期的威尼斯区别开来,后者是贵族的、非扩张型的共和国,而罗马则被他当

---

[1] Gisela Bock, Quentin Skinner & Maurizio Viroli eds., *Machiavelli and Republicanism*, Cambridge: Cambridge University Press, 1990.

作扩张型的平民共和国，平民参与和扩张之间互相支持、呼应，这正是他建议佛罗伦萨学习的内容。与此相关，马基雅维利认为"冲突""不和"甚至"骚动"等在罗马共和政治中扮演了非常积极正面的角色，它们使得罗马越来越"自由"，从而也越来越具有扩张的能力，这与古典共和理论强调和谐、反对冲突与积极扩张的立场大相径庭，也引起了其同时代人文共和思想家如奎恰迪尼（Francesco Guicciardini）等人的激烈反对。我们如何理解马基雅维利这一"冲突理论"？本章将加以解释，并进而讨论马基雅维利的"平民政治"理论与其精英立场之间的微妙关系。

马基雅维利总体上被人认为是"激进"的政治思想家，保守主义者奥克肖特认为他是现代政治理性主义的开端人物，[1] 近代思想家卢梭认为他的《君主论》是在"给人民讲大课"，[2] 当代激进民主理论、左翼政治思潮也从他那里获取灵感。但他在晚年写就的《佛罗伦萨史》中明显表达了对平民激进抗争与冲突的反思，以及对贵族政治的好感，以至于有人认为马基雅维利在这里有一个"保守转向"。事情真的是这样吗？本书第五章将集中处理这个问题。我们会发现，晚年的马基雅维利并没有像看上去那样转向保守，他对佛罗伦萨史的分析与他的《李维史论》形成一种"互文"，前者讲授罗马内部的冲突如何导致正面的后果，而后者则解

---

[1] Michael Oakeshott, *Rationalism in Politics and Other Essays*, Methuen & Co Ltd., 1962.
[2] 卢梭，《社会契约论》，何兆武译，商务印书馆 2003 年版，第 91 页。

释当这种冲突变成恶性派系斗争时，会造成什么样的后果。马基雅维利晚年写就的《佛罗伦萨史》毋宁是早期共和理论的补充和延续。

本书接下来的两章（第六章和第七章）从马基雅维利本身的政治思考过渡到现当代政治哲学，希望将马基雅维利在当代政治思考中最重要、最突出的影响展示出来。马基雅维利并不是"知识考古"中的存在，而是持续性地启发和刺激着最前沿、最有创新性的政治思考。本书第六章讨论马基雅维利对新君主的分析何以具有"革命"意涵，以及这一革命性如何成为现代左翼思潮中的重要代表人物——安东尼·葛兰西——的理论立足点之一。葛兰西最重要、最著名的"霸权"（hegemony）理论即与马基雅维利的"新君主"分析息息相关，这同时也为我们理解马基雅维利提供了进一步的参考。葛兰西的霸权理论进一步影响了当代批判理论，墨菲、拉克劳等当代左翼政治哲学家即以一种类似马基雅维利的口吻强调"冲突"在政治社会中的正面作用，马基雅维利的冲突理论在他们那里变成了一种"争胜型"的民主理论（agonistic democracy），与哈贝马斯、罗尔斯等强调理性共识的理论形成鲜明对比。

本书第七章主要围绕当代政治哲学家克劳德·勒弗的文本，讨论现代政治代表理论中的马基雅维利内核。在现代政治语境中，"代表"通常指民众授权给某人，让其代表自身的利益和认同，听上去像是镜子反映实际存在物。但事实真的是这样吗？所谓"民众的利益和认同"是否可能毫无疑问地先于代表而存在？代表在"反映"它们的时候是否可能完全不掺进主动建构的成分？毫无疑问，在勒弗等人那里，我们需要对政治代表的概念做一番重新理解和认识。勒弗还将这一工作延伸到了政治社会本身，认为所有的政治社会其实都需要一个外在的"代表"，通过它来表达这个共同体的自我理解。令人意外，但又不那么意外的是，最早以一种清晰、彻底的方式展现这一机制的即是马基雅维利的《君主论》，尽管马基雅维利并没有使用政治代表的概念。

第八章将总结全书内容，首先指出马基雅维利在哪些方面持续地开创现代政治思想新的领域，其次指出反马基雅维利的思考一直大量存在，马基雅维利与反马基雅维利构成了现代政治思想的重要坐标系。

三

关于马基雅维利的专著已经有很多，本书无意增加一份单纯解释性的工作。正如书名所示，本书的发力点在于"现代民主的马基雅维利时刻"，它是对现代民主的反思，这一反思是经由马基雅维利的挑战、刺激、启发而生成，特别包含对现代政治中积极行动者角色的强调。但它不是反民主的，而是深化了对现代民主的认识。本书反过来也从上述现代关切出发，重新回到马基雅维利的思想世界，对其理论贡献进行重新阐释，从而实现更新的理解。对于马基雅维利的主流的三种解读——施特劳斯、斯金纳与剑桥学派、左翼视角，本书都有所择取，但总体上认为马基雅维利表达的是一种激进的、于平民友好的政治理论。尽管他同样重视精英的作用，但这并不是阶级意义上的财富或地位对一个社会的作用，而是某些具有德性和能力的积极行动个体的作用。换言之，像麦考米克那样将马基雅维利看作一种平民政治理论，其实是一种误解，马基雅维利支持的实际上是带有鲜明平民立场的"政治"理论，是一种激进化、平民化和现代化的亚里士多德式的政治思考。也正是因为他创造性地改造了古典政治传统，他的理论才对现代社会有着令人意想不到的刺激作用，有力地打开了人们的想象空间。

第二章　奠基与暴力

我们为什么要在今天重读马基雅维利？以赛亚·伯林（Isaiah Berlin）曾提到，如果我们仔细去了解，会发现对马基雅维利的解释出奇的多，很多作者持截然相反的观点，这些观点也大多反映着作者本人在当下的立场。[1] 在将马基雅维利带到当下的工作中，一个非常有趣的代表是政治哲学家列奥·施特劳斯。施特劳斯在《关于马基雅维利的思考》(*Thoughts on Machiavelli*)一书中这样表达他写这本书的动机之一："美国的现实与美国的理想密不可分，至少在这个意义上，我们不懂得与之截然对立的马基雅维利主义，就不会懂得美国的体制。"[2] 对施特劳斯来说，美国的立国与奠基具有神圣性，它是"自由的堡垒"，其立足的基石"在于自

---

[1] 以赛亚·伯林，《马基雅维利的原创性》，见以赛亚·伯林《反潮流：观念史论文集》，冯克利译，译林出版社 2002 年版。
[2] 列奥·施特劳斯，《关于马基雅维利的思考》，申彤译，译林出版社 2003 年版，第 7 页。

由与正义"。[1] 然而，马基雅维利会怎么看呢？施特劳斯推测道：

> 马基雅维利可以争辩说，美国之所以成为伟大的国度，不仅归功于它习以为常地坚守自由与正义的原则，而且同时也归功于它偶尔为之地背离这些原则。他会毫不犹豫地提出，对1803年路易斯安那购地案以及北美印第安人的遭际应该做出蹊跷的重新阐释。他可以得出结论说，诸如此类的事实为他的如下论点提供了进一步的佐证，就是，如果没有诸如雷慕斯被他的兄弟罗慕路斯所谋杀那样的事件，就不可能造就一个伟大而光荣的公民社会。[2]

尽管马基雅维利没有也不可能对美国的奠基做出评论，但施特劳斯显然对马基雅维利的主张高度警觉，他已预见到——或已经看到——有一种颇有影响力的主张，企图解构"美国神话"，它不是从"山巅之城"的辉煌与智慧的角度看待美国，而是从奴隶制、对印第安人的排斥等角度看待它，美国的建立不是自由共和的事业，而是"集体的自私自利"。施特劳斯显然认为，如果要追溯这种主张的根源，那就是马基雅维利。所以尽管马基雅维利是

---

[1] 列奥·施特劳斯，《关于马基雅维利的思考》，申彤译，译林出版社2003年版，第7页。
[2] 列奥·施特劳斯，《关于马基雅维利的思考》，申彤译，译林出版社2003年版，第7—8页。

"邪恶的教导者",为了反驳他并尽可能防止他的视角的影响,仍然要重视他,解释他具体在哪里错了。本章将指出,马基雅维利的视角对思考所谓"美国实验"("The American Experiment")及其在当代的问题仍然有正面和积极的意义,施特劳斯在这方面虽然并不全错,但囿于其自身的保守主义立场,识解过于狭隘。

一　历史中的政治

2017年,美国波特兰州立大学一位叫布鲁斯·吉利(Bruce Gilley)的学者在《第三世界季刊》(*Third World Quarterly*)上发表了一篇文章,名叫"殖民主义的理由"("The Case for Colonialism"),通篇为殖民主义辩护。作者说:"在过去一百年中,西方殖民主义一直背负骂名,现在是时候质疑这一'正统'观念了。"[1] 文章发表之后,抗议声四起,最后导致该学术刊物对这篇文章做出了撤稿这一极不寻常的决定,并因此引起了另一重风波,因为很多人质疑该刊物审查言论,对"政治不正确"的观点采取

---

[1] Bruce Gilley, "The Case for Colonialism", *Third World Quarterly*, 2017, doi: 10.1080/01436597.2017.1369037, p. 1.

禁言措施。[1] 这篇文章在学术界和公共知识界引起了一阵不小的风波,几乎将美国国内主要的政治、文化议题都卷了进来。客观地说,该文本身的观点并不新鲜,诸如西方国家的殖民主义有助于被殖民地区的国家建设、法治水平提高、经济发展等,此类观点早就出现在19世纪欧洲许多知识分子为殖民主义和帝国主义所做的辩护之中。吉利在为自己的观点辩护时提到"文明的使命"(civilizing mission)一词,并间接提到殖民者的某种"负担",这些都是臭名昭著的近代欧洲殖民主义话语。至于那些所谓殖民主义的"优点",更是不值一驳,比如他几乎完全没提到殖民主义带来的各个层面的掠夺、暴力、战争与创伤,以及殖民扩张与种族屠杀之间的直接关联。[2] 但这些人们能够轻易指出来的错误在另一个问题面前变得不再那么重要,即这篇文章可能反映了某种"时代精神",代表了一种流行观点。正如美国哥伦比亚大学教授哈米德·达巴斯(Hamid Dabashi)所说,这篇文章"与特朗普主义的时代精神非常契合"。[3] 殖民主义是好的,多元文化是坏的:这代表着一种对美国的极端看法。

与此相对的另一"极端",同样存在于美国国内,即美国这个

---

[1] 相观争论参见 https://www.safs.ca/newsletters/article.php?article=1060,以及 https://www.aljazeera.com/opinions/2017/9/28/moral-paralysis-in-american-academia。

[2] Colonial Genocide in Indigenous North America.

[3] Hamid Dabashi, "Moral paralysis in American academia", https://www.aljazeera.com/opinions/2017/9/28/moral-paralysis-in-american-academia.

国家完全建立在奴隶制、剥削和暴力的基础之上。2019年，美国《纽约时报》启动了所谓"1619项目"（The 1619 Project），发表了一系列深度分析文章，回顾美国这个国家的种族主义历史及其与当下美国人日常生活之间的关系。这一项目之所以被称为"1619项目"，是因为在该项目成员（以及《纽约时报》）看来，1619年是第一批非洲黑人被强掳为奴运送到北美大陆的时间，而2019年则是这一"起点"的四百周年。从该项目的视角来看，美国的起点既不是载着欧洲清教徒的"五月花号"抵达美洲大陆的时间，不是《独立宣言》颁布的1776年，也不是1787年宪法通过的时间，而是1619年第一批奴隶到达的时间。这一起点的"修正"正是为了击碎美国建国的神话，该项目首席作者尼科尔·汉娜－琼斯（Nikole Hannah-Jones）说："一些殖民者希望从英国独立，主要原因之一是希望保护奴隶制。"[1] 美国所谓"建国之父"中许多都是奴隶主，最早的12个总统中有10个拥有奴隶，美国建国时期宪法中的许多条文——尤其是保护私有财产的条文——都有保护奴隶主对奴隶人身所有权的意图；"美国建国是为了保卫自由"，这是一个谎言；美国在1776—1787年所建立的不是民主（democracy），而是奴隶制（slavocracy）。甚至林肯也没有逃过这一历史的控诉，虽然他主导推动奴隶制的最终取消，但他曾真诚地希望解放了的黑人能（在美国帮助下）"移民"回非洲，因为他认为解放了的黑

---

[1] Nikole Hannah-Jones, "our democracy's founding ideals were false when they were written. lack mericans have fought to make them true", https：//www.nytimes.com/interactive/2019/08/14/magazine/black-history-american-democracy.html.

人和白人之间始终会抱有极大的敌意。琼斯说，美国"真正的建国之父"，是那些种植园里埋头干活的黑人，美国真正的民主，是那些民权运动中抗争的奴隶的后代。

"1619项目"在美国国内引起了不小的争议，最大的反对声音当然是来自保守右翼群体，他们将此"修正"的历史主张看作黑人和左派要"取消"白人和欧洲传统的企图，而他们要对抗这一浪潮，保住自己的文化和信仰，不被那些"外来的"种族和文化所替代。这些右翼保守力量中有一些带有非常明显的种族主义倾向，有些则更为隐晦，但对某种"美好过去"的怀念和对左翼、多元文化主义、白人被取代的担忧却是共同的。但对1619项目提出质疑的不仅仅是"种族主义者"或"白人至上主义者"，还包括那些著名的学者，特别是美国史学家。在该项目文章发表后不久，著名史学家伍德（Gordon S. Wood）、麦克佛森（James M. McPherson）等人发表了一封联合公开信，表达对该项目某些内容的"强烈保留"（strong reservation）态度，以及在美国建国方面的不同理解，特别是对"美国建国是为了保存奴隶制"这一观点中所包含的"事实性错误"的澄清，等等。[1]

需要指出的是，就美国建国的时间而言，并不存在什么争议。在美国独立建国之前，该地区由英帝国统治；美国建国所确立起来的一系列制度和法律至今仍然施行着，从根本上塑造和影响着

---

[1] Gordon Wood et al., "Historian Gordon Wood responds to the New York Times' defense of the 1619 Project", https://www.wsws.org/en/articles/2019/12/24/nytr-d24.html.

普通美国人的生活,其起源不可能追溯到1619年,而只能追溯到1776—1787年。因此,1619年这一时间点只是标志着建国的多种要素之一的出现时间,即便这个时间,也是有争议的,正如1619项目作者本身所承认的,有证据表示在1619年之前北美大陆也有一些奴隶贩卖活动。[1] 除奴隶这一要素外,美国建国还有很多其他要素,其中当然包括欧洲殖民者和清教徒到达北美并建立的早期自治市镇,当然也包括印第安人和白人之间的关系。而说到印第安人,我们不仅要问,他们来到北美大陆是什么时候?他们在殖民者统治下所遭受的苦难严格来说并不比黑人更小,他们在美洲大陆生活的时间要远远长于所有其他人,那么是不是也可以根据印第安人来到那片土地的时间创立一个新的项目?因此,"1619"这一年份虽然吸引眼球,但其主要意义是修辞方面的效果,即让人们关注这一年份所代表的事件,以及与此相关的长时段美国奴隶制历史。美国建国这一事件本身虽然被"淡化"处理,但其重要性仍然是不言自明的,许多非常优秀的学者——包括但不限于上述写公开信的伍德等人——都为此倾注了极大的心血。1619项目实际仍然是在讨论美国建国和奠基的问题,但与那些"白人历史学家"相比,他们带来的是一个完全不一样的视角,这一奠基是一个充满暴力、血腥和人性罪恶的过程,没有这些就没有美国。

---

[1] 另外也可参见 Don E. Fehrenbacher, *The Slaveholding Republic: An Account of the United States Government's Relations to Slavery*, Oxford University Press, 2001. Ira Berlin, *The Long Emancipation: The Demise of Slavery in the United States*, Harvard University Press, 2015。

用 1619 项目反对者的话来说，按照该项目的逻辑，美国从本质上说就是一个邪恶的国家。

但是对于伍德等正统历史学家们来说，这种历史叙述是过于简单甚至不公平的。这并不是说他们对奴隶制不关心或不在乎奴隶制在美国体制和社会中的重要角色。奴隶制是一个邪恶的制度，这一点在今天任何地方——包括美国——都已是不争的事实，基本没有人再为它辩护。但从今天回看美国建国的历程，如何看待这一邪恶的制度在建国中的作用就成为一个重要的问题。伍德在其著作《自由的帝国——早期共和国历史（1789—1815）》中专辟一章讨论奴隶制问题，他将奴隶制描述为"美国花园中的毒蛇"，在美国以自由的名义建立新的国家时，奴隶制不仅没有消失，反而更快速地扩张了。[1] 他对麦迪逊、华盛顿、杰弗逊等建国之父们在该问题上的表现有诸多批评，尤其提到杰弗逊在 1812 年第二次独立战争后批评反奴隶制的呼声，指责建国"第二代们"过于激进，有可能会将共和国投入到危险境地之中。伍德认为杰弗逊错了，第二代们正是继承了他们父辈对自由和平等的热爱。[2] 该书甚至提到美国联邦宪法中有关财产权和州独立权等方面的规定，后来在事实上被南方各州利用来反对取消奴隶制的努力，从而最大

---

[1] Gordon S. Wood, *Empire of Liberty: A History of the Early Republic*, 1789—1815, Oxford University Press, 2009, pp. 2 - 4.
[2] Gordon S. Wood, *Empire of Liberty: A History of the Early Republic*, 1789—1815, Oxford University Press, 2009, p. 737.

限度地保存了奴隶制,这一观点与1619项目颇有类似之处。[1] 但对伍德来说,有一点十分清楚,即他一再强调,(美国)建国(framing)和奴隶制是相矛盾的。

在伍德看来,奴隶制是一个邪恶的制度,甚至在美国早期建国者的眼中也是如此,他们所确立的宪法基础——人与人之间完全平等的原则——与"像财产一样拥有人"这一现象之间存在着内在的矛盾。在华盛顿、麦迪逊等人的观念中,这一基本原则既已确立,奴隶制在原则上就已成为过去式,它在事实上的存在只能被看作一种苟延残喘。杰弗逊曾评论道,虽然完全取消奴隶制的时候可能还没到来,但"随着光和宽厚在奴隶主当中的传播",那一天即将到来。[2] 但事实上,我们在今天可以很清楚地看到当时这一判断的天真。[3] 奴隶的数量不仅没有消失,反而在建国到1860年之间增长了约6倍。[4] 抽象的原则和事实间的差距如此之大,让人不禁想起马克思在《论犹太人问题》中所说的"天堂的生活"和"尘世的生活"之间的巨大距离,也确实让人深刻怀疑那

---

[1] Gordon S. Wood, *Empire of Liberty: A History of the Early Republic*, 1789—1815, Oxford University Press, 2009, p. 269.

[2] Thomas Jefferson, "Jefferson to Jean Nicolas Démeunier, 26 June 1786", in Julian P. Boyd et al., eds., *The Papers of Thomas Jefferson 10*, Princeton University Press, 1951, p. 63.

[3] Gordon S. Wood, *Empire of Liberty: A History of the Early Republic*, 1789—1815, Oxford University Press, 2009, p. 525.

[4] https://www.statista.com/statistics/1010169/black-and-slave-population-us-1790—1880.

些建国之父们是否真诚，尤其考虑到财产权对奴隶制在事实上的保护。

不过我们也需要注意的是，美国的黑人奴隶在其建国之后的增长是不均衡的，最大的不均衡出现在南方和北方之间。众所周知，美国北方奴隶制在建国后确实如国父们预期的那样在逐渐消失，奴隶数量的增长主要出现在南方各州。但即便如此，北方各州对奴隶制的拒绝也不全是甚至并不主要是因为杰弗逊所说的"光与宽容"，而是经济考虑占了绝大部分。北方各州并不像南方州那样依赖农业经济，尤其是种植庄园，维持奴隶制对北方来说变得越来越不经济，而现代工商业逐渐成为其收入的主要来源。[1]经济模式的分化伴随着社会结构的差异，人们的观念也随之变得不一样。在北方，几乎所有白人都参与劳动，都有工作，因此劳动这件事本身变得是好的、光荣的，不劳动则是不名誉的。而南方则正好相反，种植园主所代表的白人群体并不直接参加劳动，他们类似欧洲封建时期的贵族，将体力劳动看作专属于另一个比他们地位低的种族的事，总体上说是不光荣、不名誉的。这种分化发展到19世纪上半叶左右，可以说形成了两个几乎完全不同的社会，尽管他们仍处在同一个国家中。法国著名政治思想家托克维尔曾于1831—1832年间在美国旅行，回国后写了著名的《论美

---

[1] James L. Huston, *Calculating the Value of the Union: Slavery, Property Rights, and the Economic Origins of the Civil War*, The University of North Carolina Press, 2003. David L. Lightner, *Slavery and the Commerce Power: How the Struggle Against the Interstate Slave Trade Led to the Civil War*, Yale University Press, 2006.

国的民主》(De la démocratie en Amérique) 一书，他曾近距离观察了美国南北的差异：

> 被印第安人亲切地称为俄亥俄河即"美丽的河"的这条河，流经有史以来人们居住过的最好河谷之一。起伏不平的土地延展在俄亥俄河的两岸，每天都在为人们提供用之不竭的财富。在河的两岸，空气同样有益于健康，气候同样温和宜人。河的每一岸，各是一个土地辽阔的大州的边界。在左岸的，以蜿蜒曲折的俄亥俄河水为界，名为肯塔基州；在另一岸的，州以河名为名。这两个州的唯一差别，就是肯塔基州允许蓄奴，而俄亥俄州不准境内有奴隶。
>
> 因此，一个人乘船顺俄亥俄河而下，一直旅行到该河注入密西西比河的河口，简直就像在自由和奴役之间航行。他只要放眼看一下两岸，立刻就可以断定哪一岸对人类更为有利。
>
> 在河的左岸，人烟稀少，偶尔见到一群奴隶无精打采地在半垦半荒的土地上游荡，被砍伐的原始森林又长出新树。可以说社会已经入睡，人们懒散，唯独大自然还呈现出一派生气勃勃的景色。
>
> 相反，从这条河的右岸，则可听到机器的轰鸣，表明在远方有工厂。田里长着茂盛的庄稼，雅致的房舍显示着农场主的爱好和兴趣，到处是一片富庶景象。看来，这里的人们

都很有钱,并感到满意,因为这是自己的劳动成果。[1]

两个如此不同的社会,如何才能生活在一起?双方很快在贸易政策、奴隶制存废等问题上发生不可调和的矛盾,以至于最后要兵戎相见,用武力解决问题。托克维尔即曾预见到这一冲突的发生以及奴隶制的最终消失,他说:

> 不管南方的美国人尽了多大努力去保存蓄奴制,他们也永远达不到目的。曾被基督教斥为不义和被政治经济学指为有害的而今仅存于地球上一角的蓄奴制,在现代的民主自由和文明中绝不是一种能够持久存在的制度。它不是将被奴隶所推翻,就是将被奴隶主所取消。但在这种情况下,预料都将发生一些严重的不幸。[2]

战争本身主要起到"破坏"的作用,即击败南方各州对奴隶制的捍卫,但在破坏的基础上"建设"的又是什么?历史学家埃里克·方纳(Eric Foner)认为美国内战是"第二次建国"(The Second Founding)的过程,[3] 它需要什么样的理念?要做何构思?这一构思恐怕并非开始于内战结束;内战之所以具有第二次建国

---

1 托克维尔,《论美国的民主》,董果良译,商务印书馆1988年版,第402—403页。
2 托克维尔,《论美国的民主》,董果良译,商务印书馆1988年版,第423页。
3 Eric Foner, *The Second Founding: How the Civil War and Reconstruction Remade the Constitution*, New York: W. W. Norton & Company, 2019.

的特征，正是因为内战本身即具有建设的初衷，这在内战中甚至在内战前即已开始。如果说汉密尔顿、麦迪逊等人是美国的"建国之父"，那么所谓"第二次建国"显然和亚伯拉罕·林肯（Abraham Lincoln）有极大的关系。林肯在著名的葛底斯堡演说（The Gettysburg Address）中说：

> 八十七年前，我们先辈在这个大陆上创立了一个新国家，它孕育于自由之中，奉行一切人生来平等的原则。我们正从事一场伟大的内战，以考验这个国家，或者任何一个孕育于自由和奉行上述原则的国家是否能够长久存在下去。我们在这场战争中的一个伟大战场上集会。烈士们为使这个国家能够生存下去而献出了自己的生命，我们来到这里，是要把这个战场的一部分奉献给他们作为最后安息之所。我们这样做是完全应该而且非常恰当的。[1]

"一切人生来平等。"林肯在这里其实是追溯建国时期的理念，但他试图为此理念赋予新的意涵，特别是在制度上为其提供新的内容，即取消奴隶制后的身份平等原则，具体为美国宪法第十三修正案，"废除奴隶制和强迫劳役"。这里有"新"和"旧"两个要素，林肯并不认为建国时期的理念是错的，更不认为它们是邪

---

[1] 林肯，"葛底斯堡演说"，引自 https://www.sohu.com/a/201342450_664564。

恶的；相反，他认为这一理念本身是好的，但未能得到真正的、完整的实现，而他——或他这一代美国人——的任务就是实现早期建国时期的承诺。建国的理念为旧，现时的改革为新，这二者相得益彰。

在很多保守派看来，这一新与旧的关系如同古罗马作家普鲁塔克的"忒修斯之船"比喻一样，即可以将共和国比喻为一艘船，在航行过程中，人们可以根据当下的需要为其换一块或几块船板，当船板换到一定程度时，整艘船的板都被换掉，那么这艘船还是原来那艘吗？在林肯的语境中，答案当然是肯定的，因为该船首先是一个精神性的存在，早期建国的理念相当于其灵魂，身体可以发生变化，但灵魂始终不灭。船板可以换，就像取消奴隶制并用宪法第十三修正案替代那样，但船本身还是那艘船，它规定着国家的基本原则和价值认同。这一新与旧、继承与创新之间的双重意涵在林肯的演说词中也展现得很清楚：

> 从更广泛的意义上说，这块土地我们不能够奉献，不能够圣化，不能够神化。那些曾在这里战斗过的勇士们，活着的和去世的，已经把这块土地圣化了，这远不是我们微薄的力量所能增减的。我们今天在这里所说的话，全世界不大会注意，也不会长久地记住，但勇士们在这里所做过的事，全世界永远不会忘记。毋宁说，倒是我们这些还活着的人，应该在这里把自己奉献于勇士们已经如此崇高地向前推进但尚

未完成的事业。倒是我们应该在这里把自己奉献于仍然留在我们面前的伟大任务——我们要从这些光荣的死者身上吸取更多的献身精神,来完成他们已经完全彻底为之献身的事业;我们要在这里下定最大的决心,不让这些死者白白牺牲;我们要使国家在上帝福佑下自由的新生,要使这个民有、民治、民享的政府永世长存。[1]

当代学者拉夫·格南斯(Raf Geenens)也曾用"忒修斯之船"的比喻来解释"作为自治的主权",即人在何种意义上可以说自己是国家的主人的问题。[2] 生活在一个共和国中,用卢梭的话来说,确实应该"做自己的主人",服从"自己为自己制定的法律",但这是否意味着人民的始终在场?是否意味着国家的制度与法律需要跟随即时民意而不断变化?至少从上述"延续—更新"的视角看,恐怕并不必然如此。忒修斯之船上的人们在改换船板时既是在立法,也是在继承船本身的前提为自己立法。在当代政治哲学中,尤尔根·哈贝马斯(Jürgen Habermas)的主权理论也正是建立在类似观念基础之上,不强调人民的随时在场和意志的实时表达,而是更突出包含在传统中的创新、个人权利与人民主权之间的融合,以及与此相关的公民教育,等等。[3] 可以认为,从伍德、

---

1 林肯,"葛底斯堡演说",引自 https://www.sohu.com/a/201342450_664564。
2 Raf Geenens, "Sovereignty as Autonomy", *Law and Philosophy*, vol. 36, 2017, pp. 495-524.
3 Jürgen Habermas, *Between Facts and Norms: Contributions to a Discourse Theory of Law and Democracy*, Polity, 1996.

麦克弗森等偏保守派的视角来看,"延续—更新"这一线索从美国内战一直延伸至 20 世纪 60 年代的平权运动,其结果是将《独立宣言》中"人人生而平等"这一"不证自明的真理"进一步推广至所有人,激进变革的目的不是为了拆毁一条船,而是通过修补的方式来增强和完善它,其结果也将是这条船变得更为辉煌和坚固。

不难看出,从这样的视角看过去,1619 项目就显得非常幼稚和可疑了,它的目的似乎不是去修补这条船,而是拆毁它,但同时好像也没有一个成熟的替代方案。尽管 1619 项目的作者们并没有真的说要"拆毁船",但因为它从根本上否定了建国时期理念的正当性,将"建国"本身看作一种邪恶的奴役行动,即将黑人从非洲强掳到美洲为奴并持续性地维持奴隶制,那么这一"建国"行为显然是可耻的、不正当的,因而是应该被唾弃的。

二 找回"政治"

如何理解上述"保守"的立场?这一立场认为传统、习俗或法律制度中包含着人之为人的更高的道理(或"自然"),具体的、当下的人在它面前应该首先持一种谦卑的态度,激烈的挑战、冲突、对抗是不好的。在法国大革命之后写作的埃德蒙·柏克(Edmund Burke)可以说是最早表达这一立场的人,但他并不反对变革。相反，他认为变革总是有必要的，但这应该是在传统框架下的变革，而不是全盘重造式的"革命"。变革最好是对传统制度或原则的再适用，传统可以被赋予新的内涵，但全新引入的做法应该尽可能少。[1] 传统是不完美的，但人本身也是不完美的人，人的理性能力有限，恰恰是传统使人成为更好的人。在法国大革命中，人们抛弃传统"偏见"，但抛弃之后还剩下什么呢？从柏克的角度来看，剩下的是人的兽性，革命时期的疯狂即是其见证，而恰恰是"偏见"让人成为人。因此柏克为偏见辩护："让那些偏见以及其中所包含的理性一起流传下去，而不是抛掉偏见的外衣而只留下赤裸裸的理性，因为偏见及其中的理性有一种使那种理性运行起来的动力和使之持续下去的热情。"[2] 正如佩恩（E. J. Payne）在《柏克选集》（*Select Works of Edmund Burke*）引言中所说，"偏见让人成为人"和亚里士多德的"城邦让人成为人"（人是城邦的动物）有异曲同工之处，具有内在一致性；它们都将人的"自然"放在一个高于个人的集体之中。

尽管柏克本人在18世纪晚期同情甚至支持美国的独立，尖锐批评英国东印度公司在海外的殖民行动，呼吁取消奴隶制，但他的哲学思考本身却在后来被美国保守派用来反对激进的社会变革。从柏克的角度看，传统在历史中形成，正是在历史中，人类社会

---

[1] 埃德蒙·柏克，《法国革命论》，何兆武、许振洲、彭刚译，商务印书馆2003年版，第117页。
[2] E. J. Payne, "Introduction", in Edmund Burke, *Select Works of Edmund Burke* (Vol. 2), Liberty Fund, 1999, p. 40.

的集体理智得以积淀成型,这一理智是经由许多代人试错而形成的,比任何个人抽象的理性推理更为可靠。因此,尊重传统就是最好的理性选择。传统的形成过程也许包含着暴力,但这显然不是柏克的重点,他的重点是传统对暴力的某种掩饰,而不是暴力本身。在他看来,缺乏这种掩饰,人性就不剩下什么值得夸耀的东西,人类社会也将充满纷争,这是应该避免的。因此美国的自由右翼或保守派大都声称自己是对柏克思想的继承,将美国的建国看作一种神话,基督教则是自由共和国的基础,等等。[1]

与柏克相比,带有一些左翼色彩的自由派(liberals)并不强调传统的内在价值,也不认为在传统中一定包含着更高深的集体理智,而是认为人的理性能够探讨、认识正义的原则和好的政治生活。在这方面,罗尔斯(John Rawls)是一个典型的代表。罗尔斯正义理论的基础即是一种理性的共识,它是平等、理性和自利的个人在对自己的真实社会身份"无知"的情况下协商所做出的决定。

在罗尔斯"推导"正义原则的思想实验中,人对自己真实的社会身份——穷富、宗教、性别、世界观等——无知,从而将个人放在一个虚拟的公共平台之上,迫使他(她)从其他人——也就是公共——的角度商讨正义原则,而这种决定同时又是自利的,

---

[1] Steven K. Green, *Inventing a Christian America: The Myth of the Religious Founding*, Oxford University Press, 2015.

因为他（她）的真实身份并不确定。[1] 因此，对罗尔斯来说，一个社会的"基本结构"所建基于其上的正义原则应该是理性的，它与我们的直觉道德判断有一定的关系，但后者需要经过理性的批判与检验。罗尔斯的正义理论遭遇到的最大批评之一也正是与此理性主义的基础有关。在一个能够在某种程度上接受罗尔斯正义原则的现代社会中，如果生活着一个少数族群，而这个少数族群也有着其传统的正义观念，当该社会主流的正义观与少数族群的正义观发生冲突时，该怎么办？很可能出现的情况是，这个少数族群并不像罗尔斯期待或预设的那样，将个人权利和自由看作第一位，看作正义原则的首要原则，享有"词典式序列"（lexical order）中的优先地位。对很多传统社会而言可能正好相反，个人需要绝对地服从集体，但这并不意味着他们内部没有正义观念。他们的正义观念可能是其处理日常纠纷、确保公平的标准，也是他们自我认同的基础。那么，如果尊重该少数族群自身的正义观念，那就要违反正义二原则的"词典式序列"；如果坚持后者，那就侵犯了少数族群的自我认同。[2] 因此，与柏克一样，罗尔斯的正义理论在本质上也是掩饰暴力的，只不过这种掩饰不是在历史理解中进行，不是在某种假定性的"集体理智"中进行，而是在人的抽

---

[1] John Rawls, *A Theory of Justice*, The Belknap Press of Harvard University Press, pp. 118–123.

[2] 关于这方面的批评，可参见 Axel Honneth, *The Struggle for Recognition: The Moral Grammar of Social Conflicts*, trans. J. Anderson, Polity Press, 1995。Axel Honneth, *The Fragmented World of the Social: Essays in Social and Political Philosophy*, trans. C. W. Wright, SUNY Press, 1995。

象理性能力——亦即柏克的批评对象——中进行。

罗尔斯在其《正义论》(A Theory of Justice)之后受到了很多来自多元文化视角的批评,他似乎吸收了这些批评中他认为有价值的成分,并从《正义论》中的立场回撤,试图构建一种不依赖于任何"整合性学说"(comprehensive doctrine)的"政治自由主义"(political liberalism),寻求在多元文化、多元价值之上的"重叠共识"。[1] 但他在多大程度上仍然依赖于某种先在理性原则或正义理念,众说纷纭。[2] 真正的问题可能在于,从罗尔斯式的立场去寻找"政治"(the political),政治的内容永远是某种理性的共识,而不包含排斥、冲突和暴力。因此,从罗尔斯的视角看,美国的宪制同样可以被看作一种理性的建构,只不过这个理性的建构需要像伍德等人所说的那样,逐渐涵盖到所有人,包括黑人和印第安人,从而变得更加名副其实。因此,殊途同归,保守派和自由主义最后都成为温和历史观的支持者。

正如施特劳斯所说,马基雅维利的视角恰恰是要挑战这种温和的历史观,美国的建国就是一个暴力的过程,包含着排斥。建国与暴力、排斥不仅不是内在矛盾的,反而是互为一体的。排斥和暴力无论在柏克的保守主义那里,还是在罗尔斯的政治理性主义那里,都不可避免地是边缘性的存在,都不构成解释性的因素,

---

[1] John Rawls, *Political Liberalism*, Columbia University Press, 2005, pp. 385-395.
[2] 关于罗尔的政治自由主义的批评与争论,可参考 Paul J. Weithman, *Political Liberalism and Reasonable Faith*, Cambridge University Press, 2016。

但在马基雅维利那里,却是一种"必要性"(necessity)。马基雅维利的贡献在于他将这一暴力上升到可见的位置,从而使得人们不得不直接面对它,而不是像美国当代保守主义和自由主义那样,仅仅将其看作理想和现实之间的落差。理想和现实之间永远有落差,在落差中暴力和排斥本身的重要性反而降低了,人们看到的只是某种理性,要么是传统中的集体理性,要么是抽象的正义原则。因此,对暴力的承认需要落在现实政治建构难以避免的排斥性这一点上,建构不可能是完美的、完全包容的,它必然包含着破坏。因此,从这一马基雅维利式的视角看,最应该被质疑的不是1619项目要去"拆毁船",或将美国的立国看作一个邪恶的过程,而是从各种角度对该"船"的神圣化或美化,从而使得边缘、少数群体失去其声音。

马基雅维利指出罗马的建立和罗慕路斯的弑兄暴力有关,这基本已经成为常识。最让施特劳斯感到义愤填膺的是马基雅维利宣称"所有武装的先知都获得了成功,非武装的先知都失败了"。马基雅维利在这里指的是基督教的先知摩西。难道连基督教的"奠基"也和暴力有关?或至少包含着暴力的成分?对很多人(尤其是基督教徒)来说,没有什么比这更离谱的宣称了,这也是施特劳斯认为马基雅维利在"教导邪恶"且当之无愧地走向相对主义、虚无主义的"现代性浪潮"之始作俑者的最大证据。[1] 马基雅

---

1 Leo Strauss, "The Three Waves of Modernity", in Leo Strauss, *An Introduction to Political Philosophy: Ten Essays* by Leo Strauss, ed., Hilail Gildin, 1989, pp. 81-98.

维利后来获得的"马基雅维利主义"的名声,当然与此有直接关系,即目的证明手段,为达目的可以不择手段,包括使用暴力。从道德主义立场得出这样的结论当然可以理解,但这一结论同时也极大地削弱了马基雅维利在政治思想上的重要性。严格来说,"马基雅维利主义"在马基雅维利之前早已存在,早已为人所熟知和实践,并不需要马基雅维利来为它增加什么新的内容。马基雅维利的重要性在于,他指出了奠基行动中必然包含的暴力和排斥。"所有武装的先知都获得了胜利,非武装的先知都失败了",这句话恰恰告诉人们,那些"失败"了的理念很多时候并不是因为它们本身就是不好的,或是所谓非理性的,而很有可能就是其力量不够而"被"排斥和边缘化了。马基雅维利的观点包含着一种深刻的价值多元论,但又与伯林所认识到的马基雅维利式的价值多元主义有所不同。[1]

在这里,我们或许可以用托克维尔关于美国印第安人和黑人的处境来说明这种暴力和排斥。美国的建国确实伴随着对印第安人的殖民征服,奴隶制问题在当时远未构成建国者考虑的主要议题,它显然被接受为一种既成事实。在印第安人方面,托克维尔比较了19世纪早期北美(或美国)和南美洲殖民者政策取向的不同。南美的西班牙征服者在对待印第安原住民时使用的手段非常暴力,而北美的欧洲白人拓殖者要和平得多,尽管暴力也时有发

---

[1] 以赛亚·伯林,《马基雅维利的原创性》,见以赛亚·伯林《反潮流:观念史论文集》,冯克利译,译林出版社2002年版。

生。在北美，殖民者主要使用和平贸易的方式与印第安人打交道，他们想要印第安人的土地，不像他们的南美"同行"那样直接使用暴力手段，而是尽量达成交易，用对方喜欢的东西购买他们的土地。然而，最终的结果却是南美的殖民者和印第安人在长期的暴力冲突后有许多沟通来往，甚至通婚，而北美的殖民者却将印第安人推向越来越远的蛮荒之地，以至于使他们几乎面临灭顶之灾。我们可以摘录托克维尔描述这一过程的一段话来说明这种"和平的剥夺"：

> 对印第安人的剥夺，经常以一种正规的或者可以说是合法的形式进行。当欧洲人开始进驻被一个野蛮部族占据的荒凉地区时，美国政府一般都先向这个部族派去一名官方信使。随后，白人将印第安人召集到一个空场里，同他们大吃大喝一通，然后对他们说："你们在你们祖先的这块土地上能干出来什么？过不了多久，你们就得靠挖他们的骨头来生活。你们居住的这块土地怎么就比别的地方好？难道除了你们住的这个地方，别处就没有森林、沼泽和草原吗？难道普天之下，除了你们这里就没有可住的地方了吗？在你们看见的天边那些大山后面，在你们的土地西面尽头的那个湖的对岸，有一大片还奔驰着许多野兽的土地。请把你们的土地卖给我们，到那边的土地上去过幸福生活吧。"讲完这一番话后，他们就在印第安人面前陈列出一些火枪、呢绒服装、成桶的酒、玻

璃项链、金属手镯、耳环和镜子。假如印第安人看到这些宝贵物品后还不动心，可以慢慢说服他们不要拒绝对他们提出的要求，并向他们暗示将来政府也不能保证他们行使自己的权利。结果会怎么样呢？印第安人在一半说服和一半强迫之下离开了他们的土地。他们来到新的荒凉地区住下，但白人也不会让他们在那里太太平平地住上十年。……我认为这些困难是无法挽救的。我相信，北美的印第安人注定要灭亡。我也无法使自己不认为，一旦欧洲人在太平洋海岸立足，那里的印第安人亦将不复存在。[1]

南美的拓殖者更多地使用暴力对付印第安人，印第安人也用暴力回敬，在这个过程中后者因为战斗的技巧和能力，往往会受到尊重甚至某种意义上的平等对待。即便战斗能力受到军事和经济水平的限制，印第安人也能在战斗中展现自己的勇气和献身精神，这些美德超越族群，超越不同的经济和社会发展水平，是能够为人们共同赏识的。在贵族社会，勇气和献身精神正是为人称颂的贵族精神。但在北美，情况则很不一样。一方面，暴力并不占主导地位，或至少不如在南美那样流行，白人和印第安人之间的交往相对而言较和平。另一方面，其结果却是两个族群之间的距离越来越大，印第安人几乎面临亡族灭种的结局，这难道不是

---

[1] 托克维尔，《论美国的民主》，董果良译，商务印书馆1988年版，第380页。

更深层次、更大规模的暴力吗？这一暴力并不因为和平的贸易条款在理论上看上去多么公平，就不再是暴力；恰恰相反，这才是真实存在的暴力，它不仅没有因为看似公平的贸易而减少其暴力的性质，甚至因为这种"公平正义"，其程度更深，效果更持久。因为在这一公平正义之下，印第安人被下降到次一等的存在，白人殖民者的公平正义对他们而言无异于死刑判决。所以托克维尔说："北美的印第安人只有两条得救的出路：不是对白人开战，就是自己接受文明。换句话说，不是消灭欧洲人，就是变成同欧洲人一样的人。"而事实上这两者都不可能，他们开战绝不可能获胜，而变成欧洲人也毫无希望。

这是印第安人的处境，而黑人的处境同样悲惨。与印第安人不一样的是，黑人从一开始就生活在奴隶制下，他们长期和白人生活在一起，但同他们又是两种完全不一样的人，身份、等级和地位截然二分，类似欧洲封建时代贵族和平民之间的关系。欧洲封建时代的贵族和平民同属一个种族，贵族等级体系消失后人与人之间便没有太大的差别，但黑人和白人肤色都不一样，奴隶制留下的烙印就更难以消除。

美国的奴隶制度当然难以长期维系，无论是在经济上还是在人们的道德观念中，它都越来越成为过去时代的残留。托克维尔的一个观察非常有洞察力，他认为奴隶制的暴力并不局限于该制度本身，即物理上的强迫，它还包括持久的精神和道德层面的暴力，后者更为隐形，却非常真实且有着深远影响。这种隐形的暴力主要存在于当时的美国北方，而南部地区在当时仍然存在大量的奴隶制。在奴隶被较大范围地取消的北方，原先是奴隶而后被解放的黑人，命运又是怎样的？托克维尔指出，奴隶制的取消并没有使得白人和黑人融为一体。在存在奴隶制的时候，白人其实还愿意和黑人近距离生活在一起，因为他们知道黑人的地位在他们之下。但是在奴隶制取消以后，白人反而非常不愿意和黑人接触，原先低于他们的人，突然和他们平起平坐，他们接受不了这种平等。但既然法律规定黑人和白人是（大致）平等的，他们都同为自由人，那么只有一个办法，即远离黑人，在生活的各个方面与他们区别开来，这其实就是种族隔离制度的由来。托克维尔预测美国将来会因为黑人问题而陷入剧烈的冲突之中，他还准确预见到，即便在北方战胜南方、奴隶制在全国范围内取消之后，黑人所遭受的系统性歧视和压迫仍然会以新的方式继续下去。他这样描述白人当时的普遍心态：

> 当欧洲人从一个与他们不同的种族中掠取奴隶时，大多数人都认为这个种族比人类的其他种族低劣，唯恐将来与它融合在一起，预想蓄奴制可以永久长存，因为他们认为，在奴役所制造的极端不平等与独立在人们当中所自然产生的完全平等之间，绝不会有能够持久的中间状态。欧洲人觉得这似乎是真理，但又始终未能使自己确信，所以从他们与黑人打交道以来，其行为时而受他们的利益和高傲偏见所支配，

时而受他们的怜悯心所左右。他们先在对待黑人上侵犯了一切人权，可是后来他们又教会黑人明白了这些权利的珍贵性和不可侵犯性。他们对自己的奴隶开放了他们的社会，但当奴隶试图进入这个社会时，他们又狠心地把奴隶赶出去。他们一方面希望奴役黑人，另一方面又身不由己或不知不觉地使自己受自由思想的支配。他们既不想丧尽天良，又没有勇气完全伸张正义。[1]

从表面上看，黑人获得解放后，他们所享有的权利与白人是平等的，但在平等的权利之下，实际上隐含着真实的暴力。即便在取消奴隶制度以后，整个美国仍大量存在种族隔离制度，这种明显的暴力与"人人平等"的基本原则共生。而在20世纪六七十年代的民权运动以后，种族隔离制度在很大程度上被取消了，但黑人和白人平等了吗？可能仍然没有。黑人总体上较贫穷，掌握较少的权力，较少地占据重要职位，他们在日常生活中仍然较普遍地遭受歧视，尽管这种歧视可能是不公开的。更重要的是，在这种社会结构中，政府的法律或政策自然较多地反映白人主流群体的利益和主张，而黑人较少有能力在这方面产生实质性影响。[2]与印第安人问题一样，某种普遍性的正义理论不仅不能减缓黑人

---

[1] 托克维尔，《论美国的民主》，董果良译，商务印书馆1988年版，第422—423页。
[2] Gloria J. Browne-Marshall, *Race, Law, and American Society: 1607-Present*, Routledge, 2013.

所遭受的不公，反而加剧或固化了这种不公。自由至上主义（libertarianism）强调个人自由和权利的重要性，强调个人要对自己的选择负责，不应该依赖政府的帮助，等等；这一观念在二战之后的出现和发展既有冷战的背景，也与黑人争取平权的斗争有关。当大量的黑人群体拥有与白人一样的选举权时，强调个人自由和权利无异于压制或至少平衡了来自黑人的数量上的权力，从而更有利于白人群体的传统优势。当然，没有哪个支持自由至上主义的学者、官员或民众会声称这种观念有着种族的基调；相反，从表面上看，这种理论与种族没有任何关系，它阐发的是抽象平等的个人所拥有的自由和权利，无论你真实的身份是什么——白人或黑人、穷人或富人——都同等地享有它们。然而，如果我们观察社会内部的真实结构，特别是种族关系，这种普遍性的正义理念显然是有所偏倚的，无怪乎当代很多人认为这其实是隐藏在经济学理论中的种族主义。[1]

当马基雅维利说"所有武装的先知都获得了胜利，非武装的先知都失败了"时，他所描述的基督教与暴力之间的关系与我们在这里所讨论的正义理念与暴力之间的关系并没有根本的区别。施特劳斯认为这句话正好可以证明马基雅维利的出发点是错的，因为摩西在"创立"基督教时，并没有使用暴力。或者换言之，

---

[1] Mary-Kate Lizotte, Thomas Warren, "Understanding the Appeal of Libertarianism: Gender and Race Differences in the Endorsement of Libertarian Principles", *Analyses of Social Issues and Public Policy*, 2021, pp. 1-20.

基督教的传播本质上不是因为暴力的强迫，而是因为它自身的吸引力，或用基督徒的话来说是因为它本身就是真理，真理不需要推动就会广为流传。但这并不妨碍基督教在欧洲成为主流宗教以后对其他教派的压制和迫害，也不妨碍在基督教本身分裂为不同教派之后，其互相之间的长年迫害和宗教战争。而在马基雅维利自己的世界中，基督教同样也被长年用来维护和促进某些人（如教皇）的利益，阻碍佛罗伦萨共和国获得自由，或者意大利摆脱外国权力的干涉。马基雅维利对此深有体会，所以才会建议人们，如果要对政治社会有所更新，或建设新的制度和秩序，就不用太在意教会的教导。这里的根本原因在于，从马基雅维利的视角看，基督教会本身的统治也是一种排斥性的统治，不可避免地包含着暴力，教会所宣扬的美德不可避免地是其统治方式的组成部分。

三　奠基中的抗争

　　埃里克·方纳说美国内战的过程无疑是"第二次建国"，但他没有着重强调的是，第二次建国需要一场战争。如果我们关注战争本身及其中包含的大规模暴力，它完全不是前述船的比喻中，"在看到有一块坏了的船板的时候将它换掉"那样简单与和平。事实上，如果不去发动那场战争并坚持到底，这第二次建国恐怕很难实现。也许美国会分裂为两个国家，原来的南方可能长期继续保有奴隶制；或者假如南方获得胜利，那么历史又会大为改观。[1]这显然不是"换一块板"那么和谐，它需要人们去为之斗争，需要领导与指挥的能力，需要牺牲和流血，甚至需要马基雅维利所说的"在必要的时候做必要的事"的心理准备。

保守视角倾向于将黑人争取平权的过程看作某种理念（如人人平等的原则）在历史中不断地展示自己，逐渐得到真正实现的过程。但真的是这样吗？事实上，黑人争取平权的历史，以及几乎所有受压迫的群体在争取更多、更公平的权利和自由时，都必须依靠抗争，在某些时候这些抗争甚至包含一些暴力的使用。南北战争就是这种抗争最大的一次爆发；尽管它发生在联邦政府与南方各州之间，并不是两个种族的直接对抗，但它仍然是新的秩序与旧的秩序之间的对抗。新的秩序中奴隶制是过去式，至少在法律形式上人与人之间不分种族、完全平等，人们的生活与命运主要建立在其个人选择和偏好之上，而不应建立在人们完全无法选择的、先天的种族和肤色之上，政府则应该保护这种个人自由和权利，而不是保护种族间的不平等。旧的秩序则坚持认为种族之间是有着天然的区别的，这种区别在政治上也有效力，即某一个种族天生就适合统治，另一个种族天生就适合被统治，包括从

---

[1] 关于这种假设，可参见麦克佛森的讨论。Tom Mackaman, "An Interview with Historian James McPherson on the New York Times' 1619 Project", *The World Socialist Web Site*, 14 November 2019, https: //www.wsws.org/en/articles/2019/11/14/mcph-n14.html。

事最卑微的体力劳动，而打破这种"自然"秩序才是不对的；同时，因为奴隶是事实上的"财产"，试图改变奴隶制也构成了对自然的财产权利的侵犯。在同一个国家，这两种秩序的想象显然无法共存，它们必须有一个最终的解决。因此，南北战争其实主要是这两种秩序之间的对决，这一过程充满着混乱和不确定性。联邦政府（北方）获得胜利需要以鲜血和生命为代价，这一斗争在当时并非没有失败的可能，但即便胜利，也无法彻底解决种族之间复杂的关系问题，黑人和白人仍然要生活在一起，而他们在事实上却是不同的群体，有着非常不一样的观念和教育水平，他们能和平地共存于一个法律体系之下吗？[1]

黑人群体的抗争并没有止步于南北战争，这场战争也远没有完全解决种族问题。战争之后的美国虽然有少数族群权利方面的进步，如美国宪法第十四修正案赋予他们法律面前的平等，第十五修正案赋予黑人与白人平等的选举权利，但美国社会内部根深蒂固的歧视和排斥仍大量存在，这一点在南部尤其明显。南部各州在内战后陆续通过了所谓吉姆·克劳法（Jim Crow laws），为种族隔离奠定了基础。北方各州虽然没有通过这类法律，但黑人所遭受的歧视仍是非常真实的，黑人在求学、求职等方面都受到明显的排斥，在投票权上也被以各种方式限制。[2] 这一状况一直延续

---

[1] 正如 1619 项目所指出的，林肯甚至考虑过将解放了的黑人运送回非洲的选项。
[2] William T. Martin Riches, *The Civil Rights Movement: Struggle and Resistance*, New York: St. Martin's Press INC., pp. 6 - 7.

到 20 世纪中叶。第二次世界大战以后，黑人的抗争逐渐加强，一些典型的、具有标志性的例子包括：罗莎·帕克斯（Rosa Parks）拒绝在公交车上为白人让座引发的全国性黑人抗议，马丁·路德·金（Martin Luther King）成为抗议领袖，该抗议活动直接促成 1956 年美国联邦最高法院宣布公交车座位上的种族隔离措施违宪；小石城（Little Rock）黑人学生在新的最高法院判决下允许入读白人学校，但最后需要总统派联邦军队保护；马丁·路德·金带领 20 万民众在华盛顿抗议并发表《我有一个梦想》的演说；1965 年的"血腥周日"（Bloody Sunday），多名民权运动积极分子遭受袭击；民权运动领袖马尔科姆（Malcolm X）和马丁·路德·金被暗杀，引发骚乱；等等。在这些抗争活动中，美国通过了一系列新的民权法案，如《1957 年民权法》《1960 年民权法》《1964 年民权法》等，一步步废除了旧的歧视性法案，给予黑人群体更加真实的平等选举权、人身保护权。布鲁斯·迪伦菲尔德（Bruce J. Dierenfield）总结从南北战争到民权运动之间的历史时说："一个世纪以来，黑人在白人的荒原中像戴着低人一等的标记一样带着他们黑色的皮肤，需要史诗般的民权运动才能消除这个国家的原罪——种族主义。"[1]

抗争是这一段历史的主题。如果没有主动的抗争，美国建国时期承诺的"平等"原则是不会被自动给予黑人民众的，这一过

---

[1] Bruce J. Dierenfield, *The Civil Rights Movement*, London & New York: Routledge, 2008, p. 5.

程需要经过长时期、充满不和谐要素的冲突,抽象的原则和理念在这里起到的作用是有限的。这种抗争和冲突有三个特点。

第一,打破常规。1896年美国最高法院曾经通过判决确认了种族隔离的合法性,即所谓"分开但平等"(separate but equal),这种"平等"原则在民权运动之前普遍被人们接受为正当,而抗争的主要内容即是要打破这些常规。我们可以看到,这些抗争本身并没有那么循规蹈矩,也没有那么和平。尽管马丁·路德·金等人倡导和平,反对暴力,但可以说没有哪次大规模的民众抗争是完全和平的,至少那些曾经的规则被打破,原有的日常一定会被冲击。罗莎·帕克斯在种族隔离公交车上的拒绝服从,以及后续许多效仿者对此类规则的不服从,就是在冲击原有的秩序。从宏观上说,他们所代表的是对另一种秩序的想象,如同马丁·路德·金所说的"我有一个梦想":在另一个"美国",平等的原则不是"分开但平等",而是所有人都被一视同仁。每一次新建立的法案都是在否定过去,那么在这些法案得以通过并生效之前,为达此目的而进行的抗争都带有某种程度的"非法性",或至少采取了一种超越现有法律的"政治"视角。因此,在这个意义上,政治成为法律的前提,抗争的政治成为法律的原因。那么,这些抗争如何促进了"更好"的法律的诞生?这就和第二个特征有关。

第二,新共识的形成。这种抗争虽然过程充满喧嚣嘈杂,但总体来说,其结果是促进了新的共识的形成,进而又催生了新的法案,从而至少在一定程度上改变了现实。即便马丁·路德·金的"新美国"没有完全实现,至少其中的部分诉求成了新的现实。当那些效仿罗莎·帕克斯的人在美国南部集体坐公交车,并拒绝遵守种族隔离规则时,他们遇到了地方执法部门和很多白人民众的巨大抵触,有一些人甚至被暴力对待,公交车遭到焚烧。小石城的黑人孩子上传统白人学校的过程中,同样出现了严重的民众之间的冲突。这些冲突在整个民权运动中可以说非常普遍,他们甚至不一定是白人和黑人之间的冲突,因为有很多白人同样支持平权。总体而言,社会内部的撕裂是十分明显的。从今天的视角看,这些冲突实际上极大地加速了新的社会共识的形成。但另一方面,我们也可以观察到,这些冲突虽然不可谓不激烈,但并没有演化为大规模的流血和战争,这和内战时期的冲突有着本质的区别。因此,它不像是南北战争时期那样"第二次建国",而毋宁是一种特殊的政治参与,只不过这种参与不是在传统的议会、市镇会议等机构中。在原有的政治参与中,那些黑人大多数被自动地排除在外,他们的声音对于传统的参与渠道来说,几乎不存在。那么,这些被排斥在外的边缘群体相当于在传统的参与渠道之外开辟了新的参与场所,在街头、公交车、餐馆等地,以他们能够使用的方式抗争,但又没有推演到内战的程度。这种特殊的参与在事实上刺激了全国性的反思与辩论,争取了很多人——最后可以说是大多数国民——的同情与支持,当然也包括最高法院等联邦机构的支持,而这才是新的《权利法案》通过的最大背景。新秩序的塑造不是某个固定的理想原则不断"适用"的结果,而是在冲突的推动下不断创造新的制度与秩序的过程。这一过程在性质上和古罗马史学家李维在《罗马史》中所描述的罗马撤离运动是高度类似的,其结果是平民在国家中的地位得到了实质性提升,创立了保民官等重要制度和职位,而这一事实也正是马基雅维利在《李维史论》中讨论的重点。

第三,平民的革命。抗争政治的结果是普通平民、边缘群体的地位提高,他们在政治中的声音被放大,更多的底层民众进入公共领域。"民主在美国"从一开始就是很有限的,《联邦党人文集》的作者们认为他们要建立的国家不是一个"民主"国家,而是一个"共和国"(republic),这里的"共和国"当然是相对于"君主国"而言。换言之,他们拒绝了在当时还非常流行的君主制,而选择了没有君主、由公民参政的共和国;但同时他们也很明确,要建立的共和国不是民众直接参与统治的"纯民主"(pure democracy),或者说不是一种简单的多数人的统治。在联邦党人看来,这种来自古代的"纯民主"模式太容易引起党派之间的争斗,被煽动起来的多数民众的意见经常在派别私斗中起到决定性作用。因此,他们决定建立一种所谓"代表制"(representative system),让民众选择出来的代表统治,而不是由民众直接统治;这些代表经由民众选举产生,他们对民众的意见有"提炼"和"扩大"的功能,但同时也不脱离民众而自主存在。[1] 因此,对民众——尤其

---

[1] Alexander Hamilton, John Jay & James Madison, *The Federalist*, Indianapolis: Liberty Fund, p. 46.

是普通平民——的警惕实际上从最初就包含在其政治制度设计之中。在这一设计背后,还有一层种族之间不平等的要素,后来在《吉姆·克劳法》支持下对黑人群体投票、参政权利的严格限制就属此列。很长一段时间,美国人口中的很大一部分——包括女性和黑人全体——都被排除在公共政治生活之外。因此,黑人的解放、女性的解放,投票权上的财产、文化程度等限制的解除,都在抗争中一步步得到实现。抗争与冲突使得美国政治慢慢做出改变,从19世纪初的"杰克逊式民主"(Jacksonian democracy)到后来所有人都有同等选举权和被选举权的制度安排,跨越了近两个世纪。

如何理解这里的冲突与抗争?有没有可能将之理论化?在政治思想史中,"冲突"的问题可以说最早在马基雅维利那里得到正面而严肃的理论化处理。如本书后续章节所要详细展示的,马基雅维利将冲突看作古罗马共和国之所以保持自由因而"伟大",并具有扩张能力的主要原因。罗马从最初的王政转变为共和政体,但在共和国早期,贵族在城中居于主导位置,在随后的共和国内部"冲突"中,平民逐步扩大自己的优势,争取到了更多的权利和位置。这一过程在马基雅维利看来是充满着"不和谐"的,但他同古典时期的政治思想家们不一样的是,他将这种冲突看作罗马获得更充分的自由,并不断使人们具有政治上的美德的主要原因。在这里,冲突具有一种让人们表达不满、发泄怨气的作用。社会内部的不公在某种意义上是"正常"的,或是难以避免的;这种"正常"非"正当"之意,而只是说在马基雅维利看来,它在几乎所有社会，在任何时候都会出现。或者，与其说是意义不明确的"不公"，不如说是人自然地对他人施加侵害、扩张自身利益的倾向。如果这一点几乎是人之"常态"，那么在任何时候都会有不公的现象。对一个社会或国家而言，这种"不公"就很可能会演化成或大或小的冲突。马基雅维利的一大创见即在于，他认为这种冲突本身是有正面作用的，而其主要例证正是万人景仰的古罗马。

可以说，马基雅维利凭一己之力，将亚里士多德以来影响深远、蔚为大观的古典共和理论现代化了。这一"现代化"当然存在很大争议，似乎多少存在"矫枉过正"的倾向，他对新制度和新秩序依赖"武装"的强调也确实具有一定的危险性。然而，如果对理论的创新怀有敬意，对新的理论范式所需要的经验、学识和想象力持有清醒的认识，我们就知道将马基雅维利轻易地划入相对主义、虚无主义的阵营，从而将其拒斥，会是多么大的损失。传统的共和理论范式，包括今天的大多数政治理论，大多都不喜冲突，将其看作洪水猛兽。在古罗马作家西塞罗、波里比乌斯等人那里，罗马的自由和强大似与此无关。到中世纪的阿奎那，再到文艺复兴时期的人文主义者奎恰迪尼等人，无不对冲突大加批评。现代社会的政治理论大多强调"重叠共识"（罗尔斯）、理性对话（哈贝马斯）、公共性（阿伦特）等，也无法很好地面对和理论化冲突。但这些反冲突的理论并没有将法律和制度进步的"真实"动因阐释清楚。历史充满着不确定性，人们需要在遇到不公时为自己说话，否则成功为自己争取权益的机会事实上就会变得很小。马基雅维利对人性的幽暗观察实际上在这里表现得很明晰。同时我们也可以体会到，这种悲观的估计在另外一层意义上是倾向于社会进步，是对"平民"友好的。

四　"冲突"的两面

"冲突"对于政治共同体的"正面"作用，马基雅维利在《李维史论》中对此做了详尽阐释，但这并不是问题的全部。无论是在美国历史，还是在马基雅维利的理论中，都不止于一种所谓"正面"的阐释，冲突完全有可能变成政治共同体的噩梦，西塞罗等古典思想家在这一点上的分析，包括他们对罗马内部冲突的警告，仍然很有道理。在马基雅维利晚年的政治著作中，尤其是在《佛罗伦萨史》中，他描述了一个与罗马共和国的正面例子完全相反的形象。在那里，平民与贵族之间的剧烈冲突造成如此大的负面后果，以至于"（佛罗伦萨）变得越来越孱弱，越来越卑鄙无耻"。[1] 无独有偶，《联邦党人文集》也曾记载汉密尔顿对早期希腊和意大利共和国内"不安的骚动"的评述，并希望尽可能避免这

---

[1] 马基雅维利，《佛罗伦萨史》，王永忠译，吉林出版集团有限责任公司 2013 年版，第 112 页。

种骚动和冲突，实际上也就是避免美国的"佛罗伦萨化"。[1] 21世纪美国的所谓"政治极化"现象实际上早在15、16世纪的佛罗伦萨平民与贵族的派系斗争中即已上演，马基雅维利在《李维史论》中对冲突的正面评价，在晚年似乎发生了很大的转变。

自2010年以来，对美国政治的诊断中，一个已经几乎成为老生常谈的概念是"极化"（polarization），无数中外文期刊文章、报纸评论都将"极化"作为当今——尤其是特朗普就任总统以来——美国政治的主要病症，[2] 美国公共电视网（PBS）甚至专门拍摄了一部纪录片，以极具视觉冲击的方式展示了美国近几十年来的"分裂"过程。[3] 这些叙述主题可以说大同小异：美国国内社会的各种价值观念和政治诉求极其繁多，互相之间的共识越来越小，以至于不同派别之间已经到了水火不容的地步；而在这种多元极化中，又以两大政党——民主党和共和党——所代表的政治派别之间的长期恶斗为典型，可以说美国的政治极化主要就是民

---

[1] Alexander Hamilton, John Jay & James Madison, *The Federalist*, Indianapolis: Liberty Fund, p. 37.

[2] 节大磊，《美国的政治极化与美国民主》，《美国研究》2016年第2期。张业亮，《"极化"的美国政治：神话还是现象?》，《美国研究》2008年第3期。陈琪、罗天宇，《美国政治的极化之势》，《人民论坛》2020年第17期。段德敏，《英美极化政治中的民主与民粹》，《探索与争鸣》2016年第10期。Christopher Hare and Keith T. Poole, "The Polarization of Contemporary American Politics", *Polity*, Vol. 46 (3), 2014, pp. 411 - 429. Paul Pierson and Eric Schickler, "Madison's Constitution Under Stress: A Developmental Analysis of Political Polarization", *Annual Review of Political Science*, Vol. 23: 37 - 58, 2020。

[3] "America's Great Divide: From Obama to Trump", PBS 2020.

主党所代表的"自由派"（liberals）与共和党所代表的保守派（conservatives）之间的"两极化"。政治极化的主要表现在于，各派完全以自身力量最大化为目标，一切有利于自身力量扩大化的话语或政策措施都被认为是可以接受的；反之，某一派别所说所做哪怕明显有道理，也会被对立派别攻击、抹黑、贬低。这种政治极化的恶果也很明显，即各派别之间难以展开理性、有效的对话，政策和法律最后往往极端地偏向一边。这同时也使得很多人从民粹主义的角度理解美国政治，通过操作选举，获得多数选票——无论什么意义上的多数——就可以压制对手，出台自己想要的政策，而不管它们多么夸张和有违常理。从政治领袖个人的角度说，政治极化也改变了其对权力的想象与期待，因为只要有多数意见的加持，根本不用考虑传统意义上的对与错、得体与不得体。[1]

以上这些讨论并不错，但这些诊断会给人一种错误的印象，即冲突与对立并非美国政治的常态，或仅仅是在最近几十年才出现的，似乎和谐共存才是美国政治的主流。事实上，美国的社会和政治体制不仅从一开始就允许自身带有极化倾向的冲突和对立，甚至可以说这才是美国体制最大的特点之一。真正的问题不在于为什么美国突然在最近几十年陷入"大分裂"之中，而在于为什

---

[1] 特朗普在 2016 年选举时曾公开表示："哪怕我在（纽约）第五大道上射杀一些人，我的支持者还是会支持我。"参见 https：//www.theguardian.com/us-news/2016/jan/24/donald-trump-says-he-could-shoot-somebody-and-still-not-lose-voters。

么持续不断的，甚至让很多美国或西方学者引以为傲的内部冲突发展到今天的样子？这一焦点的转移使得我们可以进一步去追问：在什么样的条件下冲突和对立可以使得美国的政治与社会保持一定的活力？而什么样的条件又会使得它走向政党恶斗？

在美国建国的两份最关键的文件——《美国宪法》与《联邦党人文集》——中，我们可以找到"冲突"（conflict）之内在于美国体制的直接证据。稍微了解美国的人都知道，美国的联邦体制首先建立在各州的独立和自治基础之上，从乡镇开始的地方自治是美国国家建构的前提条件，且内在于其体制的完成形态之中。各州的立法机构和州长都由本州选民选举产生，向本州选民负责，在本州事务范围内拥有全权，[1] 这种独立性本身使得美国体制内部存在着无数冲突的可能性。美国独立后一度存在的邦联体制正是因为这种独立性而崩解，随后成立的联邦体制虽然赋予了联邦政府以相当大的权力，但并没有取消各州的独立性。这种独立性在很多国家可能成为内战的条件，美国也确实发生过与此相关的内战：1861—1865年间的南北战争，南部各州因为坚持自己在蓄奴问题上的"独立性"而与北方各州和联邦政府发生激烈冲突。联邦体制并不否定州的独立性，而是与独立的各州"分享"主权。

---

[1] 参见美国州长联合会文件 "Governors' Powers & Authority"，引自 https://www.nga.org/governors/powers-and-authority/ 。并可参见 Sarah F. Anzia and Molly C. Jackman (2013-01-01), "Legislative Organization and the Second Face of Power: Evidence from U. S. State Legislatures", *The Journal of Politics*, Vol. 75 (1): 210-224。

麦迪逊（James Madison）等联邦党人多次强调，联邦与之前松散的邦联最关键的区别之一是，联邦政府的权力施加对象不是各州，而是美国公民个人。如果是邦联，那意味着各州政府仍然是最重要的权力所有者，联邦只是各州联合，而不是全体美国人民的联合。[1] 反过来说，在联邦体制中，美国公民个人至少要接受两种政府的直接管辖——联邦与州。二者各有其权限，分而治之，互不隶属。

美国总统由美国人选举产生，各州州长同样由本州人民选举产生，互相之间并不存在"中央—地方"的上下级关系。很大程度上正是因为这一点，在2020年抗击新冠疫情过程中，美国出现了总统领导的联邦政府与各州州长之间在抗疫方式、责任承担等方面冲突、龃龉的奇特景象，民主党州长不服从总统关于口罩、社交隔离、经济重启等方面的指导或要求，共和党州长往往与联邦政府医疗专家的意见不合，这些冲突都可以从一个侧面说明美国抗疫遇到的失败。可以说，联邦和州之间的冲突基本确定了美国体制的性质；除此之外，美国各个层面的分权和制衡机制都可以印证冲突之内在于其体制的事实。如总统与国会之间的关系，同样是互不隶属、分而治之，国会由人民选举产生，独立行使立法权，并不需要听命于总统。最高法院大法官由总统提名、参议院确认，但一经确认，大法官即可终身任职，同样拥有极高的独

---

1 Alexander Hamilton, John Jay & James Madison, *The Federalist*, Indianapolis: Liberty Fund, p. 72.

立性，即便总统提名的大法官也完全可能做出不利于总统本人或其党派的判决。[1] 美国两个主要政党之间的关系更是可以用"冲突"来概括，它们竞争选票的过程用"选战"二字概括颇为贴切，虽不是真刀实枪，但其激烈程度、双方阵营敌对的氛围和心理、成败结果对双方的重要性等都很契合"战"的感觉。另外，美国民间的各种结社、集会、游行示威、利益集团、政治游说组织等都使得整个美国社会成为各种大大小小的冲突长年无休止爆发的巨大场所。可以说，在任何一个时刻，美国都存在成千上万个政治和社会组织，发出成千上万种声音。一方面，从理论上说，这些声音和组织都需要遵守法律，虽然它们也会争取推动新法律的制定和旧法律的修正；另一方面，因为声音的多样性，每一种声音——即便它再极端——所能够产生的震撼力相应地就被减小。[2]

许多美国学者认为，冲突的正面效应主要是为个体争取权利或为其对利益的维护提供一定的保障。个体在感到其权益受到损害时，可以向不同的社会或政治组织寻求帮助，也可以自己组织相关团体，以团体的力量维护相似的权益。个体往往力量弱小，组织和团体拥有更大的力量，而不同的组织和团体之间几乎必然存在一定的冲突，这就是冲突与个体权利之间的内在关联。民主理论家罗伯特·达尔（Robert Dahl）在其著名的"多元主义民主"

---

[1] Isaac Unah, *The Supreme Court in American Politics*, New York: Palgrave Macmillan, 2009, p. 30.
[2] 托克维尔，《论美国的民主》，董果良译，商务印书馆1997年版，第207—210页。

(pluralistic democracy)理论中,将美国看作与一般意义上的"多数决民主"(majoritarian democracy)不一样的民主模式,在这种民主模式中,政策和法律不一定直接反映多数的意见。事实上,美国的总体政治参与水平——如总统选举的投票率——并不高,而积极参与投票的人与全体选民相比就更占少数。但是,达尔认为,正是因为存在多元的团体和组织,所有人——无论他们多么"小众"或边缘——都有机会对政府决策过程施加影响。[1] 一个典型的例子是20世纪中叶美国平权运动中美国全国有色人种协进会(NAACP)希望取消种族隔离的诉求,该组织在各州碰壁后转向国会,在国会失败后又求助于司法系统,最终成功让最高法院判决宣布公立学校实行种族隔离、拒绝黑人入校违宪。

社会和政治的冲突有利于个体权利的保护也体现在更早的《联邦党人文集》中。当联邦党人在为新生的联邦体制辩护,试图说服美国人接受这一体制时,他们所使用的主要论辩策略不是强调联邦与超越个人之上的"共同善"的关系,而是向下突出联邦与个人自由之间的共生关系。面对当时的反对声音,如联邦有可能权力过大、导致新的君主制诞生等,联邦党人指出:一方面联邦政府的存在并没有取消各州的独立,它只是在涉及联邦所有人的利益方面采取行动;另一方面,在这一范围内联邦构成了对各

---

[1] Robert A. Dahl, *A Preface to Democratic Theory*, Chicago & London: The University of Chicago Press, 2006.

州权力的约束与制衡,其目的仍然是确保地方性的个人权益。[1] 换言之,联邦政府本质上不过是在当时已经存在的、以各州独立存在为主要框架的权力制衡机制之上,再加一重非常必要的约束机制。麦迪逊将这一机制称为"混合宪制",并将之与孟德斯鸠联系在一起,从思想与概念渊源的角度看,这是比较恰当的。[2] 将冲突与个体自由关联起来并从这一角度解释美国政体的,还有著名美国史学者戈登·伍德,他在巨著《美利坚共和国的缔造》(*The Creation of the America Republic*)中详细追溯了美国建国前后的政治思想演变,他得出的结论是古典共和主义逐渐让位于洛克式的现代自由主义,在多方力量的推动下,美国政体最后诚如近代英国政治思想史家约翰·洛克(John Locke)所言,国家没有自身的目的,其建立的唯一目的是保护个体的自由与权利。[3] 但在伍德看来,美国在制度方面的发明创造是洛克所未能预见的,这是一种所谓"多元代表"机制(plural representation),即多元的诉求可以在公共领域中"被代表",这种代表主要是对来自社会内部诉求的镜面式反映,而非提炼和扩大后的"实质代表"(virtual representation),美国政治则可以看作多元代表互相冲突与调适的

---

[1] Alexander Hamilton, John Jay & James Madison, *The Federalist*, Indianapolis: Liberty Fund, pp. 138 – 139.
[2] Alexander Hamilton, John Jay & James Madison, *The Federalist*, Indianapolis: Liberty Fund, p. 199.
[3] Gordon S. Wood, *The Creation of the American Republic: 1776—1787*, Chapel Hill & London: The University of North Carolina Press, 1998, pp. 283 – 284, 601 – 602.

过程。[1]

冲突与个人权利之间的关系在解释美国体制中有其作用，但并非没有存疑之处。例如，在联邦党人的论辩策略中，联邦机制是对个人自由的追加保护。这固然有其道理，但这一论点本身仍然需要建立在联邦是维护全体人民共同利益的基础之上，而整体利益与局部或个人利益之间仍然可能有冲突，很显然，并不是所有对整体利益的维护都可以自动转化为对个体利益的维护，反之亦然。这一点似乎并没有被联邦党人严肃对待，其情或可原，但我们不能就此认定这一矛盾对美国来说不存在。从另一个侧面看，对局部利益——组织或团体——的维护，同样可能造成对个体利益的冲击，甚至直接侵犯。最简单的例子莫过于南方各州和奴隶制的关系，在南北战争之前，南方各州将奴隶制看作"地方自由"（local freedom）的一部分，并以此向联邦政府发起挑战，认为联邦政府废奴的企图违背了美国建国的初衷，也违背了美国宪法对各州自主权的保护，甚至是对个人私有财产权的侵犯。[2] 时至今日，这种矛盾仍然以某种方式存在着，很多南方州仍然坚持自己对南北战争的"保留意见"，仍然有很多人对有奴隶制象征的邦联旗帜情有独钟，这是否与黑人的个体权利矛盾？在抗击新冠疫情

---

[1] 段德敏，《戈登·伍德与"美国政治科学"》，《读书》2020年第6期。
[2] 奴隶在当时被看作严格意义上的私有财产，参见 James L. Huston, *Calculating the Value of the Union: Slavery, Property Rights, and the Economic Origins of the Civil War*, Chapel Hill & London: The University of North Carolina Press, 2003。

期间，很多州政府对口罩的拒斥与地方自主可以挂上钩，但这显然与很多人对安全的需要相矛盾。

因此，可以肯定的是，冲突在某些情形下有助于推动个人自由与权利的保护，但冲突本身既不需要依赖严格意义上的个人自由，[1] 也不需要建立在某种自然权利（natural right）基础之上。如麦迪逊所引用的孟德斯鸠，其政治理论和洛克式的自由主义相差甚远，与个人消极自由或自然权利观念几无关系，他所说的权力分立制衡机制主要存在于欧洲君主政体之中，而所谓制衡与冲突的主体又主要来源于拥有相对独立自主权的贵族，正是贵族的分立及其与君主之间的制衡构成了孟德斯鸠所谓三权分立的主要现实基础。按孟德斯鸠所说，贵族服从的不是君主的个人意志，而是荣誉的法则，君主政体与专制政体的主要区别即在于前者是服从法律的。[2] 君主政体是相对现代的例子，在《罗马盛衰原因论》中，孟德斯鸠则给出了一个古代例子，即古罗马共和国，在那里，贵族和平民始终处在冲突之中，这一斗争可以说塑造了罗马大部分历史，制度、法律的废立以及共和国本身的兴衰都与此有关。同样，我们知道平民虽然最开始力量较弱，但他们是自由人而非奴隶，有参与共和国政治、与贵族斗争的资格和能力，我们也知道著名的撤离运动是平民迫使贵族妥协进而推动改革的里

---

[1] 这里的"个人自由"意指以赛亚·伯林意义上的"消极自由"（negative liberty）。参考 Isaiah Berlin, *Liberty*, Oxford: Oxford University Press, 2002, pp. 116 – 217。

[2] 孟德斯鸠，《论法的精神》，张雁深译，商务印书馆1997年版，第8页。

程碑事件。孟德斯鸠在讨论这一"纠纷"时说:"在作家们写的作品里,人们只听到他们谈到把罗马引向灭亡的纠纷;但是他们却没有看到,这些纠纷是必要的,它们一直都存在着,而且应当永远存在下去。"[1] 这一对冲突之于罗马共和国存亡重要性的论述在较早的马基雅维利那里得到同样的确认:罗马在驱逐国王设立执政官后就有了贵族制和君主制的成分,而平民的反抗又纳入了民主的要素,"保持混合制,所以创造了一个完美的共和国;它到达这种完美状态是由于平民与元老院的不和"。[2]

将"敌对"阵营之间的冲突看作政治理论的主要内容,以及主要从正面看待这种冲突的,马基雅维利即便不一定最早,也一定是最早的人之一。[3] 从传统上来说,人们一般认为共和国要保持健康,其内部的各个要素——贵族、平民、智力和美德杰出的个人等——应该和谐相处,这就是古典思想家们所谓的公民之间的友谊(philia)。[4] 每个要素都有自己的长处,同时也有其局限,因此他们在政治体中应该各居其位、各安其所,从城邦整体的角度来说,这是互补不足以服务于共同体整体之善。任何一个要素如

---

[1] 孟德斯鸠,《罗马盛衰原因论》,婉玲译,商务印书馆2004年版,第51页。
[2] 马基雅维利,《君主论·李维史论》,潘汉典、薛军译,吉林出版集团有限责任公司 2013年版,第153页。
[3] 维罗里(Viroli)认为马基雅维利与亚里士多德式的古典共和主义的最关键区别在于他对政治冲突的正面强调。参见 Maurizio Viroli, "Machiavelli and the Republican Idea of Politics", in Gisela Bock, Quentin Skinner & Maurizio Viroli eds., *Machiavelli and Republicanism*, Cambridge: Cambridge University Press, 1990, pp. 143 – 172。
[4] Aristotle, *Politics*, trans., C. D. C. Reeve, Cambridge: Hackett Publishing Company, 1998, p. 30.

果过度地扩张一己之需，就有可能导致纷争，而纷争的结果往往是某个要素积聚起较大力量，在冲突中压倒对手，从而导致共和国转化为服务于某个要素私利的工具，这也是从自由向专制转化的大致过程。[1] 受古希腊哲学影响的古罗马思想家西塞罗认为，古罗马之所以强大，主要是因为其内部各要素之间的和谐，冲突、不和往往招致腐败、阴谋，甚至流血，从后世的眼光看，也许恺撒和庞培之间的斗争即是这方面较好的例子，尽管西塞罗所处的时代也不乏斗争。但以马基雅维利的视角看，罗马之所以保持自由，其内部贵族与平民之间的斗争才是真正的原因。这里的斗争（或冲突）当然不是暗地里的私斗，而是以改变法律或制度为主要目的的公开斗争。如在圣山撤离运动中，平民即是为了抗议贵族垄断元老院、执政官的职位。贵族占有大量的土地，而平民人数众多却只占有很少量的土地，并经常沦为贵族的债务奴隶，况且他们并没有采取武装对抗的方式，而是从罗马城中撤出。这一抗议的结果是罗马增设保民官，修改与债务有关的法律，等等。马基雅维利据此认为，过去的哲人们过多地忽视了这种冲突的正面价值，其实真正有力量的、能够维持自由政体的共和国恰恰需要这种内部的冲突。他说："那些斥责贵族（nobili）与平民（plebe）之间骚乱的人，在我看来，他们斥责的是作为保持罗马自由的首

---

[1] "身体由各个部分组成，各部分是必须按照一定的比例同时生长，才能维持全身的匀称。否则身体终必衰亡，譬如说有人脚长四肘而躯干却只及两拃，这样既失去自然形态，一定难以存活。城邦亦然，如果其中某一部分畸形发育，必招致不义和毁灭。"亚里士多德，《政治学》，吴寿彭译，商务译书馆1997年版，第239页。

要原因的那些因素，这些人更多地考虑在这些骚乱中产生的争吵和喧嚣，而不是它们带来的良好效果。"[1]

马基雅维利的理论前提显然与古典思想家们不同，他并不认为人自然而然就是群体（或城邦）的动物，他倾向于认为人天性就是自私自利的，"人们忘记父亲的死比忘记遗产的丧失还来得快些"。因此，他认为只有在一种外在力量的迫使之下，一个人才可能约束对自身私利的追求，转而在某种程度上照顾公共利益。马氏的冲突理论正是建立在这一概念基础之上，当两个派别——如贵族和平民——互相冲突时，其效果即如双方同时施压于对方，迫使对方让渡一部分私利，照顾到另一方的利益，同时也是照顾公共利益。在罗马，正如在其他很多地方一样，这需要用法律和制度上的创新来实现，其结果正是某种私利和公共善之间的折中与调和。从这一点来看，冲突的政治理论从一开始就有着"向下"照顾个人私利的意味，和后来伍德等人对美国政治的分析类似。不过，在马基雅维利那里，对共和国整体状态的关注还是远远超过"潜在"的自由主义逻辑，个体自由最多是某种可能的后果，很难说是政治共同体的目的。再者，马基雅维利并未将冲突的逻辑局限于共和政体，在君主政体中，冲突的逻辑同样存在。

马基雅维利在《君主论》中比较了两种君主政体：法国和奥斯曼土耳其。在奥斯曼帝国，君主是整个国家说一不二的主人，

---

[1] 马基雅维利，《君主论·李维史论》，潘汉典、薛军译，吉林出版集团有限责任公司2013年版，第156页。

所有人都听命于君主，犹如君主的仆人；而在法国，君主的权力和地位虽然很可观，但在君主之下尚有许多拥有相当程度独立自主权的地方贵族，他们在性质上不是君主的奴仆，而是君主的合作共治者，甚至有可能在某些问题上反对君主。马基雅维利认为，一个新君主要征服这两种君主国时，征服法国式的君主国较为容易，因为君主与地方贵族之间有很多矛盾和冲突可以利用，但保有它却很难，因为任何一个地方贵族都将征服视为对自身利益的巨大侵犯而会积极反对。要征服奥斯曼土耳其这样的君主国很难，因为其君主一般令行禁止，其臣民恐惧遭到他的惩罚，可一旦征服，保有这样的国家却很容易，因为其国民身为奴仆，对更换主人不会有太强烈的私人感情或利害关系上的抗拒。[1]

从这里，我们又可以折回到孟德斯鸠，并由此延伸至美国。孟德斯鸠政体比较的重点是欧洲君主政体和波斯等所谓"东方专制主义"之间的比较。在前者那里，"君主之下，有许多阶层，这些阶层是和政制分不开的"；而在后者那里，则是"有人民而没有护民官"。[2] 与马基雅维利从外部威胁的角度比较这两种政体不同，孟德斯鸠从内部比较，他认为专制国家更有可能发生革命，而君主国家革命的可能性更小。专制国家内部较少会发生日常性的公开冲突，但一旦发生骚乱，"人民为感情所激动，往往把事情推向

---

[1] 马基雅维利，《君主论·李维史论》，潘汉典、薛军译，吉林出版集团有限责任公司2013年版，第14—16页。
[2] 孟德斯鸠，《论法的精神》，张雁深译，商务印书馆1997年版，第56—57页。

极端";而在君主国家,国内可能日常性地存在公开的冲突,严重时甚至有内战的危险,但"事情就常常不会做得过分,首领们为自己着想是有所顾忌的,他们怕被人抛弃"。[1] 他说:"在我们一切的历史上,都是有内战而没有革命,但是在专制国家,却都是只有革命而没有内战。"[2] 这一结论可以说与马基雅维利异曲同工。孟德斯鸠对美国建国理念的影响众所周知,大多数论者聚焦于政府职权的分立与制衡——立法权、行政权与司法权,[3] 但恐怕更广义的冲突理论在这方面同样重要,甚或更加重要。在这方面,麦迪逊等人受论辩目所限,并未作充分发挥,而受孟德斯鸠直接影响同时又近距离深入考察美国政治社会的托克维尔则明显更有发言权。

正如前文所言,地方自治的存在本身就构成了一种内部冲突的态势,如同封建时代地方贵族的自治,各乡镇、各州的地方自治也使得整个国家显得散乱且时常处于纠纷之中,危险时甚至可以导致内战。托克维尔的出发点也是在这里,他将乡镇自治看作"民主在美国"(democracy in America)最重要的特点之一。欧洲国家往往在民主化或身份平等化的过程中推翻了地方贵族,随着地方贵族的消失,地方自治也逐渐隐退,而美国并没有发生过大规模的社会革命,它从一开始就是由小规模的地方自治——新英格兰的乡镇——开始组织起社会与国家,地方自治团体的历史长

---

1 孟德斯鸠,《论法的精神》,张雁深译,商务印书馆1997年版,第57页。
2 孟德斯鸠,《论法的精神》,张雁深译,商务印书馆1997年版,第57页。
3 Robert G. Hazo, "Montesquieu and the Separation of Powers", *American Bar Association Journal*, Vol. 54 (7), 1968, pp. 665–668.

于州和联邦,甚至可以说它们在人们心中的权威和受尊重程度都高于联邦。在这种情况下,冲突和纠纷是常态,联合成为一个更广大的政治体——联邦——反而成了例外;前者不证自明,后者需要"被证明"。这同时也说明,联邦国家的"被证明"需要足够的理由,它需要说服,而不是暴力。[1] 政治上的自治、结社同时向社会延伸,社会内部的自组织和结社同样大量存在。19世纪早期,托克维尔在游历美国时发现,美国人结社的形式、内容五花八门,多如牛毛,当时大量的饮酒造成社会问题,即有号召不饮酒的社团。[2] 不过比较有争议的还是政治性的结社,地方自治是其中之一,因其历史悠久,同时又有广泛的内部政治参与,托克维尔对其并无诟病,但政党这一政治性结社还是被他更审慎地观察与分析。在法国大革命的背景之下,政治性的结社大致被看作较危险的存在,它是社会动荡、冲突,甚至暴力革命的重要推动力。不过正如在很多其他问题上一样,托克维尔认为革命时期的社会政治状态并不能完全套用在更平等也更稳定的社会之上,政治结社在美国这样的社会尽管仍然有其危险性,但它们的煽动、颠覆能力被大大减弱。如果说在革命时期原有的社会政治结构松弛导致一个小小的政治组织就可以制造大规模的煽动效应,那么,在当

---

[1] 在这一点上,阿伦特与托克维尔如出一辙。参考 Hannah Arendt, *On Revolution*, London: Penguin Books, 1990, p. 181. Alexis de Tocqueville, *Democracy in America*, ed. & trans., Harvey C. Mansfield and Delba Winthrop. Chicago: The University of Chicago Press, 2000, pp. 150–154。

[2] 托克维尔,《论美国的民主》,董果良译,商务印书馆1997年版,第213页。

时的美国，政治结社已经够多，人们早就对此习以为常，即便它们的观念话语再极端，也无法造成革命态势。[1] 反而，这其中的冲突态势可以被用来促进政治社会生态的良性发展。托克维尔下面这段话可以概括他在乡镇自治及广义上的政治社会方面的看法：

> 再没有比社会情况民主的国家更需要用结社自由去防止政党专制或大人物专权的了。在贵族制国家，贵族社团是制止滥用职权的天然社团。在没有这种社团的国家，如果人们之间不能随时仿造出类似的社团，我看不出有任何可以防止暴政的堤坝。[2]

在这里，我们可以较清晰地看到从马基雅维利到孟德斯鸠关于冲突的政治理论在美国的应用。至此，我们可以知道，在西方政治思想和实践的传统中，冲突并不一定是个贬义词，如果能将冲突控制在一定范围之内，它完全可以是一个正面和积极的概念。冲突的反面，或者完全没有冲突的状态，正如孟德斯鸠所说，才是更可怕的。当"所有的人都安静无事的时候，那就可以肯定，在那里是没有自由的。……如果人们在那里也看到有联盟的存在的话，那么它并不是团结一致的公民，它只不过是一些挨着另

---

[1] 托克维尔认为政治结社在美国没有那么危险，还与普选权有关。参见《论美国的民主》，董果良译，商务印书馆1997年版，第648—650页。
[2] 托克维尔，《论美国的民主》，董果良译，商务印书馆1997年版，第217页。

些埋葬下去的尸体而已"。[1] 同样，我们也可以肯定，对这种冲突的正面价值的强调在美国的联邦体制和多元制度结构中，体现得也很充分，这一点是我们思考美国政治"极化"的重要前提。

从冲突到极化，尚有一定的距离。正如前文所说，政治极化的主要特点是共识的欠缺，斗争双方只关心自身派别的胜负，而不关心或较少关心更高的、共同的价值。政治学家们有时候将这一现象称为"部落主义"（tribalism），意指各政治阵营之间的分歧犹如部落世仇一般难以弥合。在伊拉克，存在什叶派和逊尼派穆斯林之间的分歧；在以色列、巴勒斯坦地区，有犹太人和巴勒斯坦人之间的对立；在黎巴嫩，穆斯林和基督教徒之间的长期争斗；在非洲南苏丹，国家和社会从一开始就被两大部落族群——丁卡族和努埃尔族——之间的敌意所撕裂。[2] 这种剧烈的部落式的对抗使得一个国家难以实现有效的治理，因为几乎任何事务——哪怕它再小、再无关紧要——都有可能被两个不同的派别当作政治斗争的对象，其中一派支持的基本都会被另一派所反对，因为这种斗争的目的不是（或不主要是）国家或社会的共同善，而仅仅是派别的权力。有学者如戈德堡（Jonah Goldberg）[3]、蔡美

---

[1] 孟德斯鸠，《罗马盛衰原因论》，婉玲译，商务印书馆2004年版，第51页。
[2] Naomi Pendle, "Interrupting the Balance: Reconsidering the Complexities of Conflict in South Sudan", *Disasters*, Vol. 38 (2), 2014, pp. 227–248.
[3] Jonah Goldberg, *Suicide of the West: How the Rebirth of Tribalism, Populism, Nationalism, and Identity Politics is Destroying American Democracy*, New York: Crown Forum, 2018.

儿（Amy Chua）[1]、科尔纳茨基（Steve Kornacki）[2] 等将这种部落主义用来解释当下的美国政治，美国的两党所代表的人群虽然不是严格意义上的"部落"，但他们的行为方式却像有着血仇的部落似的，欲置对方于死地而后快，几乎一切事务——如抗疫时期的口罩——都被政治化，两党之间越来越难以达成基本的共识。

这似乎与前文所讲的冲突的正面价值有相当大的差异，怎样理解这一问题？在 21 世纪的今天，尤其是在西方，人们似乎已经很难心平气和地正面讨论民族认同的正面价值，但在 19 世纪中叶，主要的西方民主理论家们并不避讳民族认同对于健康的民主政治的重要意义，而这一点对我们正在讨论的冲突与极化的问题有着重要的参考价值。南苏丹的两个部落——丁卡与努埃尔——之所以无法达成一致，原因其实很简单，但又很重要：他们分属两个不同的部落民族。19 世纪英国著名政治思想家约翰·斯图亚特·密尔（John Stuart Mill）在讨论现代民主政治时，曾做过这样的分析，即代议制民主"最好"在同一个民族中实行，否则它很有可能失败。这里的原因一方面当然与单纯的民族认同有关，另一方面也与民主（或密尔所说的代议制民主）中包含的冲突的要素有关。如密尔所说，代议制民主中需要就某些公共问题进行公开的

---

[1] Amy Chua, *Political Tribes: Group Instinct and the Fate of Nations*, New Yrok: Penguin Press, 2018.
[2] Steve Kornacki, *The Red and the Blue: The 1990s and the Birth of Political Tribalism*, New York: Ecco, 2018.

讨论，这个过程中必然会出现某种冲突，如果没有这种冲突，就很难有真正的代议制民主。假如这一制度在南苏丹这样的国家存在，可以想象，原本可以就事论事的"冲突"就会很快演变为以部落族群为分界线的斗争，这就是所谓"极化"的出现。密尔认为："在一个缺乏同感（fellow-feeling）的人民群体中，尤其当他们用不同的语言说话和阅读时，代议制政府的运行所需要的'联合公共舆论'（united public opinion）就无法存在。""在一个由多民族组成的国家中，自由的制度几乎不可能存在。"[1] 当然，"几乎不可能"不等于不可能。在现代国家中，很多多民族国家存在密尔所说的代议制政府，这其中就包括美国。[2]

就民族这一问题而言，美国似乎恰恰是非单一民族而建立代议制政府的典型。美国从一开始就是移民国家，移民最初主要来自欧洲，但也包含着不同的民族、文化、宗教等，其中很多人在美国仍然保留着他们原有的认同——如美国的意大利社群，但这并不妨碍他们认同美国的政治体制，而且这一事实在很大程度上延续到今天。美国爆发过内战，但这主要不是因为种族问题，而更多的是因为奴隶制问题。那么在一个多民族、多文化认同的国

---

[1] John Stuart Mill, *Collected Works of John Stuart Mill* (vol. XIX), Toronto: University of Toronto Press, 1977, p. 547.
[2] 需要指出的是，现代多民族国家也可以被认为存在某种高于"多民族"的统一民族认同，米勒（David Miller）曾专门为现代社会中民族认同的"正面价值"进行辩护。参见 David Miller, "In Defense of Nationality", *Journal of Applied Philosophy*, Vol. 10 (1), 1993, pp. 3-16。

家中，是什么让人们凝聚在一起，替代密尔所说的由单一民族所自然产生的"联合公共舆论"呢？很多人认为，这是一种超越民族和文化认同的"宪政爱国主义"（constitutional patriotism）。[1] 按照穆勒（Jan Werner Müller）的说法，宪政爱国主义是一种取代民族文化认同的政治归属（political allegiance），是指"政治归属应该建立在规范、价值以及（更间接地）自由民主的程序之上"。[2] 然而，这些规范性的价值是否足够建立健康的民主政治（冲突）所需要的认同感，尚无定论。很多时候，愿望和事实是两回事，这二者之间的距离在西方国家右翼民粹主义、民族主义情绪重新兴起的今天尤其突出，而这中间又特别包括美国。正如蔡美儿教授所说，美国的体制及其所包含的价值一度足以联合起非常多样的族群及文化，甚至奴隶解放运动和民权运动最后都以它们为引领，并最后都被囊括进这一体系中，然而它们在今天却遭到来自极左和极右的两方挑战。极右保守主义仍然幻想一个更"纯粹"的美国，与种族主义、白人至上主义关系暧昧不清；而极左进步主义激进到将美国的建国理念和种族压迫画上等号，进而对宪法本身提出挑战。[3]

---

[1] Jan-Werner Müller, *Constitutional Patriotism*, Princeton: Princeton University Press, 2007. Patchen Markell, "Making Affect Safe for Democracy?: On 'Constitutional Patriotism' ", *Political Theory*, Vol. 28 (1), 2000, pp. 38–63. Sarah Song, "What does it mean to be an American?" *Dædalus*, Spring 2009.

[2] Jan-Werner Müller, *Constitutional Patriotism*, Princeton: Princeton University Press, 2007, p. 1.

[3] Amy Chua, "The Threat of Tribalism", *The Atlantic*, September 13, 2018.

在这一方面，我们似乎仍然有必要援引托克维尔对美国的分析，他并没有像密尔那样强调民族认同的重要性，这一点显然与美国政治和社会的现实相违背，但他对政治冲突与宗教之关系的考察对我们正在讨论的问题有重要的参考价值。托克维尔认为宗教是美国"首要的政治制度"，[1] 原因不在于宗教（基督教）是美国宪政本身的构成部分，而是因为它为这一体系提供了不可或缺但又不大可见的精神或心理要素。简单来说，在托克维尔看来，身份平等的现代性内容极大地消解或松弛了人与人之间的社会纽带，每一个人都得到了"解放"，但这一过程同时也推动了精神上的不确定性和动荡感。"一切都有可能"这一前景既有积极的一面，又有消极的一面。积极的一面是个人自由的可能，而消极的一面则是人们不再有确信的道德、价值、意义等方面的参照，人在精神方面无所依凭、变动不居。托克维尔认为，在这种状况之下，最好有一个宗教，它既不否定现代人的平等、追逐物质享受、个人自由等基本需求，又能给人一种精神上的确定性，而他在美国看到的正是这种现代性与宗教之间微妙但又十分重要的结合。这一结合在政治上的重要性在于，宗教为人们的政治生活提供了一定的边界。身份平等时代政治上的基本特点是"一切皆有可能"，一切能满足人们需求——尤其是物质上的需求——的都有可能被人们接受，都可以和人民主权这一原则相适配，而在托克维

---

[1] 托克维尔，《论美国的民主》，董果良译，商务印书馆 1988 年版，第 339 页。

尔看来，这既能释放社会的巨大潜力，也会造成很大的问题，甚至可能为某种专制准备土壤。在身份平等的条件下，社会潜力的释放难以避免地会以冲突的方式展现，每一个人、每一个社团或党派都尽力争取自身的利益，尽力从自己的视角解读社会和国家的需求，都希望以自己认为正确的方式制定新的政策或法律，对托克维尔来说，这本身并不是坏事，但由此带来的无休止的冲突或恶斗却是应该避免的，因为人们完全有可能以"人民的名义"进入残酷的斗争中去，这种斗争结果又往往是一方完全压倒另一方，接下来便是无声的寂静，现代社会需要十分警惕的正是残酷的恶斗与悄无声息之间的恶性循环。因此，托克维尔说，宗教——或某种类似于宗教的精神信仰——一方面在道德方面为政治冲突设定一定的边界，在"什么是对的、什么是错的"这样的大是大非问题上给出一些基本的共识，另一方面又不介入政治之中，为人们在具体的法律、政策等事务上的冲突留足充分的空间。"法律虽然允许美国人自行决定一切，但宗教却阻止他们想入非非，并禁止他们恣意妄为。"[1]

公平地说，托克维尔在这里并无意抬高或推广某种宗教，他本人也不是虔诚的教徒。他所看重的主要是宗教在政治方面的作用，类似于马基雅维利或卢梭所讨论的宗教与共和国维系之间的关系。他虽然认为基督教这一特殊的宗教本身与美国共和制度之

---

[1] 托克维尔，《论美国的民主》，董果良译，商务印书馆1988年版，第339页。

间有着紧密的关联，但理论上来说任何信仰或不需要质疑就可以信从的道德"教条"都能起到类似的作用，他甚至认为哪怕"想到自己的灵魂会托生为猪"都比没有任何信仰要好一些。另外，他还认为在现代社会，这种信仰最好与实际政治区分开来，这样就能使政治的归政治，精神的归精神，人们不至于因为政治上的冲突而否定信仰的必要，从而信仰也更能够扮演其精神或道德方面约束、提升的作用。[1] 但无论如何，托克维尔所要表达的意思是很清楚的，即他认为"民主在美国"需要道德或精神上的权威才能有效运行。在现代社会的条件下，冲突本身不太需要刻意创造，它几乎自然存在于平等的个体之间，但冲突的限度或良性运转的条件却殊难获得，他所说的作为"首要政治制度"的宗教正是起着这种作用。参照这一标准，当代美国的政治乱象就不难理解。很多人认为美国当下政治恶斗的原因和多元文化主义有关，种族、肤色、性别、宗教等将人们区分开来，每一种"认同"（identity）都寻求被承认，这使得所有的公共议题都被打上认同的标签，都成为认同之间斗争的战场，类似于亨廷顿"文明的冲突"一样，终将导致一场无解的战争。[2] 美国著名政治学家马克·里拉

---

[1] 段德敏，《托克维尔论现代社会的自由与宗教》，《复旦学报》2014 年第 4 期。Harvey C. Mansfield, "Tocqueville on Religion and Liberty", *American Political Thought: A Journal of Ideas, Institutions, and Culture*, Vol. 5, 2016, pp. 250–276.

[2] Samuel P. Huntington, "The Clash of Civilizations?" *Foreign Affairs*, Vol. 72 (3), 1993, pp. 22–49.

(Mark Lilla)认为这是自由主义走上歧途的后果,自由主义太关注个体的身份认同,追求认同之间的平等,以至于忽视了中性的公共议题,或将本没有必要政治化的问题过度地政治化,他因此呼吁"超越认同政治"(after identity politics)。[1]

然而,在现代社会的条件下,人们追求各自不同的、多样的身份认同是难以避免的,如果刻意否定或无视其中的区别或将适得其反,压抑冲突不一定能取消冲突,可能只是延缓冲突的爆发。真正的问题恐怕不在于认同的多样性或对身份认同的强调,而在于共同价值或社群归属感的消失。人们追求不同的身份认同——这里也包括阶级认同——本无可厚非,而且几乎是现代社会的自然倾向,但在追求过程中,那一层不可见的共同价值也逐渐变得稀薄以至消失殆尽,这可能才是美国政治恶斗的最重要原因。法国政治哲学家戈谢(Marcel Gauchet)曾说现代社会是一种"个人的社会"(society of individuals),他认为这是一个自相矛盾的词,因为既然是"社会",就不可能是单纯由个人组成,而必须有一些超越性的共同价值组带将个人凝聚在一起。然而"个人的社会"又是一个现实,因为它确实描述了人们对自身以及自身与他人、社会之间关系的认识和期待。对戈谢来说,这是一个问题,因为没有超越性的共同价值,真正的个人权利、平等以及开放的政治

---

[1] Mark Lilla, *The Once and Future Liberal: After Identity Politics*, New York: Harper, 2017.

生活本身也有很大的问题。[1] 这一观察很好地概括了美国当下的问题，同时也回答了我们这里的问题，政治冲突是美国政治体制的一个内在的、根本的特点，其良性运转的前提条件是共同的价值纽带和社群归属感，它不一定需要像托克维尔所观察到的19世纪早期美国人所普遍信仰的基督教，但它需要某种类似宗教的替代物，某种去除了实质宗教内容的"公民宗教"，或某种接近宪政爱国主义但又比宪政爱国主义更具实质内容的"爱"。[2]

当代政治思想史学者波考克在《马基雅维利时刻》一书中将其"马基雅维利时刻"的概念用在了美国建国问题上，将美国的独立和建国描述为"北大西洋"的"马基雅维利时刻"。这一"时刻"主要指共和国意识到自身的有限性，并进而采取行动使共和国得以建立且长久维系的时刻。马基雅维利意义上的行动既包括具有突出能力的个人的行动，也包括制度的建构以及利用宗教力量的行动等。[3] 这一视角将美国的建国放在了政治行动的历史中，而不是将其看作某种普世主义（universalism）的展开，关注的重点不是制度或秩序的普遍性，而是特殊性。如何在时间的不确定性中获得确定性，使特殊的制度具有普遍的意义，这确实是马基

---

[1] Marcel Gauchet, *La démocratie contre elle-même*, Paris: Gallimard, 2002. Antoon Brarckman, "The Closing of the Civic Mind: Marcel Gauchet on the 'Society of Individuals'", *Thesis Eleven*, No. 94, 2008, pp. 29–48.

[2] 美国学者贝拉讨论过这种"公民宗教"。参见 Robert H Bellah, "Civil Religion in America", *Daedalus*, Vol. 134 (4), 2005, pp. 40–55。

[3] J. G. A. Pocock, *The Machiavellian Moment: Florentine Republican Thought and the Atlantic Republican Thought*, Princeton: Princeton University Press, 1975.

雅维利的意图,也是这一视角的巨大创新意义所在。但波考克没有强调的是,奴隶制、原住民、暴力、冲突,这些特殊的"不便"构成了美国所可能具有的"普遍性",正如罗马的"普世"也是建立在不排除暴力的政治行动之上一样。不一样的是,古代人对行动中所可能具有的暴力有更坦诚的接受与承认。在基督教背景下写作的马基雅维利希望用古代人的例子来提醒现代人,同时也起到对基督教所包含的普世主义道德的批评效果。

马基雅维利的批评早在英国近代革命时就得到了充分的赞赏,其目的是想象一种共和国的"自由",英国17世纪内战前支持议会革命的詹姆斯·哈林顿(James Harrington)就在其《大洋国》中对马基雅维利做了很多援引与肯定。[1] 在法国大革命前写作的卢梭更是在其《社会契约论》中说:"马基雅维利自称是在给国王讲课,其实他是在给人民讲大课,马基雅维利的《君主论》乃是共和党人的教科书。"[2] 在大洋彼岸的美国,同样存在"马基雅维利时刻",奠基中的暴力、平民抗争、冲突以及恶性冲突或极化的后果,都再一次得到展现。在"贵族自由主义思想家"托克维尔对美国的想象中,美国是一个现代的"贵族"社会,地方的自治类似欧洲封建时代的地方贵族自治,卢西安·若姆(Lucien Jaume)、安纳琳·德·德恩(Annelien de Dijn)等人也将这种理论称为"贵

---

[1] James Harrington, *The Commonwealth of Oceana and A System of Politics*, Cambridge: Cambridge University Press, 1992, p. 15, 160.
[2] 卢梭,《社会契约论》,何兆武译,商务印书馆2003年版,第91页。

族式的"。[1] 而马基雅维利的理论则毫无疑问是平民式的，无论是对君主国还是对共和国的分析，都充分展现了平民而非贵族在其中的作用；他对冲突的正面作用的大胆提出和分析，以及良性冲突和恶性冲突之间的比较，也使得他和现代主流民主理论之间拉开了距离。因此，我们需要回到马基雅维利的思考，回到他的著作文本中，去再次找回那些失落了的概念与议题，辨识那些在今天看来仍然很新的理论。

---

1 Lucien Jaume, *Tocqueville: The Aristocratic Sources of Liberty*, trans., Arthur Goldhammer, Princeton University Press, 2013. Annelien de Dijn, *French Political Thought from Montesquieu to Tocqueville*, Cambridge University Press, 2008.

第三章　新君主与现代国家

　　国家（state）是现代政治发生的基本框架，马基雅维利以及前现代社会的人们对现代国家可以说一无所知，马基雅维利关于君主"位置"（lo stato）获取和维系的分析构成了政治思想史上现代国家概念的雏形。马基雅维利在《君主论》中讨论得最多的还是君主"个人"的权力，尽管君主"位置"的概念与现代"国家"相似，但它其实仍然带有很明显的人格化特征，与当今世界的政党或政治家的形象很接近。在关于君主位置和权力的讨论中，马基雅维利对能力与命运关系的分析最具有创新意义，这一分析一方面具有前古代色彩，他甚至还使用了一些古代星相学的概念来理解君主权力的起落，但他同时又开启了现代人广泛使用的权力理解视角。在《君主论》中，他不仅指出奠基与暴力之间的关系，还因此引出了被中世纪基督传统湮没的"政治"（the political）的视角，而这也正是他在今天仍然被认为具有刺激和启发意义的原因。

一　君主国的类型学

　　意大利文艺复兴时期很多有理想有抱负的人都效仿古人，尤其是古罗马的杰出人物，马基雅维利也是其中之一。他的一生可以说和古罗马贵族精神有很多共通之处，成年时期的前一半从事政治活动，后一半从事政治写作，二者可以说都是为他生活于其中的佛罗伦萨共和国而工作。在这两项事业中，他当然也希望能为自己获取荣誉和地位。1494 年，萨沃纳罗拉（Girolamo Savonarola）修士带领民众驱逐强大的美第奇家族，建立了新的佛罗伦萨共和国。1498 年，萨沃纳罗拉修士被教皇构陷处死，共和国重组政府，马基雅维利首次被三千公民组成的公民大会选举为第二国务长官，后又担任大使出使法国、奥地利等国，并帮助共和国组建公民军，还曾受共和国委托和著名画家、军事发明家达·芬奇（Leonardo da Vinci）一起改道运河以助力攻占比萨城（Pisa），其政治生涯不可谓不丰富。在这段时间中，马基雅维利政治上的庇护者（也是朋友）皮埃罗·索德瑞尼（Piero Soderini），是共和国的实权人物，曾被选为终身正义旗手（Gonfaloniere di Giustizia），马基雅维利一度被认为是他的"二把手"。然而好景不长，1513 年美第奇家族重新回到佛罗伦萨，推翻了索德瑞尼政府并将其驱逐。

也正是因为和索德瑞尼的密切关系，马基雅维利随后被美第奇政府解职，投入狱中，并被酷刑折磨了一番。1513年，美第奇家族的乔万尼·美第奇（Giovanni de' Medici）成功当选教皇，进一步加固了美第奇家族在佛罗伦萨的统治，但同时因为此事，美第奇政府大赦囚犯，马基雅维利被释放。[1]

古罗马政治家、历史作家撒路斯提乌斯（Gaius Sallustius Crispus）也是在其政治生涯遭遇重创、毫无希望的时候，投身历史写作的。与马基雅维利相似，撒路斯提乌斯在当时的罗马算是平民派，与恺撒接近，也很受恺撒的提携和庇护，曾在罗马政治中扮演很重要的角色，但恺撒遇刺后他便失去了政治前途，转而写作历史。他在其历史著作《喀提林阴谋》的开头即说："为国家干一番事业当然是光荣的，而以语言文字服务于国家也不是一件坏事；在和平时期与战争时期，人们都可以使自己成名。"[2] 马基雅维利不仅在政治写作上受到撒路斯提乌斯的影响，二者的经历也可谓相似。美第奇家族回归佛罗伦萨之后，马基雅维利的政治生涯事实上就结束了。和撒路斯提乌斯一样，马基雅维利的正式写作也是从这里开始。但马基雅维利最初还是对重新从政抱有一线希望，他从监狱出来后居住在佛罗伦萨郊外的自家农场，白天看管果园，和人聊天，晚上读书思考，过着闲适的生活，但同时

---

[1] Ross King, *Machiavelli: Philosopher of Power*, Harper Collins Publishers, 2007.
[2] 撒路斯提乌斯，《喀提林阴谋　朱古达战争》，王以铸、崔妙因译，商务印书馆1996年版，第109页。

也通过各种渠道寻求新政府中的职务。他写了很多信给他的朋友弗朗西斯科·维托里（Francesco Vettori），试图通过他的美言能在美第奇政府中谋得官职。马基雅维利的《君主论》正是写于这一时期，最初的动机是希望通过它来获得美第奇家族的青睐，重启政治生涯。当然，出于明显的原因，即美第奇家族对他深深的不信任，这些努力都未成功。然而，《君主论》这本书却成为传世经典，虽然褒贬不一甚至臭名昭著，但它对人们的思想刺激却亘古长存。在《君主论》献辞中，马基雅维利对洛伦佐·美第奇（Lorenzo de' Medici）说：

> 殿下，请你体谅我敬献这个小小的礼品的心意而接受它吧！如果你认真地考虑和诵读它，你就会从中了解到我的热切的愿望：祈望你达到命运之神和你的其他条件使你有希望达到的伟大地位。同时，如果殿下有朝一日从你所在的巍巍的顶峰俯瞰这块卑下的地方，你就会察觉我是多么无辜地受着命运之神的巨大的不断的恶毒折磨啊！[1]

1513 年，也就是写作这本书期间，在给维托里的一封信中，他这样描述自己的心态：

---

1 马基雅维利，《君主论》，潘汉典译，商务印书馆 1997 年版，第 2 页。

傍晚时分,我回到家中的书桌旁,在门口我脱掉沾满灰土的农民的衣服,换上我贵族的宫廷服,我又回到古老的宫廷,遇见过去见过的人们,他们热情地欢迎我,为我提供单人的食物。我无所拘束和他们交谈,询问他们采取各种政治行动的理由,他们也宽厚地回答我。在这四个钟头内,我没有感到疲倦,忘掉所有的烦恼,贫穷没有使我沮丧,死亡也没能使我恐惧,我融入了这些大人物的世界里。因为但丁曾经说过:从学习产生的知识将永存,而其他的事不会有结果。我记下与他们的谈话,编写一本关于君主的小册子,我倾注了我的全部想法,同时也考虑到他们的臣民,讨论君主究竟是什么?都有什么类型的君主?怎样去理解?怎样保持君主的位置?为什么会丢掉王位?对于君主,尤其是新任的君主,如果我有任何新的思路能让你永远高兴,肯定不会让你不高兴,一定会受到欢迎。[1]

这两段话,一段反映作者对政治生活和荣誉的追求,以及为这一目的愿意付出的代价;另一段则反映了这位聪明博学之人对智识生活的享受。前一段提供了历史语境,包括他写这本书的初衷;后一段则是一位严肃的政治思想家的心路历程,表明在他眼中这本书不只是为君主出谋划策的小册子,也不只是纯粹实用的

---

[1] Niccolò Machiavelli, *Machiavelli and Friends: Their Personal Correspondence*, trans. & ed., James B. Atkinson & David Sices, Northern Illinois University, 1996, p. 264.

"新君主速成手册",而是包含着对人的政治生活的一种好奇与探索。马基雅维利在《君主论》第一章第一句中说:"从古至今,统治人类的一切国家,一切政权,不是共和国就是君主国。"[1] 我们可以相信,马基雅维利在写作这本向君主进谏并提供"君主镜鉴"的小书中,[2] 是有着严肃的科学抱负的。

当然,这本书短小精炼、语言平实,用了很多通俗易懂的实例,应该都是为了便于君主阅读理解。斯金纳即曾指出该书一个明显的"不客观、不科学"的证据,在《君主论》第二十章中,马基雅维利说:"要赢得那些对前政府感到满足因此成为自己的敌人的人们作朋友,比那些由于对前政府不满因此成为自己的朋友并赞助自己去征服它的人们是远为容易的。"[3] 这一观点有些"反常识",马基雅维利似乎是在扭曲事实论断来为自己的利益服务,因为他自己就是那个"对前政府感到满足"的人,而且该观点在后来的《李维史论》几乎被完全否定和反转。[4] 不过从总体上来说,马基雅维利还是尽量客观、贴近现实,甚至有时候可能太过于"现实"。

《君主论》大致可以分为以下几个部分:首先是对各种君主国

---

[1] 马基雅维利,《君主论》,潘汉典译,商务印书馆 1997 年版,第 3 页。
[2] 关于"君主镜鉴"体裁的讨论,参考 W. R. 纽维尔,《马基雅维利和色诺芬论君主的统治:一个双重的碰撞》,张奇峰译,韩潮主编《谁是马基雅维利:思想史研究》,上海人民出版社 2010 年版;斯蒂芬·米尔纳,《建议的政治:对君主进言》,曹钦译,《政治思想史》2013 年第 3 期。
[3] 马基雅维利,《君主论》,潘汉典译,商务印书馆 1997 年版,第 102 页。
[4] Quentin Skinner, *Machiavelli*, New York: Hill and Wang, 1981, p. 22.

"类型学"（typology）的分析（第一章至第十一章），其次是关于公民军和雇佣军的讨论（第十二章至第十四章），再次是关于君主德性的讨论（第十五章至第二十三章）以及关于能力和命运的讨论（第二十四章至第二十五章），最后一章（第二十六章）是号召意大利的君主能够振作起来，励精图治，从而将意大利从外部势力手中解放出来。

我们首先来看马基雅维利的"君主类型学"。像很多古典中世纪政治作家那样，他区分了不同类型的君主国，但其区分又有鲜明的特色。他没有像许多其他作家那样从"好君主和坏君主"的角度分类，而是从"征服"的角度分类。分类的基础首先是征服的对象不同，征服对象的区别决定了征服手段、难易程度的区别，进而才产生了君主国类型的区别。

第一，世袭君主国。最基础的区分是"世袭君主国"和"新君主国"。所谓世袭君主国，顾名思义，即"长期以来君主的后裔就是那里的君主"。马基雅维利认为这种君主国的获得和维系都较简单，获得就是继承，而在维系方面，君主"只要不触犯他的皇宗皇祖的制度，如遇有意外的事件，则随机应变，这就足够了"。[1]因为简单，所以他不打算在这个问题上花太多时间，只用了短短一小章即说明问题。在他看来，世袭君主国的维系关键在于"不变"，对君主前辈创立的、人们已经习惯了的制度，只要不做什么

---

[1] 马基雅维利，《君主论》，潘汉典译，商务印书馆1997年版，第4页。

大的改变就可以，如果这都做不到，那么可能这个君主确实不适合在这个位置。

第二，混合君主国。真正困难的是新君主国的创立和维系，而新君主国又分为混合君主国和全新君主国。混合君主国是指一个君主国在征服了新的国家或领地时，新征服的部分与原有的部分加在一起的国家；全新君主国，顾名思义，即全部都是新建立的君主国。首先，在混合君主国方面，马基雅维利最先考虑到的是，当一个君主征服了一个新君主国，应该怎么做才能维持对这个地方的统治。在这个被征服的国家，人们可能早就习惯于原有君主的统治，他们对原有的君主已经有很强的忠诚，以至于很可能对外来的征服抱有很强的敌意，即便在被征服时不表现出来，也有可能在以后的时间中伺机对外来征服施行反抗。如何应对这种反抗的可能性？为此，马基雅维利进一步往下区分：一是征服国被征服国属于同一地区和语言，二是两者属于不同地区和语言。对前者而言，要维持对被征服地区的统治，"只要灭绝过去统治他们的君主的血统，就能够牢固地保有这些国家了"。[1] 这个"只要"便立刻将马基雅维利与传统的对君主作建议的学者区分开来。

在马基雅维利很熟悉的古希腊作家色诺芬（Xenophon of Athens）的《居鲁士的教育》（*Cyropedia*；*Cyrus the Great*）中，波斯国王居鲁士在成长过程中，既经常打胜仗，又能一直"以德服

---

[1] 马基雅维利，《君主论》，潘汉典译，商务印书馆1997年版，第8页。

人",用诚信、宽容、仁慈来对待被他打败的国家的首领,不用费太多人力物力,甚至不用杀人,就可以扩大领土。[1] 马基雅维利显然不这样认为,当君主征服一个地方,且这个地方的语言文化等和自身相似,那么除了将新领土纳入自己的版图之外,最需要做的就是将原有的君主血统消灭干净。马基雅维利对人的善良动机抱有极强的怀疑,君主将自己的统治建立在民众的"爱"的基础上,远不如建立在他们恐惧的基础上来得安全。不过,如果我们将第三章与第二章比较,马基雅维利所期待的其实也不只是恐惧,他更多是希望新君主国在被征服的领地取代原有的君主世系,成为他们的新"世袭君主国",在其中人们对这个新的征服者君主逐渐形成新的认同,和原有的世袭君主享受的忠诚类似。

但当征服国和被征服国在区域和语言上都不一样时,征服应该是什么样的?马基雅维利认为两种方式最可靠:一是君主亲自前往,驻节在那里;二是往被征服地区派遣殖民。前者是为了保证君主在遇到反抗的苗头时立刻做出反应,后者则是一种更好的方式,即将原有的人民替换成新的人民,在新的人民中有很多本来就忠诚于君主自己的殖民者,那么君主所要防范的对象就相对更少了。在这方面,马基雅维利甚至用当时意大利的"敌人"法国来说明问题。他认为法国对意大利地区的征服是失败的,而且它本来可以在意大利建立起强大、稳固的帝国统治,但最后并没

---

[1] 色诺芬,《居鲁士的教育》,沈默译,华夏出版社2007年版。

有。马基雅维利认为这主要是因为法国没能遵循上述要求，即在被征服的地方扶持弱小力量，尽量压制甚至消灭原本较强大的力量。

除被征服地区的语言可能不同之外，马基雅维利还考虑到，当征服对象是君主国时，这个被征服的君主国可能是不同种类的，大致可以分为两种："一种是由一位君主以及一群臣仆统治——后者是承蒙君主的恩宠和钦许，作为大臣辅助君主统治王国；另一种是由君主和诸侯统治——后者拥有那种地位并不是由于君主的恩宠而是由于古老的世系得来的。"[1] 对于第一种君主国，马基雅维利给出的典型是奥斯曼土耳其，而第二种则是当时的法国。对这两种类型的君主国，要征服它们，也有两种不同的挑战。要征服土耳其这样的君主国很困难，因为其国内所有人都服从君主一人，不敢轻易违背君主的意志，然而征服之后要保有它却相对容易，因为除了原有的君主外人民便没有其他可依赖的人。而像法国这样的君主国则正好相反。要征服它相较于征服土耳其这样的国家容易很多，因为君主不是唯一的"主人"，除君主外还有许多大大小小的地方贵族，而这些贵族之间以及他们和君主之间往往有矛盾、不和，那么征服者就可以利用这些内部矛盾，达到征服的目的。然而，在征服法国这样的国家之后，要保有它却很困难，正是因为其内部的地方独立性，每一个地方贵族都享有其治下民众

---

[1] 马基雅维利，《君主论》，潘汉典译，商务印书馆1997年版，第18页。

的依赖或信任，新的征服者因此就需要分别面对各个地方的统治，而不是将君主统治推翻掉即可。

从"征服"这一视角出发，马基雅维利竟然得到了一种类似亚里士多德所做的两种君主政体的区分。在亚里士多德那里，城邦中"一个人的统治"主要分为君主政体和僭主政体，前者以公共善为目的，后者以君主个人私利为目的。但与马基雅维利的土耳其君主政体类型更相似的应该是亚里士多德所说的"亚细亚政体"。在亚里士多德那里，亚细亚政体并不是"不合法"的状态，因为其臣民总是自愿地接受这一统治，"他们常常忍受专制统治而不起来叛乱"。[1] 马基雅维利的土耳其君主类型正是亚细亚君主国，他在这一章所要说明的问题——"为什么亚历山大大帝所征服的大流士王国在亚历山大死后没有背叛其后继者"，也是指向另一个亚洲国家——波斯，这不是偶然的。在18世纪写作且明显受亚里士多德政体学说影响的法国政治思想家孟德斯鸠，也曾区分过两种君主政体：其一正是法国那样的君主国，其核心性质是地方贵族的独立性；其二是像波斯那样的亚细亚君主国，其中君主是唯一的主人，所有人在君主面前都是平等的，恐惧而非荣誉是这种政体的原则。[2] 马基雅维利的两种作为"征服对象"的君主国同孟德斯鸠的两种君主政体是否很像，也许见仁见智，但可以肯定的是，在时代上处于亚里士多德和孟德斯鸠之间的马基雅维利没有像他

---

[1] 亚里士多德，《政治学》，吴寿彭译，商务译书馆1997年版，第159页。
[2] 孟德斯鸠，《论法的精神》，许明龙译，商务印书馆2012年版，第26页。

们二位那样,着重评价哪种君主制更符合人性自然,更有利于使人成为好人,而是单纯从征服的角度对比这两种君主制,分析哪种君主制更容易被征服和占有。

当征服对象是君主国时情况大致如此,那么当征服对象是共和国时,又会怎样?马基雅维利回答如下:

> 如果被征服的国家……向来习惯于在它们自己的法律之下自由地生活的话,那么想要保有这种国家有三种办法:其一是把它们都毁灭掉;其二是亲自前往驻在那里;其三是允许它们在它们自己的法律之下生活,同时要它们进贡并且在那个国家里面建立一个对你友好的寡头政府。[1]

显然,与征服任何一种君主国相比,征服并保有共和国的困难要大得多。佛罗伦萨对其邻国比萨的征服即是一个很好的例子。比萨作为一个很小的城邦共和国,长期处于佛罗伦萨的控制之下,但在法国入侵意大利且佛罗伦萨内部不和之际,曾一度摆脱后者的支配。马基雅维利自己也曾经直接参与征服佛罗伦萨的行动,包括开凿沟渠改道运河以剥夺比萨的水源,从而迫使它屈服,但花费巨大的力量之后,堂堂大国佛罗伦萨居然失败了。马基雅维利感慨,像比萨这样一个小小的共和国,也能有如此大的生命力,

---

[1] 马基雅维利,《君主论》,潘汉典译,商务印书馆1997年版,第22页。

一而再再而三地抵抗比它大得多的佛罗伦萨的支配,似乎不管被支配了多长时间,一旦遇到可乘之机它就会奋起反抗外部统治,争取恢复自由,就好像这种自由流淌在它的血液里一样。也正因为此,马基雅维利认为征服者"如果不把这个城市消灭,他就是坐待它把自己消灭,因为这个城市在叛乱的时候,总是利用自由的名义和它古老的秩序作为借口"。[1] 从字里行间,很难不体会到马基雅维利对"自由"共和国的仰慕,他也明确评论道,"在共和国里有一种较强的生命力,较大的仇恨和较切的复仇心"。[2] 但我们不应该忘记,他在这里仍然是从征服者的视角,用看待"猎物"的方式看待共和国的。

第三,全新的君主国。全新君主国当然是指从无到有建立的君主国,没有任何"世袭""传统"的成分。从新君主的角度看,全新君主国都是征服得来的,这比起任何一种混合君主国都来得困难得多,同时也包含更多的危险,更需要君主的个人能力。

全新君主国按照征服的方式不同马上又可以分为两类:依靠自己的武力和能力获得的新君主国(第六章),以及依靠他人的武力或幸运获得的君主国(第七章)。现实中一个人要成为君主,多少都需要有两个因素——能力与幸运,有时候能力因素多一点,有时候幸运因素多一点。在马基雅维利笔下,全然依靠能力获得新君主国的典型,是四位古代传说中的英雄人物:摩西——

---

[1] 马基雅维利,《君主论》,潘汉典译,商务印书馆1997年版,第23页。
[2] 马基雅维利,《君主论》,潘汉典译,商务印书馆1997年版,第23页。

基督教的建立者，居鲁士——波斯帝国的建立者，罗慕路斯——罗马的建立者，提修斯——雅典帝国的建立者。"除获有机会外，他们并没有依靠什么幸运，机会给他们提供物力，让他们把它塑造成为他们认为最好的那种形式。"[1] 这里的"机会"指的是一种纯天然的契机，如以色列民族被掳至埃及，他们急迫地想从埃及逃离，摩西所面对的这一情境就是一种"机会"。但面对这种机会时，并非所有人都能够成为成功的新君主，这就需要新君主的个人能力，正如摩西显然充分拥有的那样。而根据马基雅维利的逻辑，摩西因为其强大的个人能力，并不太需要命运女神的垂青。同样，罗慕路斯也"出现"在一个需要英雄的时代，是以有机会成伟大的新君主，但他也主要凭借个人能力而非运气创建了一个伟大的国家。

在新君主的"理想类型"中，君主和其创建的新君主国如同古希腊哲学中"形式"和"质料"之间的关系，摩西、罗慕路斯这样的新君主可以将人民看作质料，建立一个新国家就如同将脑中的"形式"加之于民众身上，使之成为他想让其成为的样子，就像我们在做一件家具时首先要构思出这个家具的"形式"，然后再施加于木材等质料上一样。[2] 当然，与制造家具相比，建立新的国家的难度显然要大得多，因为这里的质料是活生生、有思想的

---

[1] 马基雅维利，《君主论》，潘汉典译，商务印书馆1997年版，第25页。
[2] 关于"形式"与"质料"，参考亚里士多德，《形而上学》，吴寿彭译，商务印书馆1997年版；亚里士多德，《物理学》，张竹明译，商务印书馆2011年版。

人,而非死的、任人摆弄的木材。要建立一个新君主国,需要让民众服从这一国家的"制度"(regime),而且不仅是暂时服从,还要习惯性地服从,以至于达到"习惯成自然"的效果,这才是马基雅维利认为新君主成功的标志。古往今来人们的习惯大多在传统中形成,向来和深不可测的时间有关,很难考证它们的形成过程,更难追溯其最初的"创制者"。但马基雅维利的新君主正是这种最初的习惯创制者形象,摩西、罗慕路斯等人即是典型的例子,他们在马基雅维利的写作中起到将"全新"君主国的概念推向极端的作用。而将全新君主国的概念推至极端,其实也是去寻找政治共同体在时间中的开端,类似于柏拉图、亚里士多德探讨城邦的起源,也与霍布斯等人从自然状态"推导"出国家和社会一致。古代的人们一般认为只有神具备创制人的习惯的"能力",但马基雅维认为它们其实都是人的创造,只不过有些人这种创制能力很强,让人感觉像"神"而已。

完全依靠个人能力建立一个全新君主国,需要摩西、罗慕路斯这样的"神力",然而在现实中大多数时候君主并不是完全依靠个人能力,或者他们根本不具备这样的神力,而是要依靠很多"幸运"才能获得君主国。命运到底在多大程度上主宰着君主国的建立,决定着新君主征服事业的成功与失败,这是一个令当时无数人着迷的问题,马基雅维利也是在这样一种讨论氛围中写作的。就马基雅维利的写作动机而言,这一点很可能也与美第奇家族是在很大程度上依靠机运重新获得佛罗伦萨的统治权有关。事实上,马基雅维利自己在政治生活中的沉浮起落也受着某种看上去随机的力量的支配，如果不是美第奇家族重新在佛罗伦萨掌权，他很可能有更长、更辉煌的政治生涯。到晚年时，马基雅维利终于获得美第奇家族的某种信任，得到编写《佛罗伦萨史》的大项目，但完成这本书两年后，马基雅维利就去世了，就像命运又一次给他开了一个巨大的玩笑。这些都不是他或任何其他人所能决定的，这就是一种命运。

因为运气而获得君主国，不代表就一定能够保有、维系和扩大这个国家，后者仍然需要新君主具备很强的能力。在这方面，马基雅维利更多地使用了其同时代的例子，如米兰公爵弗朗切斯科·斯福尔扎（Francesco Sforza）和教皇亚历山大六世的私生子切萨雷·博尔贾（Cesare Borgia）。博尔贾主要依靠其父亲当上教皇才成为罗马尼阿（Romangia）等地区的统治者。命运女神朝他微笑，但他并没有只依靠命运的青睐，在接下来的时间中他采取了一系列措施，使用了各种手段，做了一个新君主"应该做的事"，保全并扩大了其统治。当然，博尔贾在其父亲死后还是犯了一个致命的错误，即过于相信新上台的教皇，最后葬送在新教皇之手。但马基雅维利的这一评论更加深了人们对这样一个"杰出人物"的印象：假如他不犯这个错误，他是不是很有可能成为意大利的一个伟大统治者？甚至有可能变成类似罗慕路斯这样的人物？这一"可能"也许正是马基雅维利想让其首要读者——洛伦佐·美第奇——去思考体味。

马基雅维利的君主国的类型学到此并未结束。在全新君主国的两种类型——能力取得和幸运取得——之后，紧接着他又讨论了"以邪恶之道取得君权的人们"（第八章）。马基雅维利认为，新君主很多是从平民而变成统治者的，但这又可以分为两种："一个人依靠某种邪恶而卑鄙的方法登上统治地位；或者一个平民依靠他的同胞们的帮助，一跃而为祖国的君主。"[1] 在"以邪恶之道获得君权"方面，马基雅维利又举了两个例子。一个是古代的例子，即古希腊西西里的暴君阿加托克雷（Agatocle，前361—前289），出生卑贱，过着邪恶的生活，后经军界跃升为锡拉库萨的执政官，但他不满足于此，设计谋杀了全体元老院的元老和最富有的人，从而成为西西里的国王。另一个是马基雅维利同时代的奥利韦罗托（Oliverotto da Fermo），他自幼是孤儿，在舅父扶养下长大，最后却利用舅父的信任，将其杀死以取得王位。马基雅维利对这种以近乎彻底的邪恶方法取得君权的方式并不称赞，认为它们不能算君主的"能力"（virtù），"以这样的方法只是可以赢得统治权，但是不能赢得光荣"。[2] 如此看来，马基雅维利还是希望君主在获得位置时，能得到人们的尊重，在人们心中，君主应该是有荣耀的，而不是卑鄙无耻之徒。当然，这并不妨碍马基雅维利推荐君主在"必要"时使用暴力、欺骗等手段，且必须使用它们。他只不过认为君主应该做到"看上去"是仁慈、宽容、守信、

---

[1] 马基雅维利，《君主论》，潘汉典译，商务印书馆1997年版，第39页。
[2] 马基雅维利，《君主论》，潘汉典译，商务印书馆1997年版，第41页。

慷慨的。如果君主能做到建立新的、持久性的制度和秩序，他所使用的"非道德"的手段会很快被人忘记，而被人记住的则是制度和秩序本身，这正是君主荣誉的根本来源。

关于新君主国的讨论，最后要补充的一点是《君主论》第九章中提出的"依靠贵族"还是"依靠人民"的问题。马基雅维利认为任何一个国家中都有贵族（ottimatti）和人民（即平民或穷人，populo）两种人，他们有两种"脾性"（umoi）或倾向，贵族喜欢统治与压迫，而平民则主要是希望免于被压迫。对于新君主而言，其征服的方法据此也可以再分为两种：依靠贵族或依靠平民。马基雅维利在这个问题上的态度很清楚，新君主应该尽量依靠平民。如果新君主最初依靠贵族获得位置，他应该尽量同人民保持友好关系；如果他本来就是依靠平民而上台，他就更应该将其统治建立在平民的认可基础之上。道理很简单，贵族具有相当程度的独立性、统治欲，以及统治的可能性，从而总是会给君主带来威胁，而平民则主要是希望获得君主的保护，尽可能不受比他们强的贵族的欺凌。两相比较，马基雅维利很明确地建议君主"同人民保持友谊"。[1]

第四，教会君主国。这是马基雅维利"君主国类型学"的最后一个类型，虽然也算新君主的一种类型，但又是一种很特殊的君主国，此即教会的君主国，也就是教皇国。教皇并非一般意义

---

[1] 马基雅维利，《君主论》，潘汉典译，商务印书馆1997年版，第47页。

上的君主,其位置是一个宗教职位,原本与世俗统治无关,但在事实上教皇拥有很大的世俗统治权力,且这一权力是有领土和人口边界的。文艺复兴时期亚历山大六世大胆的开疆拓土之后,教会君主国更成为一种重要的君主国类型。但马基雅维利认为这一类型太过于特殊,没有太多的教育意义,所以并没有加以重视,仅止于亚历山大六世的一些令人仰慕的做法。

《君主论》也许是分类最详细的君主国的类型研究。在马基雅维利之前和之后的很长时间里,关于君主国的讨论都由"君主—僭主""君主—专制"或"好君主—坏君主"这样的分类所主导,其视角主要是道德和伦理的,核心关切是人的灵魂如何得救,主要内容是君主和臣民如何成为好人。马基雅维利的君主类型学不考虑人的灵魂如何安顿,只考虑君主位置的获取与维系,不考虑君主和人的道德状态,以及人能否和如何得救,只从征服对象、方法、难易程度展开区别分析。这种无情的推理也许是他写作一本敬献给美第奇家族的实操手册的需要,但即便美第奇本人认真读过这本书——我们并不知道这一点——并且读懂了,他会公开承认这一点吗?如果不能公开承认对这本书的喜好,他又在多大程度上会赏赐或重用马基雅维利呢?

事实上,我们从马基雅维利与维托里的通信中也可以感觉到马基雅维利的失败。维托里在收到马基雅维利希望他代交给美第奇的《君主论》手稿后,陷入了长时间的沉默,最后在马基雅维利的焦急追问下，也没有给他带去他盼望的消息。[1] 我们是否可以说，马基雅维利的努力在政治上其实注定要失败，如果是这样的话，我们同时也可以追问：他是否意图获得一些政治以外的知识上的成功？这是我们接下来要讨论的问题。

二 能力与命运

能力与命运之间关系的讨论是马基雅维利政治思考中最重要、最具原创性部分。这方面的直接论述首次出现在《君主论》的第二十五章，也就是倒数第二章，但它可以说是全书最核心的章节。在马基雅维利的其他著作如《用兵之道》（*Dell'arte della Guerra*；*The Art of War*）和《佛罗伦萨史》（*Istorie fiorentine*；*Florentine Histories*）中，也随处可见这一对关系的视角。

如上所述，马基雅维利写作《君主论》的主要目的是分析君主如何获得并维持其位置，如何成功征服并扩大领地。以此为目的，他马上意识到，随机性的命运对人间事务的影响非常大。例如，在佛罗伦萨攻打比萨的过程中，长时间的干旱给了佛罗伦萨

---

[1] Machiavelli, *Machiavelli and His Friends: Their Personal Correspondence*, trans. & ed., James B. Atkinson & David Sices, Northern Illinois University Press, 1996, pp. 306 – 307.

一个大好机会，但一个雇佣兵队长的迟疑使得原有的好运变成了厄运。[1] 又如，佛罗伦萨史中，某个团伙意图发动政变夺取统治权，但与政变有关的信件又正好被同情现政府的人获取，导致政变失败。[2] 再如，博尔贾在刚成年时正好赶上其父亲成为教皇，因此意外成为罗马尼阿的统治者，但教皇后来又误喝毒水以至于过早去世，从而给了博尔贾的政治事业以沉重的打击。如果将这些全放在一起考虑，似乎人在其中能起到的作用很有限，一切都像是有命运女神的安排。如同谁也无法控制的天气一样，这些不确定性超出人的力量之上，又处处支配着人的行动，影响甚至决定着人的生活、权力关系、君主存废等。如何应对这样一个巨大的、不可知的神秘力量？马基雅维利这样描述当时人们的普遍反应：

> 我不是不知道，有许多人向来认为，而且现在仍然认为，世界上的事情是由命运和上帝支配的，以至人们运用智虑亦不能加以改变，并且丝毫不能加以补救；因此他们断定在人世事务上辛劳是没有用的，而让事情听从命运的支配，这种意见在我们这个时代就更觉得可信，因为过去已经看到而且现在每天看到世事的重大变幻远在每个人的预料之外。[3]

---

[1] Corrado Vivanti, *Niccolò Machiavelli: An Intellectual Biography*, trans., Simon Mac-Michael, Princeton University Press, 2013, pp. 11 – 12.

[2] Machiavelli, *The Florentine Histories*, trans., Laura F. Banfield & Harvey C. Mansfield, Jr., Princeton University Press, 1988, pp. 144, 218.

[3] 马基雅维利，《君主论》，潘汉典译，商务印书馆1997年版，第117页。

安东尼·帕雷尔（Anthony J. Parel）曾考证出马基雅维利本人受文艺复兴时期很流行的星相学的影响，他所用的很多概念如"世界上的事"（cose del mondo）、"人世事务"（cose umane）、"命运"（fortuna）、"秩序"（ordini）等都与星相学有关。[1] 人间事务难以预测，或许天体星相能提供一些答案。马基雅维利的问题和概念受星相学的影响，不代表他的著作就是一种前现代的产物。马基雅维利对命运的决定作用持非常明确的否定态度，他在几乎全部著作中都始终强调人的自由意志的重要性，特别是对新秩序——包括共和国的自由——的决定性意义。命运重要吗？当然重要。但对马基雅维利来说，这只是问题的一部分，而且不是相对更重要的部分。他说："考虑到这种变幻，有时我在一定程度上倾向于他们的这种意见。但是，不能把我们的自由意志消灭掉，我认为，正确的是，命运是我们半个行动的主宰，但是它留下其余的一半或者几乎一半归我们支配。"[2] 他把命运比喻为具有毁灭性的河流，我们不知道天气将如何变化，明年是否会大降暴雨导致洪水泛滥，但我们能做的是在天气晴朗的时候修筑河堤，将洪涝灾害的可能性降到最低。在修筑河堤后，洪水仍然有可能会发生，但如果没有人力的干预，这种可能性会大大提高。

马基雅维利正是使用这一视角去理解君主国的建立与维系，

---

[1] Anthony J. Parel, *The Machiavellian Cosmos*, New Haven & London: Yale University Press, 1992.

[2] 马基雅维利，《君主论》，潘汉典译，商务印书馆1997年版，第117页。

他认为历史所有成功的君主都具有同样的特点，即相信自己的能力，并将重点放在自己所能做的事之上。而对于命运，君主可以期待好的运气，但绝不应该将希望放在运气好之上，否则将很快归于毁灭。如上文所述，古代伟大的君主——罗慕路斯、忒修斯等——都是主动地发挥自己的能力，尽一切可能打好统治基础，防患于未然。同时，这些君主在面对命运带来的不确定性时，能够随机应变，让自己所要创造的秩序尽量成为人们的习惯。马基雅维利认为，这种精神值得当代君主学习。事实上，当代君主中的较为成功者，正是体现了这种精神，博尔贾因幸运而获得权位，但他并未依赖幸运，而是不断主动地使用各种方式巩固、扩大统治，如果不是因为后来坏运气下的判断失误，他完全有可能成为一个伟大的君主。而那些失败的君主，大都有一个共同的特点，即过多地将希望放在运气之上，他们希望得到命运女神的眷顾，期待自己被"拣选"，但这样的人有极大的概率被命运抛弃，经常下场悲惨。因此，"如果曾经享有王国多年而后来丧失了国家的话，他们不应咒骂命运而应咒骂自己庸碌无能"[1]。

马基雅维利在关于共和国的讨论中同样强调在命运面前人的能力的重要性。同君主的位置会在时间中遭到来自命运的威胁一样，共和国也会随着时间的推进而腐化。共和国初期，公民大多具有美德且遵纪守法，将共和国的公共利益放在很高的位置，在

---

[1] 马基雅维利，《君主论》，潘汉典译，商务印书馆1997年版，第116页。

满足私利需要时不会公开主动地牺牲公共利益，比如攻击陷害同胞以满足私欲等。但时间会改变这一切，出于种种原因，人们可能不再具有美德，不再遵守法律，不再崇尚公共精神。因此，马基雅维利认为，共和国的维系也需要公民——尤其是具有杰出能力的公民——主动发挥其影响力，在关键时刻挺身而出，提醒人们共和国原有的制度是什么，遵守法律的重要性等等。"那个人的德行具有如此大的名声和如此强大的榜样力量，以至好人希望模仿它们，坏人则羞于维持与它相反的生活。"[1] 在古罗马，这样的行动造就了许多著名的杰出人物，如贺拉提乌斯·科克勒斯、穆基乌斯·斯凯沃拉、法布里基乌斯等。不过，很多时候那些不著名的普通人，包括历史上不知名的政府官员，也发挥过同样的作用，如《李维史论》第一卷第八章中记载的独裁官对造谣生事的曼利乌斯的裁判，即起到了这样的作用。[2] 与此相比，马基雅维利生活时代的佛罗伦萨就很少有这样有能力行动的公民，整个共和国就像命运手中的玩物。[3] 在共和国的对外征服中，同样有能力与命运的双重作用，《李维史论》第二卷对此有充分的讨论。事实上，在马基雅维利看来，罗马最值得效仿的地方之一，就是

---

[1] 马基雅维利，《君主论·李维史论》，潘汉典、薛军译，吉林出版集团有限责任公司 2013 年版，第 442 页。
[2] 马基雅维利，《君主论·李维史论》，潘汉典、薛军译，吉林出版集团有限责任公司 2013 年版，第 171—172 页。
[3] 马基雅维利，《佛罗伦萨史》，王永忠译，吉林出版集团有限责任公司 2013 年版，第 118 页。

它不断地从失败中吸取教训，不断地改善自己的制度和行为方式，从而更有机会在征服中获胜。这一切端赖于人的能力，而非命运。

在共和国中，公民的德性主要和公共利益有关，经常体现为一种献身精神，但在君主国中，君主的德性却常常要求他违反日常道德的要求，二者之间虽然在本质上相同，但具体表性却不一样。马基雅维利所谓的君主的"能力"（virtù）有时候也译作"德性"，是一种为维系其位置，在必要的时候采取必要的行动的能力、意志和精神。"如果必需的话，他要懂得怎么走上为非作恶之途"，[1] 这就和一般意义上的"美德"（virtue）有着根本区别。事实上，马基雅维利在使用"virtù"这一概念时，无论是在关于君主国还是共和国的论述中，都需要人的高度的能动性，特别是与命运对抗的意志，以及在该采取行动时根据实时实地的"必要性"而非道德考量的审慎。曼斯菲尔德（Harvey Mansfield）在其著名的《马基雅维利的德性》（*Machiavelli's Virtue*）一书中提到"virtù"含义的不确定性，例如它有时候明确要求君主要去作恶，不要被仁慈、守信等道德要求束缚，有时候又说"以邪恶之道获得统治地位"是不光荣的，因而不能算是有能力（virtù）的表现，似乎有些模棱两可，从而使这一概念变得难以捉摸，特别不易翻译。如果翻译成英文，"virtù"有可能会被理解为"动力"

---

[1] 马基雅维利，《君主论》，潘汉典译，商务印书馆1997年版，第85页。

(vigor)、"独创力"(ingenuity)或"勇猛"(boldness)等。[1] 不过,曼斯菲尔德在对马基雅维利这一概念梳理之后,还是认为它是有一些一贯特征的,例如它不是某种抽象的原则,而始终指向如何对某个行动主体——如君主——有利,它始终相对于命运的不确定性而存在,要求行动主体随时做出改变,等等,这些都非常不同于一般意义上的"virtue"(德性)。[2]

列奥·施特劳斯也表达了类似的对"virtù"含义不确定性的看法,但他主要还是将其放在古典与现代之间的断裂中理解马基雅维利的"创新",认为马基雅维利关于"能力—命运"关系的讨论表明了一种对古典以来政治思想传统的近乎彻底的推翻。在古典政治思想中,命运之所以受到尊重,同理想政体与现实之间的鸿沟有关。理想之所以为理想,是因为它超出现实之上,它的实现也不是人所能控制的,因此需要"运气",也就是某种命运的助力。马基雅维利强调的能力对命运的对抗,则完全否认了理想政体的真实性和有效性,能实现的才是真实的,此即所谓"实效真理"(veritas effectuale; effective truth)。在施特劳斯看来,这无异于否定了这个世界上有根本正确的道德原则存在,而剩下的就只能是暴力及其后果,也即只要能使用强力使某种观念成立,它就

---

[1] Harvey Mansfield, *Machiavelli's Virtue*, Chicago: The University of Chicago Press, 1966, pp. 6 - 7.
[2] Harvey Mansfield, *Machiavelli's Virtue*, Chicago: The University of Chicago Press, pp. 6 - 52.

成了真理。换言之，在马基雅维利看来，在这种"实效真理"之上，一切都是虚空，都是哲学家"想象出来"的，是毁灭、失败的代表。也正因为此，施特劳斯将马基雅维利看作现代社会相对主义、虚无主义的始作俑者。[1]

无论施特劳斯等人对马基雅维利的批评是否过于激烈，他们在一点上肯定是对的，即马基雅维利与当时所流行的——或在很大程度上今天仍然流行的——基督教道德之间有着不可否认的距离。马基雅维利在《君主论》中一再号召新君主要准备好做邪恶的事，虽然要向人们表现出善良、仁慈、宽容，但最好停留在"表现出"或"看上去"这一层面上，而不能真的将那些教条当作行为准则。在讨论"命运"这一概念时，马基雅维利明确地将"命运"与"上帝"并举，其实意图非常清楚，即二者基本是等同的。所谓的时间中所包含的不确定性或某种不可知的神秘力量，在当时的欧洲，只有上帝才是它们最终的来源。因此，马基雅维利所说的"能力与命运的对抗"，其实无非是要和上帝对抗。在《君主论》专门讨论"命运"的部分（第二十五章开头），马基雅维利即明确将命运与上帝并举，而行文至这一章的末尾，他又将命运比喻为女子，有能力的人应该像年轻人一样去征服她，只有这样，命运才更有可能向人示好，其用心可谓昭然。这段话应该

---

[1] Leo Strauss, *Thoughts on Machiavelli*, Glencoe: The Free Press, 1958, pp. 45–49. Leo Strauss, "The Three Waves of Modernity", in *An Introduction to Political Philosophy: Ten Essays*, by Leo Strauss, ed. Hilail Gildin, 1989, pp. 81–98.

是整本书最著名或最"臭名昭著"之一:

> 我确实认为是这样:迅猛胜于小心谨慎,因为命运之神是一个女子,你想要压倒她,就必须打她、冲击她。人们可以看到,她宁愿让那样行动的人们去征服她,胜过那些冷冰冰地进行工作的人们。因此,正如女子一样,命运常常是青年人的朋友,因为他们在小心谨慎方面较差,但是比较凶猛,而且能够更加大胆地制服她。[1]

变幻无常的命运,人间事务的不确定性,实在不是新鲜事。文艺复兴前后的意大利,大小邦国林立,外部势力时常入侵,宗教与世俗力量冲突,邦国内部的阴谋、起义、叛变,身在其中的人们会时常感到像一片飘零的树叶一样,谁也无法掌握自己的命运,或预知将会在自己身上发生什么。不过,这一时期,人们在应对这一状况时通常还是将其放在人与上帝之间的关系中,放在上帝对世间万物的主宰中,在全知全能全善的上帝那里寻找答案。命运是无常的,因此中世纪以来欧洲人经常用轮子来象征命运,即指它的转动和停留都是完全不可预测的。这种不确定性对人来说实太残酷,因此人需要慰藉,渴望某种确定的答案,而有什么答案能比上帝的福音更真、更好、更确定?事实上,在马基雅维

---

[1] 马基雅维利,《君主论》,潘汉典译,商务印书馆1997年版,第120页。

之前的意大利，大多数时候人们在这种无常的命运而前，都是强调人要顺从、屈服，将目光朝向上帝，朝向另一个世界，人间事务正是因为其无常而不值得太多的关注。意大利著名诗人但丁在《神曲》中这样讨论命运与上帝：

> 啊，愚蠢的世人哪，使你们受害的愚昧无知是多么严重啊！现在我要让你接受我关于时运女神的看法。智慧超越一切者创造了诸天，并且给它们指派了推动者，使每一部分的光反射到每一相应的部分，把光分配得均匀。同样，他也给世上的荣华指定了一位女总管和领导者，她及时把虚幻的荣华从一个民族转移给另一个民族，从一个家族转移给另一个家族，人的智慧无法加以阻挠；所以一个民族就统治，另一个民族就衰微，都是根据她的判断而定，这种判断就像草里的蛇似的，为人的眼睛所不能见。你们的智慧不能抗拒她；她预见、判断并且如同其他的神执行各自的职务一样，执行她的职务。她变化无尽无休，必然性迫使她行动迅速；因此，就常常轮到一些人经历命运变化。她甚至受到应该称赞她的人的很多诅咒，他们错怪她，诽谤她；但她是幸福的，听不见这些，她同其他的最初造物一起转动着自己的轮子，幸福地享受着自身的乐处。[1]

---

[1] 但丁,《神曲·地狱篇》，田德望译，人民文学出版社 2002 年版，第 44 页。

更早期的波伊提乌（Anicius Manlius Severinus Boethius）表达了类似的观点和态度。他在《哲学的慰藉》（*The Consolation of Philosophy*）中写道："当命运微笑时，她是错的，但当她反复无常和心血来潮时，她展示出了真面目，前者迷惑人，但后者是有教益的，前者让人盲目，后者让人看到凡人的幸福是多么脆弱。"[1]在另一处，还有这样一段对话：

> "想想这个：命运的所有种类——无论是令人高兴还是令人痛苦的——都是施加在人身上，用来奖励或试炼好人的，或者就是惩罚和矫正坏人的。那么，所有命运都是好的，因为它正当而有用。……我能理解其中的逻辑"，我承认道，"并且我想到了神意（Providence），正如你前面提到的那样，或命（Fate），我知道你的论点是有根据的。"[2]

因此，如果我们将马基雅维利对命运的讨论放在中世纪和近代欧洲的历史语境中看，其观点实在有点冒天下之大不韪：一方面这是对基督教和上帝的冒犯，另一方面这种冒犯也是对人的能力相对于上帝的能力的更加重视。在马基雅维利那里，上帝或命运在人间事务中当然也扮演着相当重要的角色，但他都把它们归

---

[1] Anicius Manlius Severinus Boethius, *The Consolation of Philosophy*, Cambridge: Harvard University Press, 2008, p. 57.
[2] Anicius Manlius Severinus Boethius, *The Consolation of Philosophy*, Cambridge: Harvard University Press, 2008, p. 142.

结为人要去克服的不确定性,而非某种要人仰望和顶礼膜拜的对象。

与施特劳斯等人对现代社会相对主义、虚无主义的担忧不同,昆廷·斯金纳倾向于将马基雅维利对能力的强调解释为他对古典智慧的向往和模仿,以及在这个意义上对古典(或古罗马)共和理想的追求。人的能力和主观能动性与共和理想密切相关,因为共和政治要求积极的公民和活跃的政治生活,波爱修斯以降,那种消极的基督教徒的美德不适合共和国,而更适合某种奴役的生活。也正因为此,斯金纳认为,马基雅维利的"反基督教"思想与其共和主义之间是有着内在关联的。[1] 马基雅维利在《李维史论》中甚至直接贬低基督教,抬高和赞扬古罗马的异教,其标准也正是后者对共和政治的工具性作用。他说:"在古老的宗教之下,除了那些获得地上的荣誉的人——如军队的首领和城市的统治者——没有谁能被授以神圣的光荣;而我们的宗教却使畏缩和沉思——而非投身积极生活——的人光荣。"[2] 当然,斯金纳既不是最早,也不是唯一注意到这种关联的人。汉斯·巴隆(Hans Baron)早在20世纪50年代的著作中就提出马基雅维利大体上从属于15—16世纪意大利公民人文主义思潮,其思想带有平民派色

---

[1] Quentin Skinner, *The Foundations of Modern Political Thought* (Vol 1), Cambridge: Cambridge University Press, 1978, pp. 182–185.

[2] Niccolò Machiavelli, *Discourse on Livy*, trans. Ninian Hill Thomson. Meneola, New York: Dover Publications, Inc., 2007, p. 155. 此处"我们的宗教"即指基督教。

彩，反对旧的贵族和宗教权威。[1] 意大利学者毛里齐奥·维罗里（Maurizio Viroli）后来同样将马基雅维利放在公民人文主义、共和主义的传统中，建立起他与古典共和传统之间比原有理解似乎更密切的联系。[2] 波考克也强调马基雅维利对亚里士多德以来的古典共和传统所做的创新贡献。[3] 施特劳斯对这一古典的联系并非不知情，只不过他认为"马基雅维利在展示复活古典德性的可能性和必要性的同时，无法避免开启包含异教和圣经问题的古今之争的所有问题"。[4] 或者至少，对施特劳斯来说是如此。

我们可以确认的是，在"virtù"这一概念及其与命运之间的关系方面，马基雅维利遵循的显然不是当时的基督教传统，而是基督教出现之前的古典思想传统。马基雅维利熟读古希腊罗马时期的历史哲学作品，并受其影响很深。但这是文艺复兴时期的一大风尚，我们考察当时的一些代表性作家，就可以看出他们较之于中世纪基督教传统的转变。被称为"文艺复兴第一位人文主义者"的彼特拉克（Francesco Petrarca）在其《对医生的斥责》（*Invectives against the Physician*）中写道："只要命运看到德性

---

[1] Hans Baron, *The Crisis of the Early Italian Renaissance*, Princeton: Princeton University Press, 1955.
[2] Maurizio Viroli, *Machiavelli*, Oxford University Press, 1998. Gisela Bock, Quentin Skinner & Maurizio Viroli (eds.), *Machiavelli and Republicanism*, Cambridge: Cambridge University Press, 1990.
[3] J. G. A. Pocock, *The Machiavellian Moment: Florentine Republican Thought and the Atlantic Republican Thought*, Princeton: Princeton University Press, 1975.
[4] Leo Strauss, *Thoughts on Machiavelli*, Glencoe: The Free Press, p. 20.

(virtue) 的靠近，她就会投降，变得无能和无力，另一个诗人说得更严肃而真实，'当德性是她的敌人时，命运浪费她的威胁'。"[1] 在这里，彼特拉克同样将命运比喻为女子，而德性（或能力）则是勇敢、大胆、审慎的意思。在马基雅维利思想最重要的来源之一提图斯·李维（Titus Livius）的《罗马史》中，我们可以找到与马基雅维利极为相似的表述。在该书第三十卷，李维说：

> 最大的幸运（fortuna）最不应该被信任，在你较好的处境中，在我们不确定的环境中，如果你想要的话，和平将带给你名誉和光荣；对我们来说它只是必需而非荣耀。相对于想象中的胜利来说，和平是更安全、更好的。前者在神灵们的手中，而后者则在自己的掌控中。[2]

古罗马思想家和政治家西塞罗（Marcus Tullius Cicero）也有类似的表达，在一封写给昆图斯·西塞罗（Quintus Tullius Cicero）的信中，他为即将上任罗马亚细亚行省长官的弟弟提供了一些建议：

> 命运不能统治你的领导，你的成功将极大地依赖你自己

---

[1] Francesco Petrarca, *Invectives*, ed. & trans., David Marsh, Cambridge: Harvard University Press, 2003, p. 197.
[2] Titus Livius, *Livy*（Ⅷ）, trans., Frank Gardner Moore, London: William Heinemann Ltd., p. 479.

的智力和辛苦工作。如果你陷入巨大的危险的战争中，而且你的任期被延长，我将会担心命运的风会怎么吹动你。但正如我所说，机运将与你怎样履行对国家的责任没有关系，或只有很小的关系；后者更多地取决于你自己的勇气和深思熟虑的审慎。[1]

在古典思想世界中，命运虽然重要，但其地位远没有后来的基督教世界中那样高。相应地，人的能力要更受重视一些。人在命运面前的态度不是消极的、被动的，而是积极主动的，人的成功和国家的安稳强大，主要依靠人的主动作为以及人的勇气。如我们所看到的，在基督教世界中，这一对关系虽然得到类似的处理，其呈现的面目却很不一样，在其中人要谦卑得多。人们普遍认为，人的努力再多，再发挥自己的主观能动性，也很有可能都是徒劳的。一切世俗事务都是有限的、属于肉体的，只有上帝才是无限和永恒的，命运不一定直接指代上帝，但至少也指示着此岸和彼岸的绝对二分。在这个意义上，马基雅维利无疑更接近于古典传统，或至少如他自己所说，他是在效仿"古人"，这里的"古人"指的即是基督诞生之前的希腊和罗马人。甚至他对于"能力—命运"方面的男女两性的比喻都和古典传统有关。在古希腊

---

[1] Marcus Tullius Cicero, *How to Run a Country: An Ancient Guide for Modern Readers*, selected and translated by Philip Freeman, Princeton: Princeton University Press, 2013, p. 7.

和古罗马，人们将命运看作具有神力的女性，虽然变幻无常，但是可以被人的努力所打动，有勇气的人更容易获得其关注。而马基雅维利所使用的"virtù"一词的词根"vir"在古代更是指向男性的生殖能力，指向使名字和后代繁衍下去的可能性，这都与基督教的德性有很大的距离。[1]

然而，马基雅维利真的"回归"了古典的政治思想传统吗？可以说既是又不是。"是"的方面上文已做解释，需要补充的是，古典政治思想起源于人的理性与政治实践的结合，而城邦政治生活的衰落和基督教的兴起则又逐渐暗淡了人的理性能力的光辉，同时也使得政治生活成为神或命运的玩物。欧洲古典学学者厄奈斯特·巴克（Ernest Barker）曾试图解释古希腊政治思想的起源，他在《希腊政治理论：柏拉图及其前人》（*Greek Political Theory: Plato and His Predecessors*）一书中的第一段话就很有说明性：

> 政治思想从希腊人开始，它的起源同希腊精神中沉静而清晰的理性主义联系在一起。印第安和犹太民族在宗教中反观自己，他们不加深究地接受并通过信仰来领会这个世界，与此相反，希腊人立身于思想的王国，他们敢对眼见的万物表示好奇，从而试图用理性来思索宇宙。默认经验到的事物秩序，这是一种自然的本能。人们容易把物理世界和人类制

---

[1] Quentin Skinner, *Machiavelli*, New York: Hill and Wang, 1981, pp. 25–26.

度的世界同样作为必然性的存在而接受下来,既不对人与自然的关系,也不对个人与家庭或国家之类的制度的关系,提出任何有关意义的问题。即使有人提出这样的问题,他们也会轻易地遭到喝止:"那个吹毛求疵的人能同全能者争论吗?"但是,这种默认虽在所有时代对宗教的头脑来说都很自然,在希腊人那里却是不可能的,没有什么信仰能使他满足于把一切都简单地归于上帝。[1]

古希腊和罗马虽然有各种神,但他们通常都具有与人相似的情感和缺陷,神和人之间的距离并不太遥远,神虽然拥有高于凡人的力量,但并不是完全超世的存在。在这一背景之下,人不仅要对自己的生活负责,而且也有能力在这个世界上构建美好的生活。与此同时,当时活跃的城邦政治生活非常有利于理性思考和积极的政治行动。古希腊的城邦虽然在政体形式方面非常多样,但人们对政治生活的参与非常广泛,这一点在民主制的古雅典尤其明显。在城邦的政治生活中,人们对不同的法律、政策甚至制度的讨论使得理性的能力得到充分发挥,在意见的交锋中产生出对真知的感受和进一步向往,古代的伟大哲学家们——苏格拉底、柏拉图等——最早都出自雅典,与该城邦相对开放积极的政治生活不无关系。另一方面,城邦之间的战争以及城邦内乱,都是当

---

[1] 厄奈斯特·巴克,《希腊政治理论:柏拉图及其前人》,卢华萍译,吉林人民出版社2003年版,第1页。

时的人们希望构建和谐、稳定而强大的城邦的重要刺激因素。[1] 即便在诗歌和戏剧作品中，也随处可见人的理性能力对传统和既有制度的反思。索福克勒斯的著名悲剧《安提戈涅》(Antigone) 中的国王克瑞翁向安提戈涅发难说："你竟敢违犯这法律？"意指城邦法律的威严，但安提戈涅说："我不认为你的法令有那么大的效力。"[2] 安提戈涅认为比城邦法律更高的有天条神律，她希望理解和遵守的也是这更高的"法律"。放在当时的语境下，这无疑是表明人相对于传统的更高的能力，人可以而且应该使用理性来塑造城邦。

当然，古典时期最重要的政治思想发展还是柏拉图和亚里士多德的学说，他们的共同特点是强调人的理性能力以及知识对政治的塑造作用。好的政治需要美德，而真正的美德需要通过知识来获得。如上所述，城邦是古希腊人生活的主要场域，城邦之外的世界对当时的人来说神魔鬼兽皆有之，不受善恶的约束，但城邦则有善恶好坏之分。由此，城邦的统治、城邦的存在形式也有优劣之分。柏拉图认为最好的城邦统治不应该是力量（force）的统治，而应该是知识或真理的统治。这里的"力量"既包括某个人（如暴君）的力量，也包括多数人的力量。因此柏拉图的"理

---

[1] 修昔底德，《伯罗奔尼撒战争史》，徐松岩、黄贤全译，广西师范大学出版社 2004 年版，第 177—178 页。
[2] 索福克勒斯，"安提戈涅"，《古希腊悲剧喜剧全集》（第 2 卷），张竹明译，译林出版社 2007 年版，第 241—328 页。

想国"是一个哲学家统治的国度,与真正的知识的统治相比,现实中几乎所有城邦统治都缺乏完全的正当性。[1] 亚里士多德同样认为知识应该在城邦统治中占主导地位,但他并不像其师那样乐观地看待"哲学王"的现实可能性。对亚里士多德而言,城邦的每一个公民(自由人)都可以发表一些关于城邦共同善的意见,这些意见与真理相异,但多少包含真理的成分,不同意见之间的交锋和互补能使城邦整体接近真正的善;虽然二者之间仍有距离,但这是最现实的由知识(而非力量)统治的方案。因此,相较于柏拉图对哲学王的期待,亚里士多德更关注意见的领域,他希望在这个领域中城邦公民能充分地表达自己的意见,而公民又分为不同的种类、阶层,有富人(少数人)、穷人(多数人),也有杰出的有德之士等,他们对城邦统治的参与就成为亚里士多德讨论的主要内容。因此,亚里士多德政治学的重点就从知识的重要性转向了意见表达领域的重要性,这一领域本身以及领域内阶层和人之间的互动关系,便成了关注的主要对象,这实际上也是其"政治"的主要内涵。[2] 当然,亚里士多德并没有转变知识与政治之间的关系,其《政治学》等著作本身就是希望通过翔实的政治研究帮助人们实现更好的政治生活。

在柏拉图和亚里多德那里,理想的城邦殊难实现,它们都和现实有一定的距离。但正是这种距离,才是人们应该将理想当作

---

[1] 柏拉图,《理想国》,顾寿观译,岳麓书社2010年版。
[2] 亚里士多德,《政治学》,吴寿彭译,商务印书馆1997年版。

目的，引领城邦政治的最重要的理由。对他们来说，如果放弃这种理想，剩下的就是赤裸裸的暴力，如同柏拉图对话中色拉叙马霍斯说的那样，"那所谓正义和正义的事实际上乃是他人的好处，他是属于那强者和统治者的利益"。[1] 在柏拉图和亚里士多德的政治学说中，同样也有"机运"的要素，但它主要起到一种提醒人们政治作为一门实践的科学，在其实际操作中永远会有改进空间的作用。[2] 它没有否认人的理性能力，只是承认人的有限性，追求真理的过程永无止境。这种对人的能力的审慎乐观其实是古典智慧的精华。

这种古典乐观精神在欧洲历史上的首次崩塌，以及人们对自身能力的首次重大怀疑，是在所谓的"希腊化"时期。马其顿帝国的崛起与希腊城邦世界的逐渐消失大致同步，人们开始发现无论怎么努力，都很难再创造一个自足的城邦生活，也许亚里士多德所说的城邦外的生活才是人的"自然"状态。因此，在这一城邦消失的时期，有第欧根尼这样的犬儒学派，相信最自然的生活就是毫无作为的生活——生活在木桶里，以菜叶和沟水为生，拒绝亚历山大大帝的赏赐，对一切政治生活嗤之以鼻。同时，也有像伊壁鸠鲁这样的享乐主义，认为人之自然就是追求快乐，避免

---

[1] 柏拉图，《理想国》，顾寿观译，岳麓书社 2010 年版，第 33 页（343c）。
[2] 亚里士多德认为，幸福（快乐）和幸运之间应有分别："人的成为幸运者往往由于偶然的机会获得灵魂之外的诸善（财富和健康）；可是谁都不能完全依赖偶然的机会而成就其正义和敦厚（节制），属于灵魂的诸善，因此而获得幸福。"亚里士多德，《政治学》，吴寿彭译，商务印书馆 1997 年版，第 342 页（1323b）。

痛苦，而最好的方式是尽量减少欲望，从而尽可能消除痛苦的来源。当然，还有斯多葛学派，相信自足的生活就是人对理性的服从，即将自己从当下抽离出来，服从更高的宇宙法则或某种自然法。[1]

古罗马人的共和国代表着另一种城邦政治的活力，它是一个自由的城邦，同时也是一种强大的、征服性的力量，这种自由与强大的结合成为马基雅维利关于共和国话题的主要思想与灵感来源。在古罗马，智识活动并不发达，虽然古希腊哲学得到较广泛的学习与传播，但原创似乎不足，正如西塞罗本人所说，对美德的最好运用在于管理国家，并且是在实际上，而不是在口头上。[2] 罗马共和国的衰落和向帝国的转变，伴随着悲观的宿命论的高涨。受斯多葛学派影响的罗马作家塞涅卡（Lucius Annaeus Seneca）认为人本质上是邪恶和腐败的，政府因为人邪恶而产生，政治生活不是人的依归，人应向更高的精神世界寻找依靠。[3] 塞涅卡对早期基督教思想影响较大，曾被早期教会领袖称为"我们的塞涅卡"。[4]

对人事真正悲观的看法要到基督教神学中去找，奥古斯丁当

---

[1] Rowe, C. & M. Schofield, (eds.), *The Cambridge History of Greek and Roman Political Thought*, Cambridge: Cambridge University Press, 2000 (Chapter 20、21). 奥克肖特，《政治思想史》，秦传安译，上海财经大学出版社 2012 年版（第 10—15 章）。
[2] 西塞罗，《国家篇、法律篇》，沈叔平、苏力译，商务印书馆 2002 年版，第 32 页。
[3] Lucius Annaeus Seneca, *Letters from a Stoic*, ed. & trans., Robin Campbell, Penguin Books, p. 7.
[4] Lucius Annaeus Seneca, *The Stoic Philosophy of Seneca*, ed. & trans., Moses Hadas, 1958, p. 1.

然是首当其冲的代表。他在《上帝之城》中批评柏拉图为代表的古典哲学家:"哲学家们的虚妄真是惊人,他们竟然认为幸福在此生,要凭自己寻求幸福。真理借助先知嘲笑他们说:'耶和华知道人的意念是虚妄的。'除非是那些我们信仰的帮我们,使我们相信我们必须得到他的帮助,否则就不能让自己正确地生活。"[1] 他还批评西塞罗对共和国正义的追求:"按照西塞罗《共和国》中西庇欧给出的定义,罗马从来没有过共和,……让人自身离开上帝,让他屈服于肮脏的鬼怪的,算是什么人的正义?"[2] 换言之,真正的正义不可能在世俗的城邦中获得,而只能在上帝那里,在最终的审判中获得。因此,人在此世的作为,即便再勇敢、勤勉,在上帝面前也是可笑的。对奥古斯丁来说,人不是城邦或政治的动物,人是面向上帝的存在,他(她)当然可以选择按照神的要求来生活(上帝之城),也可以根据自己的肉体来生活(地上之城),但人始终是独孤的存在,每个人以个体的方式接受上帝的最终审判。奥古斯丁代表了中世纪基督教思想对古典政治思想的近乎彻底的批判和拒绝,亚里士多德政治学的基础被放弃了。相应地,对奥古斯丁而言,世俗社会中城邦的形式就变得无足轻重,奴役的政治生活甚至可能是好事,因为"奴役的首要原因是罪,使人

---

[1] 奥古斯丁,《上帝之城》(下),吴飞译,上海三联书店2009年版,第131页(19:4)。
[2] 奥古斯丁,《上帝之城》(下),吴飞译,上海三联书店2009年版,第157页(19:21)。

被人征服，遭受镣铐之苦", "奴役正是神法发布的惩罚"。[1] 而人则应该谦卑、忍耐、服从："在人类的和平秩序上，那些受别人统治的人可以产生服从的谦卑，这是有益的。"[2]

中世纪盛期的圣托马斯·阿奎那（Thomas Aquinas）力图将亚里士多德的学说（包括政治学说）纳入神学体系中，但理性始终位于信仰之下，神的恩典是一切人事努力的前提，奥古斯丁对古典传统的拆解并没有被完全放弃。[3] 中世纪神学对人的能力和命运的理解一直延续到文艺复兴时期，宗教在人们的生活中有着巨大的影响，人们受着各种不确定性的支配，却同时被要求尽量谦卑、虔诚。正是在这一背景下，很多文艺复兴时期的人文主义者希望恢复古代的传统，将人的重要性和能动性重新突出出来，在这个世界为人创造更美好的生活，从而也证明人作为神造物的能力。马基雅维利比同时代所有的人文主义者都要走得更远一些，上帝在他这里和命运一起成了要被不断抗争的对象，人应该使命运屈服于自己，而不是反过来。同样，基督教所教人服从的美德——仁慈、宽容、守信等——在马基雅维利那里也成了可信可不信的教条，对君主来说尤其不能死板地接受这些教条，否则就意

---

[1] 奥古斯丁，《上帝之城》（下），吴飞译，上海三联书店 2009 年版，第 151 页 (19:15)。

[2] 奥古斯丁，《上帝之城》（下），吴飞译，上海三联书店 2009 年版，第 151 页 (19:15)。

[3] 托马斯·阿奎那，《阿奎那政治著作选》，马清槐译，商务印书馆 1963 年版。沃尔特·厄尔曼，《中世纪政治思想史》，夏洞奇译，译林出版社 2011 年版。

味着毁灭。"所有武装的先知都获得了胜利,非武装的先知都失败了",罗慕路斯、居鲁士等人之所以成功,正是因为没有严格遵守这些道德要求,甚至基督教的创造者摩西很大程度上都是因为其"武装",或在必要的时候违背基督教本身的教导,而获得成功的。特别是在政治方面,马基雅维利说"我关心我的国家甚过我的灵魂"。[1] 尽管他临终前据说做了忏悔,[2] 但至少按照基督教的最低标准来看,他的学说可以说是"没有灵魂"(soulless)的。[3]

然而,马基雅维利真的"回到了"古典吗?《君主论》第十五到第十八章讨论的君主所应该或不应该具有的"美德"——诸如仁慈、慷慨、守信等——在古典时期都是尽人皆知的美德。唯一不同的是,在马基雅维利给君主的建议中,君主"对于残酷这个恶名不应有所介意","如果必需的话,他要懂得怎样走上为非作恶之途","必须懂得善于运用野兽的方法"。这些显然都是古典时期主流哲学家们致力于批评的对象。在柏拉图那里,城邦的"四主德"包括智慧、勇敢、节制、正义,一个好的城邦应该具备这些美德和品质,对于统治者来说更是如此。类似的观点几乎贯穿整个古典和中世纪时期。尽管中世纪基督教思想与古典之间有着

---

[1] Niccolò achiavelli, *Florentine Histories*, trans., Laura F. Banfield & Harvey C. Mansfield Jr., Princeton: Princeton University Press, 1988, p. 114.

[2] Ross King, *Machiavelli: Philosopher of Power*, Harper Collins Publishers, 2007, pp. 229-230.

[3] 马基雅维利在基督教传统中恶名昭著,"马基雅维利主义"一词的流行即是明证。无疑很多人都认为他应该进地狱,后来真有人写了一本名为"地狱中的马基雅维利"的书。参见 Sebastian de Grazia, *Machiavelli in Hell*, New York: Vintage Books, 1989.

很大的差别，但在人所要朝向的目的方面，它们却有着惊人的相似。奥古斯丁在批评柏拉图的同时，也充分表达了对他的仰慕："哲学家感到了最高和真正的上帝，他是一切被造物的制造者，一切可知事物的光，是一切行动朝向的好。"[1] 在另一处，他还写道："如果柏拉图说，智慧者就是对这一个上帝的模仿者、认知者、热爱者，对上帝的分参就是幸福，那又何必考察其他的哲学家呢？在我们看来，没有人比他更接近我们了。让神话神学和城邦神学让位给他吧。"[2]

三　君主镜鉴

马基雅维利在《君主论》第十五到第十八章中专门讨论君主是否要遵守仁慈、守信等美德要求的问题。从题材上说，这一部分最接近欧洲古典时期以来的"君主镜鉴"传统的写作；但从内容主旨上看，二者之间的差距又最大。

君主镜鉴体裁的写作传统至少可以追溯到古希腊的色诺芬，[3]

---

[1] 奥古斯丁，《上帝之城》（上），吴飞译，上海三联书店2012年版，第292页（8：9）。
[2] 奥古斯丁，《上帝之城》（上），吴飞译，上海三联书店2012年版，第286—287页（8：5）。
[3] 斯蒂芬·米尔纳，《建议的政治：对君主进言》，曹钦译，《政治思想史》2013年第3期，第103页。

其所著《居鲁士的教育》探讨一个伟大的君主是如何养成的,"主导了此后300年间的希腊化世界,其主题是探讨如何成为'成功的帝国君王'"。[1] 不过,古典时期的柏拉图、亚里士多德、波利比乌斯、西塞罗等都有许多有关君主如何统治的论述。在中世纪加洛林王朝时期,君主镜鉴式的作品不断问世,虽在今天大多散佚或不为人所知。[2] 中世纪时期最著名的为君主建言、教导君主如何成为"伟大君主"的作品应该是阿奎那参与写作的《论君主政治》(De Regimine Principum)[3],但该书据詹姆斯·布莱斯(James M. Blythe)考证,应该只有第一章是阿奎那所写,其余部分是由卢卡的托勒密(Ptolemy of Lucca)所作。[4] 不管其作者为何,这部著作可以说代表了中世纪时期基督教思想中的"君主策",同时也影响了后世的很多类似写作。文艺复兴时期,战争、内乱不断,君主的立废尤其需要某种解释,以及这种解释也容易成为人们向君主献策、为君主建言的依据,同时这也是很多人(包括马基雅维

---

[1] J. Joel Farber, "The Cyropaedia and Hellenistic Kingship," *The American Journal of Philology*, vol. 100 (4), 1979, pp. 497–504.

[2] 种法胜,《加洛林"王者镜鉴":一个整体视野的考察》,《历史教学问题》2018年第2期,第71—77页。

[3] 该书英文直译为"On the Government of Rulers",参见 Ptolemy of Luca & Thomas Aquinas, *On the Government of Rulers*, trans., James M. Blythe, Philadelphia: University of Pennsylvania Press, 1997. 但有时也翻译为"On Kingship",参见 St. Thomas Aquinas, *On Kingship: To the King of Cyprus*, trans., Gerald B. Phelan, Westport: Hyperion Pres, Inc., 1979. 部分内容也收录于《阿奎那政治著作选》,马清槐译,商务印书馆1963年版;英文版参见 Thomas Aquinas, *Aquinas: Political Writings*, Cambridge: Cambridge University Press, 2012。

[4] Ptolemy of Luca & Thomas Aquinas, *On the Government of Rulers*, trans., James M. Blythe, Philadelphia: University of Pennsylvania Press, 1997, pp. 3–5.

利在内）试图寻求官职生计的途径，彼特拉克、弗兰西斯·帕特里齐（Franciscus Patricius）、巴达萨尔·卡斯蒂利奥内（Baldesar Castiglione）、巴托洛梅奥·萨齐（Bartolomeo Sacchi）、乔万尼·蓬塔诺（Giovanni Pontano）等都在此列，特别是卡斯蒂利奥内的《廷臣论》(Il libro del cortegiano; The Book of the Courtier) 一书为文艺复兴时期的经典。[1] 当然，这一时期极具代表性的君主策还有鹿特丹的伊拉斯谟（Desiderius Erasmus Roterodamus）所著《基督教君主的教育》(Institutio principis Christiani; The Education of a Christian Prince) 一书。

伊拉斯谟的《基督教君主的教育》与马基雅维利的《君主论》写作时间相近，前者完成于1516年，后者完成于1513年。《基督教君主的教育》英文版主编莉萨·贾丁（Lisa Jardine）这样描述两本书共同的历史背景：

> 当时的政治状况动荡不安，欧洲最具权势的王室（意大利美第奇家庭，法国瓦罗亚王室，西班牙、德国与低地诸国的哈布斯堡王室）野心大炽，渴慕王朝武功，一时造成（如一位历史学家曾称之为的）"道德恐慌"。这两位在撰写论著

---

[1] 相关讨论参见 Frank Lovett, "The Path of the Courtier: Castiglione, Machiavelli, and the Loss of Republican Liberty", *The Review of Politics*, vol. 74 (4), 2012, pp. 589–605. Quentin Skinner, *Machiavelli*, New York: Hill and Wang, 1981, p. 34. James Hankins, "The King's Citizens: Francesco Patrizi of Siena on Citizenship in Monarchies", in *Festschrift for Craig W. Kallendorf*, Boston-Leiden: E. J. Brill, 2021。

讨论如何最好地培养统治者以进行卓有成效的治理时，都是在回应这种时势。[1]

这两本君主策的一个首要不同是，《君主论》主要是写给"新君主"的书，如上文所述，马基雅维利对世袭的、传统的君主制兴趣不大，认为其君主只要不对原有法律与制度做太多改变即可，而新君主要面临极大困难。不过，所有传统君主制在最初都是"新"的，这个"新创"比继承更有研究意义。或者换个角度看，新创者其实有很多，但其中只有极少数能够成功，那么，这个成功的理由是什么？马基雅维利对此感到极大的好奇，当然这一研究兴趣也与写作时的个人动机有关——美第奇家族在佛罗伦萨的重新掌权就是"新"的。另一方面，马基雅维利对君主个人位置之维系的关注也延伸到制度与习惯层面。新君主要创立的其实是一种"新秩序"（nuovi ordini），包括新的法律、制度（正式或非正式的）、习惯等，甚至包括人的意识与观念。在他看来，君主权力的维系主要依赖这一新秩序的塑造。不过他也认识到这种新秩序的塑造非常危险，因为"革新者使所有在旧制度之下顺利的人们都成了敌人，而使那些在新制度之下可能顺利的人们却成为半心半意的拥护者"。[2] 伊拉斯谟的君主策的出发点却正好相反，他认

---

[1] 伊拉斯谟，《基督教君主的教育》，李康译，商务印书馆2017年版，第 i 页。Erasmus, *The Education of a Christian Prince*, trans., Neil M. Cheshire & Michael J. Heath, ed., Lisa Jardine, Cambridge: Cambridge University Press, 1997, p. vi.

[2] 马基雅维利，《君主论》，潘汉典译，商务印书馆1997年版，第26页。

为,"君主应当尽可能避免任何创新",因为"即使有什么事情经过变化后有所改善,新奇的情势本身也依然令人不安。无论是国家的结构,城镇的公务惯例,还是日久既定的法律,一旦变革就必然带来动荡"。[1] 伊拉斯谟献策的对象是年轻的西班牙国王查理五世(后来的神圣罗马帝国皇帝),后又献给英国国王亨利八世,都可算是通过继承而获得其位的君主。伊拉斯谟希望他们勤勉奋进,"得配高位",将其祖先的事业发扬光大,关爱民众、促进国家共同利益,而不是去推翻某个秩序以建立一个新秩序。因此,相较于马基雅维利,伊拉斯谟显然更为"保守",对新事物、新秩序和新价值的容忍程度更低,他虽然号召君主要爱护民众,但显然认为君主的权力来源不是民众,而更多地源于传统、世系或者神。

与这一出发点上的区别相呼应的是,伊拉斯谟比马基雅维利更贴近传统的君主策教导,绝对地处于传统基督教道德的主流领域内。马基雅维利认为他要给新君主的最重要的提示之一就是,要"有足够的明智远见,知道怎么避免那些使自己亡国的恶行,并且如果可能的话,还要保留那些不会使自己亡国的恶行,但是如果不能够的话,他可以毫不踌躇地听之任之"。[2] 伊拉斯谟那里完全没有上述引文后半部分——"保留那些恶行";对于前半部分——避免恶行,他说得更多的不仅是消极意义上的"避免",而

---

[1] 伊拉斯谟,《基督教君主的教育》,李康译,商务印书馆2017年版,第98页。
[2] 马基雅维利,《君主论》,商务印书馆1997年版,第74页。

是积极行善，去做真正的人和君主。"君主的声望，他的伟大，他的帝王尊严，绝非经由特权地位之炫示，而必然来自智慧、正直与良行。"[1] 他还说，君主有三种高贵身份：第一源于德性与善行，第二源于受过最好的教养，第三是根据列祖列宗的肖像、家世谱系或财富来判断。[2] 当然，作为基督教君主，他更应该虚心接受基督教义的滋养，用基督的真理要求自己。"他必须全神贯注于基督的教诲，……要让他深信，基督的教诲最适用于君主"，[3] 以及"君主是神的某种代表，只要他是一位真正的君主"。[4] 他还一再提醒君主，暴君与正当的君主之间的根据区别在于，真正的君主之于人民如牧羊人之于羊群，而暴君则如豺狼，豺狼则人人得而诛之。特别是君主如果纵容自己的欲望，做有悖"君之自然本性与根本原则"的事情，"归根结底是在剥夺君主的帝王之尊，让他沦为一介庶民"。[5]

伊拉斯谟也知道，君主如果严格遵守仁慈、宽容、守信等方面的要求，他就有可能吃亏，有可能削弱自己的权力。但他像一个柏拉图主义者那样说，"德性本身即是重大的奖赏"，也像奥古斯丁一样说，"生命的长度不应由年头的多少来衡量，而要看良行

---

[1] 伊拉斯谟，《基督教君主的教育》，李康译，商务印书馆2017年版，第17页。
[2] 伊拉斯谟，《基督教君主的教育》，李康译，商务印书馆2017年版，第20页。
[3] 伊拉斯谟，《基督教君主的教育》，李康译，商务印书馆2017年版，第16页。
[4] 伊拉斯谟，《基督教君主的教育》，李康译，商务印书馆2017年版，第60—61页。
[5] 伊拉斯谟，《基督教君主的教育》，李康译，商务印书馆2017年版，第61页。

之众寡"。[1] 更具体地说，如果君主因宽恕伤害而使帝国有所减弱，那么"请承受这种后果，要想到您已经从给比原本少得多的人们带来伤害之中收获了许多许多"。[2] 马基雅维利对君主的建言几乎与伊拉斯谟相反。他们都希望君主获得荣誉与伟大的名声，因此即便在前者那里君主也至少要"表现得正义"；但从根本上来说，伊拉斯谟希望荣誉能让君主知道自己应该做什么，服从什么样的美德，以及如何服从，而在马基雅维利那里荣誉则是君主要获得的东西，如同人要获得钱财、安全等一样，而为了这一目的，君主恰恰不能排除某些"恶行"。

从思想史的角度看，伊拉斯谟代表了君主镜鉴传统的主流。他在书中经常以赞许的口吻提到柏拉图、亚里士多德等人，并使用了许多古典时期的概念或意象。在这当中，最明显的莫过于身体形象的比喻：政治体是一个身体，君主则是这个身体的头脑。伊拉斯谟说："君主之于民众的权威，犹如大脑之于身体。大脑之所以控制了身体，正是因为它比身体更有智慧，但它所实施的控制不是为了自己，而是为了身体的益处。身体的幸福就在于大脑的治理。"[3] 显然这与苏格拉底、柏拉图等人的讨论方法极为相似，伊拉斯谟自己也承认这种比喻来自"异教哲学家"。不仅如此，他还将该比喻运用在基督教会之上。他在另一篇君主策文章《颂奥

---

[1] 伊拉斯谟，《基督教君主的教育》，李康译，商务印书馆2017年版，第17页。
[2] 伊拉斯谟，《基督教君主的教育》，李康译，商务印书馆2017年版，第23页。
[3] 伊拉斯谟，《基督教君主的教育》，李康译，商务印书馆2017年版，第45页。

地利大公腓力》中说:"整个基督教世界好似一国,……我们都是同一个身体中的组成部分,受着基督耶稣这同一个首脑的统治,充盈着同一种精神。"[1] 与身体形象相关的是,他还用船长和船的关系来说明君主与国家或所属民众的关系:"对一位优秀的船长来说,驾驭着一条庞大的船,装载着价值连城的财货,抑或运送着为数众多的乘客,都不能让他骄傲无比,而只会令其警惕万分。同样,良君之臣民越是众多,他就必须越发警醒,而不是更加傲慢自负。"[2] 这一比喻同样在古典和中世纪的传统中一再出现,在本质上与身体的形象意思类似。阿奎那在《论君主政治》开篇解释"什么是君主"时说:

> 每逢某种目的已经确定但达到目的的手段还有选择的自由时,如果想要迅速地达到那个目的,就一定要有人指出方向。例如,一艘船将按照它所遇到的风向的变动,先朝一个方向然后朝另一方向航行,要是没有那个把船驶向港口的舵手的技能,它就会永远达不到它的目的地。同样地,靠智力行事的人也有其一生和种种活动所导向的命运;因为,抱定某种目的行事,显然是有理性的动物的天性。[3]

---

[1] 伊拉斯谟,《基督教君主的教育》,李康译,商务印书馆2017年版,第196页。
[2] 伊拉斯谟,《基督教君主的教育》,李康译,商务印书馆2017年版,第54页。
[3] 阿奎那,《阿奎那政治著作选》,马清槐译,商务印书馆2017年版,第43页。另可参见 Ptolemy of Luca & Thomas Aquinas, *On the Government of Rulers*, trans., James M. Blythe, Philadelphia: University of Pennsylvania Press, 1997, pp. 60 - 61。

阿奎那想说的是，国家即像这样一艘船，而船长即是君主，君主之所以为君主，是因为它扮演着将国家和民众带向一个"目的"的角色。同样，阿奎那也使用身体的比喻："在各个人的身上，控制着身体的是灵魂，而在灵魂本身以内，则是理性控制着情欲和欲望的能力。"[1] 阿奎那也使用了牧羊人与羊、蜂王与蜂群这样的比喻，以及暴君与正当君主这样的区分。西塞罗在讨论君主制时，同样有类似身体与航船的比喻，并最终也是依赖一种柏拉图式的理性与激情和欲望的区分来论证君主的必要性，以及对君主的规范性要求。他说："如果人们心中有什么君主似的力量，这必定是以一种单一的成分为主导，这就是理性（因为它是人心的最佳部分），而且，如果理性处于主导地位，激情、愤怒和鲁莽就没有立足之地。"[2] 我也可以轻易而可靠地将此模式追溯至亚里士多德，在其《政治学》中，身体和航船的比喻皆数次出现。[3] 此外，亚里士多德还将政治体比喻为一个合唱队，不同的部分或乐手扮演不同的角色；[4] 西塞罗或许受此启发，也曾使用乐曲的比方。[5]

上述关于身体的比喻基本上都可以溯源至柏拉图。在其《理

---

[1] 阿奎那，《阿奎那政治著作选》，马清槐译，商务印书馆2017年版，第45页。
[2] 西塞罗，《国家篇、法律篇》，沈叔平、苏力译，商务印书馆2002年版，第46页。
[3] 亚里士多德，《政治学》，吴寿彭译，商务译书馆1997年版。上述比喻出现处：第239页（1302b35），第388页（1333a20），第120页（1276b），第131页（1279a），等等。
[4] 亚里士多德，《政治学》，吴寿彭译，商务印书馆1997年版，第119页（1276b）。
[5] 西塞罗，《国家篇、法律篇》，沈叔平、苏力译，商务印书馆2002年版，第89—90页。

想国》中,柏拉图非常经典地构造了"城邦—身体"的形象,并清晰地勾勒了君主的性质和角色。当然,柏拉图在这本书中的初始目的不是讨论政体问题,而是伦理问题,或更具体点说,什么是正义,以及正义的生活为什么值得过。这一问题看上去与政体无关,或至少没有直接的关系,柏拉图在对话的前半部分也确实没涉及太多城邦形式的话题。但很快,柏拉图笔下的苏格拉底角色发现,要回答什么是正义,不能不涉及政体问题,这二者其实是一体两面,如同"大字与小字的关系":"在这个规模较大的事物中,也许,正义的规模也就更大,并且更易于辨认。因此,如果你们愿意,就让我们首先在种种城邦中来探索正义是什么,然后同样,再在每一个个人中来考察它,也就是说,把在大型事物中看到的相似的形态放在小型事物的模式(idea)中来考察它。"[1] 城邦如同一个人,其构造或存在的形式有多种可能性,就像一个人的生活有多种可能性一样,有人过着正直的生活,欠债还钱、乐于助人,而有人却坑蒙拐骗、偷鸡摸狗。那么如何认识城邦的形式?柏拉图接下来进行了一种"政治人类学"研究:首先人需要满足身体的需要,而人与人之间结合在一起更适合满足这种需要;其次,人结合为城邦,便需要有人专门护卫城邦;再次,护卫者又需要清晰地分辨什么对城邦好,什么不好,这件事往往非常困难,因为它需要长远的眼光、丰富的经验与出众的智慧,因

---

[1] 柏拉图,《理想国》,顾寿观译,岳麓书社 2010 年版,第 74 页(369a)。

此最好由专门的人去做,这就是所谓的"哲人王",即愿意做君主的哲学家。柏拉图说:

> 正是由于那个居于最前列的、处于统治地位上的部分,所以这个按照自然而建立起来的城邦就是,作为整体来说,一个智慧的城邦;并且,这个部分,似乎可以说,按它的本性就是最少数的,正是应该由这一个部分来享有那种知识,那与其他一切知识相比,唯一地应该被称之为是智慧的知识。[1]

因此,在柏拉图看来,一个正义的城邦就是由哲学家作王,以及由军事护卫者和生产者组成的城邦。在这一城邦中,生产者的要素是必要的,也是基础性的,正如人的肉体存在需要物质。但统治应该由知识来主导,城邦应该由哲学王统治。柏拉图将这一结构称为"理智—激情—欲望"的结构,它同人的灵魂构成是一致的,也与"人应该怎样活着"的问题相对应。人如何过好自己的一生?正义的生活为什么值得过?柏拉图的回答是人自然应该让理智统治着自己的激情和欲望,而不是反过来;这种正义的生活不是因为它能带来什么外在好处——如金钱和声誉,而是因为它本身就是好的。反过来,回到城邦之中,我们也可以看到,

---

[1] 柏拉图,《理想国》,顾寿观译,岳麓书社2010年版,第175页(428e—429a)。

君主之所以是君主，不是因为他拥有力量，而是因为其智慧，或至少这是一种理想的应然状态。柏拉图看上去是在为君主制辩护，但实际上为君主设立了一个很高的标准，即他应该尽可能地接近"哲学家"，而现实中的君主有几个对"哲学"有兴趣，更不用说成为哲学家？同时这一立场也是一种对民众统治的拒绝，意见与知识之间有着本质性的差距，民众的意识就算在数量上无限叠加也无法达到知识的高度，因此民众的统治实际上与暴君的统治在性质上差别不大，都是某种力量的统治。用厄奈斯特·巴克的话来说，柏拉图首先提供了一种成熟的国家理论，"国家不能被看作诸个人的偶然堆积——那样只会被最强壮的人用以自肥；相反，它是诸灵魂为了追求一个道德目的而理性地、必然地联合起来的共同体，并由那些理解灵魂本性和世界目的的人的智慧理性地、无私地引向那个目的"。[1] 其次，他也提供了一种君主制的学说，如果国家是一个身体，那么君主是其中位置最高的一个组成部分，但他仍然是一个组成部分，因此他要符合一系列规范性要求——在这里尤其是智慧和理性——才能配得上这个位置。

柏拉图的这一理论影响极为深远，伊拉斯谟在其君主策中仍然不断引用柏拉图，但在君主策写作上与他最近的应该是古希腊同为苏格拉底学生的色诺芬，而后者也正是马基雅维利在写作

---

[1] 厄奈斯特·巴克，《希腊政治理论：柏拉图及其前人》，卢华萍译，吉林人民出版社2003年版，第208—209页。

《君主论》时所参考的重要文献。[1] 在《李维史论》中,马基雅维利提了九次色诺芬的名字,充分展示了他对色诺芬著作的熟悉程度,尤其是对《居鲁士的教育》中有关君主的讨论。虽然在《君主论》中他只提及了一次色诺芬的名字,但这本小册子是写给君主的短论,他并没有提及很多其他作家的名字。在《君主论》第十五章,马基雅维利提出了他的写作或研究方法:

> 我觉得最好论述一下事物在实际上的真实情况,而不是论述事物的想象方面。许多人曾经幻想那些从来没有人见过或者知道在实际上存在过的共和国和君主国。可是人们实际上怎样生活同人们应当怎么生活,其距离是如此之大,以至一个人要是为了应该怎样办而把实际上是怎么回事置诸脑后,那么他不但不能保存自己,反而会自我毁灭。[2]

人们一般认为,马基雅维利在这里提到的"许多人"是指柏拉图或奥古斯丁,后者的"上帝之城"很符合"想象方面"的描述。但在《君主论》这本书中,在讨论君主德性问题时,马基雅维利明确提到的唯一一位古典作家就是色诺芬。

马基雅维利对色诺芬的《居鲁士的教育》既有参照,也有批

---

[1] W. R. Newell, "Machiavelli and Xenophon on Princely Rule: A Double-Edged Encounter", *The Journal of Politics*, vol. 50 (1), 1988, pp. 108-130.
[2] 马基雅维利,《君主论》,潘汉典译,商务印书馆1997年版,第73页。

判与背离，可以说二者相区别的部分揭示了马基雅维利与古典传统之间的鸿沟。与柏拉图等人相似，色诺芬同样将君主看作政治有机体的一个"部分"，只不过是其中最重要的、作为首领的部分。色诺芬在居鲁士与其父亲的对话中首先指出这一点，居鲁士的父亲试图向儿子解释什么是君主：

> 这是一条路，强迫人家服从；此外，还有另外一条路，可以使人自愿服从：当人们感觉到利益攸关的时候，他们就会高兴地服从于他们认为比他们更有智慧的人。这一点，你可以从各个方面得到印证：你可以看到，一个病人是怎样乞求医生告诉他应该如何做，船上的船员是怎样自愿服从舵手，而旅行的人一旦认为哪个人知道一条比较好的路，又是怎样跟着这个人走的。[1]

在另一处，他说：

> 出色的国王就像出色的牧羊人一样——牧羊人管理自己的羊群，会给那些羊它们所需要的一切；而一个国王如果想要管理好他的城邦与臣民，就要满足其所有的需要。因此，

---

[1] 色诺芬，《居鲁士的教育》，沈默译，华夏出版社 2007 年版，第 62—63 页。英文版参考 Xenophon, *The Education of Cyrus*, trans., Wayne Ambler, Ithaca & London: Cornell University, 2001.

我们丝毫不必感到奇怪,从这种观点出发,他的抱负就是要在谦逊以及对他人的关心上超过所有的人。[1]

色诺芬写作《居鲁士的教育》的目的,就是要回答这样的问题:"对人的统治,是不是有可能借助于某种知识来实现?"这也正是马基雅维利写作《君主论》的初衷,而且居鲁士正是他所提出的四位古代伟大统治者之一。不过,色诺芬写这本书时其实并没有严格依据历史事实,大量内容都是虚构的,不过在古代这并不是什么特别奇怪的事。即便是马基雅维利自己,当他在写作用今天的眼光看算是历史学著作,即《佛罗伦萨史》时,他也会在其中增加一些明显虚构的内容,比如为某些重要人物提供一些台词,让他们发表大段演说。很难想象这些演说的出处是什么,我们今天只能把它归结为作者的虚构。古代人在写作这类著作时并不像我们今天这样讲求科学严谨,他们的主要目的是起到教育作用。因此,色诺芬的虚构就很容易理解,他写此书,从而希望后世的君主"可以学习理想的统治者即居鲁士的行为方式,并通过加以模仿来将之纳为己用"。进而,根据《色诺芬的帝国虚构》一书的作者詹姆斯·塔罗姆,西塞罗这样的作家也因为同样的原因阅读《居鲁士的教育》,"正是这些原因促使色诺芬写作此书"。[2]

---

[1] 色诺芬,《居鲁士的教育》,沈默译,华夏出版社2007年版,第423—424页。
[2] 詹姆斯·塔罗姆,《色诺芬的帝国虚构——解读〈居鲁士的教育〉》,张慕、罗勇等译,华东师范大学出版社2017年版,第13页。

居鲁士为什么会获得成功？天赋当然占一定的比重，该书第一章讲居鲁士儿时生活时有所介绍；但成功的原因主要还是后天的教育。居鲁士经学习而成长为一个正直、仁慈、勇敢、智慧并懂得将民众的公共利益放在首位的人，这样的人当然配得上君主的位置。例如，居鲁士在其第一次大的战役中打败亚美尼亚国王后，立刻展示了自己道德上的优越，他不仅没有处死这个国王，还让他继续领导其民众，让其保留大量的财富，亚美尼亚国王和民众心悦诚服，"大家高喊着居鲁士是他们的救星，是他们的恩人，是他们的英雄"。[1] 类似的例子还有很多，比如对曾遭亚述人压迫的希尔卡尼亚人，居鲁士用信义和仁慈打动了他们，不费一兵一卒就增加了新的追随者，希尔卡尼亚人"见他如此宽宏大量，便照他的命令带路去了"，"他们丝毫没有强迫，完全自愿地跟着他走"。[2] 色诺芬充满教育意味地总结道："赢得追随者的方法不能是强迫，而应当是对人充满慈爱之心。"[3]

马基雅维利认为这种教育是有问题的，他说："如果好好地考虑一下每一件事情，就会察觉某些事情看来好像是好事，可是如果君主照着办就会自取灭亡，而另一些事情看来是恶行，可是如果照办了却会给他带来安全与福祉。"[4] 这里的"好事"就是针对上述居鲁士的宽容、仁慈、守信之类的美德。我们可以想象，马

---

[1] 色诺芬，《居鲁士的教育》，沈默译，华夏出版社2007年版，第157页。
[2] 色诺芬，《居鲁士的教育》，沈默译，华夏出版社2007年版，第193—194页。
[3] 色诺芬，《居鲁士的教育》，沈默译，华夏出版社2007年版，第475页。
[4] 马基雅维利，《君主论》，潘汉典译，商务印书馆1997年版，第75页。

基雅维利凭自己长期的从政经验与亲身观察，试图为君主提供一些有用的建议，特别是让新君主能更好地获取和巩固其位置。他需要参照一些关于君主策方面的写作，而当他看过《居鲁士的教育》之后，他的反应恐怕是很失望的。因为他很难相信，居鲁士仅依靠那些美德，即可以获得广土众民，使人们"自愿地服从"。一个君主在获得成功后可以向其臣民"展示"自己的美德，"表现得"仁慈宽容，但他可以靠这些美德获得位置并巩固之吗？马基雅维利认为这不仅是荒谬的，也是很危险的，因此他觉得有必要提醒新君主。

《君主论》第十五章至第十八章主要就起到了这种作用。在第十六章"论慷慨与吝啬"中，他指出，君主如果一味地追求慷慨之名，"就必不可免地带有某些豪侈的性质，以致一个君主常常在这一类事情上把自己的财消耗尽了，到了最后，如果他们想保持住慷慨的名声，就必然非同寻常地加重人民的负担，横征暴敛"，这就使得其臣民开始仇恨他，当他变得拮据时，也不会敬重他。因此，君主如果英明的话，"对吝啬之名就不应该有所介意"。[1] 君主应该仁慈避免残酷吗？在第十七章"论残酷与仁慈"中，他指出，现实中，如果君主过分仁慈，人们对法度规章就缺少敬畏，最后极有可能变得目无法纪，继而发生混乱、凶杀、劫掠，甚至发生内战，而这对民众来说则是一种巨大的残酷。与其如此，还不如从一开始就用残酷的方式对某些人加以惩罚，让人们感到害

---

[1] 马基雅维利，《君主论》，潘汉典译，商务印书馆1997年版，第76页。

怕，从而可以避免内乱。与前者相比，这难道不是更大的仁慈吗？因此在马基雅维利看来，君主对残酷这个恶名也不应该有所介意。同样，他在《君主论》第十八章中对守信这一美德也做了类似的观察，不过后来又在《李维史论》中有所动摇。[1] 看来，守信这一点对于任何类型的君主都重要，否则可能不会有人长期追随。

对马基雅维利来说，是"必要性"（necessità; necessity）要求君主去做"恶"事。他并不是要求君主主动选择做一个恶人，背弃基督信仰，但他指出，如果你要从事政治，选择做一个新君主，要建立起新的国家、新的秩序，让人们在新的制度和法律下生活，你就无法避免去做那些违背基督教道德的事。对他来说，如果我们忠实于"事物的真实情况"，这一点是无可否认的。一个人可以选择不去建一个新的秩序，不去试图做新君主，那么他也许可以保持道德上的完善状态；但如果他去从事政治，那就非常困难，几乎可以说不可能。而且，如果新君主坚持维护其道德上的完备性，那么他不仅难以保持其位置，而且还有可能为其统治下的民众带来灾难。传统的君主策其实并非不懂得这种"必要性"的存在，比如在《居鲁士的教育》中，色诺芬就讨论到君主至少在对待敌人时可以使用欺诈、说谎等手段，只不过要懂得区分朋友与敌人。[2] 敌人和朋友的角色会发生变化，甚至互换，君主要保持道德上的完备恐怕不容易，但色诺芬与后来许多君主策作者一样，

---

[1] 马基雅维利，《君主论·李维史论》，潘汉典、薛军译，吉林出版集团有限责任公司 2013 年版，308—310 页。

[2] 色诺芬，《居鲁士的教育》，沈默译，华夏出版社 2007 年版，第 68 页。

对这种"不方便之处"尽量做了淡化处理。对色诺芬来说，君主要尽量做到维护永恒的真理，争取配得上其位置，其目标要高，这样即使不能成为完美的君主，至少也差不太多；反之，如果从一开始就没有一个崇高的目标，就不可能成为一个伟大的君主。反观马基雅维利，他基本放弃了君主之上还存在一个至高真理这样的想法，在他那里，主导君主行为的变成了"必要性"，即维持君主位置以及相应的新秩序的必要；引导君主的不是柏拉图、阿奎那式的"永恒真理"，而是贴近现实的"实效真理"。也正因为此，施特劳斯学派的很多人都认为这是一种彻底虚无主义的表现，例如曼斯菲尔德曾批评道："马基雅维利将'必要性'膨胀到超出其正常范围的程度，在那里肉体的毁坏比灵魂的升华和拯救更重要。"[1]

对马基雅维利有更"同情的理解"的人从中看出了价值多元主义，因为很明显君主不可能对所有价值做到完全的兼容并包，他要长期减轻民众负担，就必须至少在短期内"吝啬"。[2] 不过更为根本的价值多元恐怕还不是人的价值选择的多元，而在于政治秩序背后的价值多元。马基雅维利放弃了君主之上的永恒真理，他并没有否定政治秩序需要有一些价值观的支持，其"新秩序"或"新制度"便包含了人们对某种价值的追随，只不过这种价值是特定君主统治中所包含的价值。在马基雅维利看来，这种价值

---

[1] Harvey C. Mansfield, "Machiavelli on Necessity", in David Johnston, Nadia Urbinati and Camila Vergara eds., *Machiavelli on Liberty and Conflict*, Chicago: The University of Chicago Press, 2017, p. 47.

[2] 以赛亚·伯林，《马基雅维利的原创性》，参见《反潮流：观念史论文集》，冯克利译，译林出版社 2002 年版。

是多元的、可塑造的，而不是先在的或永恒的。马基雅维利对这一点最强烈的表达，莫过于"所有武装的先知都获得了胜利，而非武装的先知都失败了"这句话。即便是基督教这样当时人们普遍信仰的永恒真理，也被马基雅维利看作"有能力"的君主（先知）主动建构的结果。从这一点出发，我们也可以看到，马基雅维利一方面揭示了在其视野中所有"秩序"——包括基督教——的特殊性，其建构所包含的不可避免的暴力，从而与历史上几乎所有重要的政治思想家拉开距离；另一方面，他也为许多"失败者"提供了一定的尊严，即他们的失败并不一定是因为他们与"永恒真理"更远，而很可能是因为他们的力量不够，或他们处于少数的地位。

四　君主与国家

1　君权与现代国家

上文对马基雅维利在君主镜鉴传统中的位置的分析指出了马基雅维利的特殊性，但还需要进一步补充的一点是，马基雅维利放弃了"身体"形象的比喻，取而代之的是对君主"位置"的强调，以及君主与人民之间关系的重新思考。也正是因为这两点，马基雅维利以其特殊的方式开启了现代国家和现代民主两个巨大政治话语的先河,并更进一步地与古典和中世纪的政治思想传统相区隔。

我们可以看到,从柏拉图到伊拉斯谟的关于君主制的讨论,出发点基本都是亚里士多德的"人是政治(城邦)的动物"这一观点。亚里士多德像柏拉图一样分析了人和城邦之间的内在关系,从两性的自然结合,到村落,再到城邦,人的组织经历了一个不断上升的过程。而这一过程,对于亚里士多德而言,同时也是人的自然本性不断得到实现的过程,人只有在城邦中,尤其是在城邦政治中,才能成为完整的人。因此,他说:"城邦虽在发生程序上后于个人和家庭,在本性上则先于个人和家庭。就本性来说,全体必然先于部分。"[1] 正因为人是群体的、政治的存在,所以群体的公共利益要远高于个人私利,每个人只是群体中的一个部分,因此就要扮演好这个部分所要求的角色,应该将这个角色的要求放在对个人私利的考量之上。亚里士多德关于政体的分类,特别是正宗政体和变态政体的讨论,即主要和这一理解有关,其中关于君主制的讨论实际上也是将君主看作城邦共同体的一个重要组成部分,这一部分应该尽量照顾到城邦公共的、整体的利益,而不是个人私利。后世大多数君主都可以在这里找到理论基础。

马基雅维利区别于这一传统的关键一点在于,他并不将人看

---

[1] 亚里士多德,《政治学》,吴寿彭译,商务译书馆 1997 年版,第 8 页 (1253a)。

作具有内在善的潜力的、合群的所谓"政治动物"（zoon politikon）。他对人性有着更加悲观的看法，他说："关于人类，一般地可以这样说：他们是忘恩负义、容易变心的，是伪装者、冒牌货，是逃避危难、追逐利益的。""人们忘记父亲之死比忘记遗产的丧失还来得快一些。""爱戴是靠恩义这条纽带维系的，然而由于人性是恶劣的，在任何时候，只要对自己有利，人们便把这条纽带一刀两断了。"[1] 这些讨论不仅出现在《君主论》，在《李维史论》等专门讨论共和国的地方同样比比皆是。我们不应忘记，马基雅维利对君主制的讨论是以这一对人的判断为前提的。人们不具备自然形成共同体的潜力，事实上，政治共同体的形成恰恰要依靠外部力量，典型如新君主，包括像罗慕路斯这样的创始者，或像摩西这样的宗教团体首领。君主用他的能力，按照其想法、理念，让人们服从某种法律、制度、价值观，从而创造一个政治共同体，而不是反过来。因此，在马基雅维利这里，君主就不仅仅是政治共同体中的一个部分，他还代表着这一共同体的存在，或者说共同体正是在这个君主中才展现出其存在。在讨论君主与共同体之间的关系时，马基雅维利用得最多的一个词是"位置"（lo stato），新君主对他来说主要就是要"维系位置"（mantanere lo stato）。

据斯金纳考证，现代国家概念中的"state"，其原始含义就是

---

[1] 马基雅维利，《君主论》，潘汉典译，商务印书馆1997年版，第76页。

君主的"位置"或"地位",即英语中的"status""estate"或意大利语中的"lo stato",其含义慢慢从近代的人格化的"地位"一词演化到今天的非人格化的"国家"概念。[1] 这一发展的"顶点"就是霍布斯的"国家"概念,他非常明确地描述了一个与被统治的人民相分离的统治机构(即利维坦),这个统治机构一方面在性质上来自人们的授权,另一方面又与构成它的具体的人不一样,它可以由一个人组成,也可以由一群人组成。"State"作为国家已经在这里得到完整的彰显;同时,在西方政治思想史上,也第一次出现了较为完整的现代国家理论。关于国家的具体定义,他说:

> 像这样统一在一个人格之中的一群人就称为国家(commonwealth),在拉丁文中称为城邦。这就是伟大的利维坦(Leviathan)的诞生,——用更尊敬的方式来说,这就是活的上帝的诞生;……因为根据国家中每一个人授权,他就能运用托付给他的权力与力量,通过其威慑组织大家的意志,对内谋求和平,对外互相帮助抗御外敌。国家的本质就存在于他身上。[2]

与霍布斯的"state"概念可资参照的,是波齐(Gianfranco

---

[1] Quentin Skinner, "The State", in *Contemporary Political Philosophy: An Anthology*, ed., Robert E. Godin & Philip Pettit, Oxford: Blackwell Publishers, 1997.
[2] 霍布斯,《利维坦》,黎思复、黎廷弼译,商务印书馆2013年版,第132页。

Poggi）在《近代国家的发展》(*The Development of Modern State*) 中对君主"位置"的描述，他分析的对象是 17—18 世纪成熟的绝对主义王权，典型的例子是法国。波齐认为，在现代国家出现的过程中，绝对主义王权是关键一环。在西欧，至 17 世纪中晚期，封建的统治要素被极大地消除，国王的权力得到极大增长。此种王权至少具有两重特征，一方面它是个人的统治，权力和荣耀统归国王个人；另一方面国王个人的统治又具有高度的公共属性，呼应着民众的期待和需求，同时民众内部的平等化趋势也愈益明显。波齐有一段描述 17 世纪法国国王的话很生动地概括了这种过渡时期颇为奇特的"个人＋公共"现象：

> 统治权现在完全由君主掌握，他将所有有效的公共特权都汇集到自己身上，要行使它们，他首先要使自己地位突出，通过扩大宫廷规模、增加其吸引力来展现权力的威名。绝对主义君主的宫廷就不再只是王室的上层，一个由亲属、密友和贴身扈从构成的小圈子，它变成一个范围广泛的、刻意营造和管理的、极为非凡的世界，对外人（及外国人）来说它则是一个具有不可挑战之优越地位的君主居于中心位置的巍峨平台和崇高舞台。统治者的人身被持续性地放置在由宫廷所代表的、经浓缩和提炼了的"公共"世界注视之下，17 世纪的法国宫廷是这方面最好的例子。法国国王是一个彻底的、毫无保留的"公共"人物，他的母亲在公共场合生下他，从

那时起,他的存在,及至最细微的方面,都在那些身居政府显职的随从们的目光注视之下。他在公开场合吃饭、睡觉、醒来、穿衣、洗漱、大小便,他不怎么在公开场合洗澡,但他私下也不怎么洗。我不知道有什么证据表明他是否在公开场合进行性生活,但也差不多接近了,尤其考虑到他被期待有尊严地占有他的新娘。当他(在公共场合)去世,他的身体被迅速而杂乱地切开,各小块被隆重地交付给那些在他生前为他服务的人中比较有地位的那些人手里。[1]

路易十四"朕即国家"(L'État, c'est moi)的名言不仅仅是修辞,更是当时的事实,国家和国王个人的身体是合为一体的。当一个人的身体承载了太多的公共属性,这个身体既是他自己的,又不是他自己的。现代国家要从这种公共属性中发展出来,但和国家有关的权力、威望、荣誉等又基本来自前现代社会的统治者带有个人色彩的"统治地位"(status)。

在"state"作为现代国家的概念出现之前,与这一词有关的status、stato, estate 等很早就被用来表示统治者的地位;但与现代国家明显不同的是,早期的"state"前面都会加上"某人的"限定语,表示"state"是被谁所拥有的,它还不是一个独立的、具有统治能力的、非人格化的实体。这一传统在中世纪晚期(12世纪左右)一直到文艺复兴盛期(15、16世纪)的意大利城邦共

---

[1] Gianfranco Poggi, *The Development of the Modern State: A Sociological Introduction*, Stanford: Stanford University Press, pp. 68-69.

和国得到了广泛使用。[1] 不过,与现代国家之"state"具有更直接关联的无疑是君主个人的统治地位,这也在历史和政治理论文献中有更充分的反映。在这方面,斯金纳所能找到的最早的出处是《查士丁尼法典》中关于人的法律地位的表述,以及由此自然延伸出来的君主法定"王位"(estate royal, estat du roi, status regis)的用法,如后来英格兰国王所拥有的"伟大而高贵的地位(estat)"。[2] 君主(或公民团体)统治的地域有大有小,其中居民有多有少,秩序有好有坏,这些都与统治者的地位直接相关,因此即便在古代,地位(status)也不完全是关乎统治者个人,多少都包含了他统治之下的领土和民众的状况。如果某个领域中被统治的臣民普遍贫穷、不守法、好斗,则统治者的地位大概也不会太高。因此,和现代英语中的"state"类似,早期西方政治语境中的"state"也有"状况"的意涵。[3]

要理解"state"如何从人格化的"地位"进化到非人格化的

---

[1] 如 Brunetto Latini (1220—1294)、Giovanni de Viterbo (1432—1502)、Giovanni Campano (1429—1477) 等。

[2] Quentin Skinner, "The State", in *Contemporary Political Philosophy: An Anthology*, ed., Robert E. Godin & Philip Pettit, Oxford: Blackwell Publishers, 1997, pp. 3-4.

[3] 关于马基雅维利与现代国家观念之间的关系,还可参看 Alissa M. Ardito, *Machiavelli and the Modern State: The Prince, The Discourses on Livy, and the Extended Territorial Republic*, Cambridge University Press, 2015. Miguel Vatter, "Republics are a Species of State: Machiavelli and the Genealogy of the Modern State", *Social Research: An International Quarterly*, vol. 8 (1), Spring 2014. Peter Samuel Donaldson, *Machiavelli and Mystery of State*, Cambridge University Press, 1988. John M. Najemy, "Society, Class, and State in Machiavelli's Discourses on Livy", in John M. Najemy (ed.), *The Cambridge Companion to Machiavelli*, Cambridge: Cambridge University Press, 2010。

国家概念，意大利文艺复兴时期的政治写作是绕不开的。意大利语"stato"一词在这时除了被用来表示"君主的地位"[1] 以外，还常被用来指涉某一权力结构的保存和疆域领土的状况。[2] 这里最重要的当然是马基雅维利，也正是在他那里，"stato"才开始具有一些明显的非人格化特征，从而向现代国家意义上的"state"迈出了关键一步。如上所述，在马基雅维利同时代或之前的许多"君主镜鉴"作家那里，在讨论君主权力或地位的维系时，一个通常预设的前提是，君主是政治共同体中的一个部分，君主应该尽可能做到这一部分所要求的义务，完成上帝赋予他的使命和角色，做一个传统基督教意义上的"好君主"。因此，君主和其他民众之间的关系其实是一种私人性的关系，他们都是共同体的部分，虽然君主在其中地位较显著，但并不代表他就可以越过其位置所限而为所欲为。然而在马基雅维利那里，君主和其他民众之间就不再是一种"部分"和"部分"之间的关系，而是一种高高在上的位置和其他所有民众之间的关系，实际上类似波齐所说的"巍峨的平台"和民众之间的关系，这一平台的公共性已经有了高出其私人性的迹象。对马基雅维利来说，君主要维系其位置，不是去

---

1 在这个意义上"stato"是属于某个君主的。
2 托马斯·阿奎那在其关于亚里士多德《政治学》的评注中就用"status"来引出对不同政体的描述，参见 Thomas Aquinas, *Commentary on Aristotle's Politics*, trans., Richard J. Regan, Cambridge: Hackett Publishing Company, Inc., p. 183。而后来的马基雅维利在区分君主与共和两种政体时，则直接用"stato"来表示政体，参见 Niccolò Machiavelli, *The Prince*, trans., Harvey Mansfield, Chicago: The University of Chicago Press, 1998, p. 5，特别参考该页注释 2。

扮演好安排给他的那个角色，而是对民众的动员、控制和激励，民众的喜、怒、哀、乐、恐惧、爱等等都反映在君主地位的维系中。也正因为此，"好君主"不一定是（基督教道德中的）好人，君主在必要的时候必须做必要的事，但这只是维系"stato"的必要，并不是在有意宣扬道德上的邪恶。[1] 从这里也引申出所谓"国家理由"（raison d'etat）的概念，即国家在必要的时候要做一些看上去与道德不完全符合的事——典型的如"杀人"，但这是出于国家维系的一种"公共需要"。[2] 我们甚至可以说，在马基雅维利那里，lo stato 是恒常不变的、中立的、非人格化的、非道德（amoral）而不是反道德（anti-moral）的，就像上文波齐提到的可以刻意营造的平台，维系它需要高度的审慎和智慧，但 lo stato 背后的具体的人（君主）在理论上是可以变换的。[3]

2 从"位置"到"国家"

当然，马基雅维利文本中的"stato"虽然已经接近现代国家

---

[1] 施特劳斯对此有很大异议，他从古典政治思想的角度出发，认为马基雅维利所做的就是"教导邪恶"。参见 Leo Strauss, *Thoughts on Machiavelli*, Glencoe: The Free Press, 1958, pp. 9–14。

[2] Giovanni Botero, *The Reason of State*, trans., Robert Bireley, Cambridge: Cambridge University Press, 2017. Maurizio Viroli, *From Politics to Reason of State*, Cambridge: Cambridge University Press, 1992.

[3] 马基雅维利对"国务"（cose di stato 或 affairs of state）的分析超越了对君主个人地位的关注。参见 Niccolò Machiavelli, *The Prince*, trans., Harvey Mansfield, Chicago: The University of Chicago Press, 1998, p. 12。

（"state"）的概念，但其人格化特征仍然相当明显，他主要还是在讨论君主个人统治地位的获得和维系问题，如果在这个过程中君主个人死亡，也很难看出维系 lo stato 的意义所在。在人格化这一面向上，马基雅维利笔下的新君主其实更接近现代社会的政党，或政治上非常积极的社会团体，甚至是个人；他们主要的目的是获得权力，但为了获得权力，他们需要动员民众，获得民众的支持，他们因此也需要提出某种理念，让人们尽可能追随和接受。总之，他们是民众意见和认同的塑造者，这与传统的君主形象有着极大距离，但与马基雅维利的"新君主"却具有内在一致性。

在传统的君主制讨论中，君主与民众同属一个政治共同体，君主更接近真理——如柏拉图所说，但不是因为民众的支持。正是因为君主在本质上区别于民众——尽管他们同属于一个共同体，他才得配高位。或者用伊拉斯谟的话来说，"君主是神的某种代表"，神和人之间的距离可以用来理解君主和臣民之间的距离。这并不是说君主不应该关爱臣民，恰恰相反，他们应该做到这一点，但这一义务的前提恰恰是二者之间的根本区别。因此，传统的君主策从根本上来说是一种贵族理论，民众的意见即便在数量上占绝对优势，也不应该居于统治地位。但马基雅维利并没有这样的烦恼。他不是从某种绝对真理的角色寻求君主位置的获得和巩固，而仅仅是从民众的普遍追随、支持的角度探讨君主位置的维系问题。如果一个新君主能得到民众的广泛支持，这再好不过。但对他来说，君主不能简单地期待民众形成某种自主的意见，进而被动去迎合、模仿这一意见，这实际上是犯了将"想象的"当作"真实的"错误。事实上，民众本身并没有一贯的意见，他们要么自私而短视，要么自己也不知道自己想要什么，尤其涉及长期利益；他们往往内部意见冲突，利益诉求也经常互相反对。因此，马基雅维利认为，君主应该主动去创造某种民众的"意见"，也就是他所说的"新制度"，并将其"安置"在民众之上，让民众接受并习惯之。在对君主的建议中，不排除使用欺骗甚至暴力的手段，而且对他来说，在贵族和平民之间，后者更容易接受新君主的塑造，而前者更难，因此他对君主的另一个重要建议是，要尽可能地争取平民的支持，对贵族则主要是以提防为主。

在马基雅维利那里，任何城邦（国家）都有两种人：贵族和平民。如前所述，贵族天性好压迫人，而平民则希望避免被（贵族）压迫。马基雅维利认为："一个人依靠贵族的帮助而获得君权，比依靠人民的帮助而获得君权更难以继续保持其地位。"因为贵族具有更强的实力、更大的欲望去获得自己的某种统治，因此他们总是希望在君主那里分得更多的权力；而民众则没有这种实力和独立性，他们更希望有人能替他们做主，带领他们，特别是防止贵族的压迫。因此，民众对有野心的新君主来说特别重要。马基雅维利建议道：

> 如果一个人由于人民的赞助而成为君主，他应该同人民保持友好关系，因为他们所要求的只是免于压迫，君主是能

够轻而易举地做到这一点的。但是一个人如果同人民对立而依靠贵族的赞助成为君主,他头一件应该做的事就是想方设法争取人民。[1]

马基雅维利对平民的重视在其他方面也多有反映,他对公民军和雇佣军的分析就是其中之一。他坚决反对君主使用雇佣军,一方面当然与雇佣军本身的性质有关,他们收钱替人打仗,随时有可能倒戈,但更重要的恐怕在于政治上的考虑。他希望达到的状态是,军队在保卫君主时不是为了钱,而就是在保卫自己的国家,甚至可以说就是在保卫自己。只有这样的军队才是可靠的,才会在对外战争中更有可能取得胜利;或者,即便暂时失败,他们也能够隐忍一时的困难,找到问题的根源,不断改进自身,从而争取在下次战争中获得胜利。在其生前公开发表的唯一作品《用兵之道》中,马基雅维利借主人公法布里奇奥之口说:"国王如果想要安然过活,就必须使步兵部队由这样的人组成:他们在战时因为对他的热爱而自愿参战,然后当和平到来时更自愿地返回家园,……每个人都自愿从事战争以便享有和平,而非力图扰乱和平以便享有战争。"[2] 在《君主论》中,他也说:"任何一个君主国如果没有自己的军队,它是不稳固的。"[3] 公民军比雇佣军更

---

[1] 马基雅维利,《君主论》,潘汉典译,商务印书馆1997年版,第47页。
[2] 马基雅维利,《用兵之道》,时殷宏译,吉林出版集团有限责任公司2013年版,第17页。
[3] 马基雅维利,《君主论》,潘汉典译,商务印书馆1997年版,第68页。

为忠诚，反过来当然也要求君主确实将"公民战士"看作"自己人"，去获得他们的忠诚，而不是将他们当敌人来对待，否则显然起不到想要的军事效果。这也说明，马基雅维利的新君主需要始终关注民意，从民众那里获得支持。

其他的例子还包括对堡垒、阴谋等话题的讨论。从军事的角度来说，马基雅维利认为堡垒有用，特别是在一个需要随时提防自己治下人民的国家。但如果一个君主被人民憎恨，即使有堡垒也无法维持长久，而在一个君主被人们普遍接受或至少不被憎恨的国家，堡垒的必要性就不太大。因此他说："最好的堡垒就是不要被人民憎恨。"[1] 或者也可以说，人民的支持才是最好的堡垒。再如他关于君主是否需要担心阴谋造反的论述，他认为君主的主要精力应该放在让民众"心悦诚服"地接受自己之上，而不必专攻防止阴谋，因为"当人民对君主心悦诚服的时候，君主对于那些阴谋无须忧心忡忡，如果人民对他抱有敌意，怀着怨恨的话，他对任何一件事，对任何一个人都必然提心吊胆"。[2] 至于阴谋发生的可能性，马基雅维利建议说，人心难测，很难完全杜绝，君主能做的就是让民众尽量接受自己，在这一前提下，如果阴谋发生了就让它发生吧。以上都表明，马基雅维利在分析君主如何获得和维系自己的地位时，始终将民众的意见和感受放在最核心的位置，其他一切——如堡垒和雇佣军——与此相比都很次要。

---

[1] 马基雅维利，《君主论》，潘汉典译，商务印书馆1997年版，第103页。
[2] 马基雅维利，《君主论》，潘汉典译，商务印书馆1997年版，第90页。

正如马基雅维利希望君主的军队是公民军一样,他认为君主最好也是民众或平民的君主。实际上也正是这一点给了很多后来的政治思想家——如葛兰西、勒弗等——以理论想象的空间。葛兰西将其理论中的现代政党依照马基雅维利的《君主论》,称作"现代君主",勒弗则从现代民主政治的角度讨论马基雅维利式的"新君主"——政治上的积极力量——对民意的主动建构或塑造。

第四章　罗马共和的再造

马基雅维利认为人类社会的政治存在形式主要有二：君主制和共和制。君主制是一个人主导的政体，共和制中则不存在一个绝对的支配者。显然，《君主制》讨论的是前者，而《李维史论》《佛罗伦萨史》等讨论的是另一个话题。但《君主论》和《李维史论》其实并没有非常严格地按这两种话题区分，在《李维史论》中我们可以找到很多关于君主的讨论，而在《君主论》中也有直接或间接讨论到共和问题的地方。《君主论》是马基雅维利最为人所知、被人讨论得最多的一本书，"马基雅维利主义"一词的来源即主要与此书有关；但他关于共和的讨论被关注得相对较少，卢梭对《君主论》的赞誉从侧面强调了马基雅维利的共和理想，英国近代激进共和思想家哈林顿等人对马基雅维利少有的重视是马基雅维利在思想史上的"高光时刻"。[1] 马基雅维利的共和思想真

---

[1] James Harrington, *"The Commonwealth of Oceana" and "A System of Politics"*, Cambridge University Press, 1992. J. G. A. Pocock, "Machiavelli, Harrington and English Political Ideologies in the Eighteenth Century", *The William and Mary Quarterly*, vol. 22 (4), 1965, pp. 549–583.

正被重视是在雅各布·布克哈特（Jacob Burckhardt）、汉斯·巴隆等历史学家重新关注文艺复兴时期的公民人文主义者，[1] 并特别将其中的许多人——包括马基雅维利——对古代共和国的向往和模仿突显出来之后，才开始得到知识界的广泛承认。在这其中后来的所谓"剑桥学派"学者——斯金纳、波考克等人——当然功不可没。我们可以更清楚地看到，马基雅维利其实对"共和"情有独钟，但他的共和主义——如果可以用"主义"来概括他这部分思考的话——与古典时代的共和传统有着巨大的区别，但同时这些区别又指向了一种特殊的、现代的共和理论，以至于它可以为很多当代政治问题的理解提供极好的视角与思想资源。本章将在现有研究的基础上，挖掘和探索马基雅维利共和思想的特殊性，特别是其中有关冲突和自由的辩难。

一 "自由而强大"

1 何以"自由而强大"

马基雅维利对罗马共和国的赞叹是因为它"自由而强大"

---

[1] Jacob Burckhardt, *The Civilization of the Renaissance in Italy*, The New American Library, 1960. Hans Baron, *The Crisis of the Early Italian Renaissance: Civic Humanism and Republican Liberty in an Age of Classicism and Tyranny*, Princeton University Press, 1966.

(libera e potente；free and powerful)，[1] 且二者互为因果关系。《李维史论》一共分为三卷，第一卷讨论罗马城内的制度与政治，第二卷讨论罗马对外扩张，第三卷讨论一些杰出人物在罗马或国家政治中的作用。前两卷正好是"自由而强大"的主题。

写作《君主论》时，马基雅维利还抱有希望以一本君主策打动君主，从而获得重新担任官职的机会，但这一希望最后落空了。在接下来的很长时间里，马基雅维利的主要活动都和思想、写作有关，包括经常参加在佛罗伦萨近郊"奥里切拉里花园"（Orti Oricellari）由他的朋友科西莫·鲁切拉伊（Cosimo Rucellai）主办的"沙龙"。在这个沙龙中，马基雅维利还发挥了他的文化才能，创作了不少诗歌和戏剧，包括著名的黑色幽默喜剧《曼陀罗》（Mandragola）。

马基雅维利终究还是对政治更感兴趣，这一时期最重要的写作当然是《李维史论》。这本书的构思本身也和鲁切拉伊的沙龙有一定关系，因为他们讨论的话题除文学、艺术之外，还包括政治，尤其是当代的意大利共和国——特别是佛罗伦萨——如何振作起来，以及如何可以向古代共和国学习等话题。马基雅维利对此也逐渐形成了自己的理解，最后决定以古罗马历史学家李维的《历史》（History of Rome；Ab Urbe Condita Libri）为基础，写一本

---

[1] 参见《李维史论》第一卷第四章标题，"平民与罗马元老院之间的不和使那个共和国自由和强大"。

关于罗马政治和历史的书。他在这时已经基本上没有从政的希望，因此更接近开始写作时的撒路斯提乌斯。也许我们可以认为，写作《李维史论》的主要意图是为国家和民众做一些贡献，如果能因此获取荣耀，哪怕是在死后，也是值得的。马基雅维利将此书献给了他在"沙龙"中的朋友，他在致辞中对朋友说："虽然我可能在它的许多细节上出错，但我却知道在这件事上没有犯错，即决定首先向你们而不是向其他任何人呈献我的这本《史论》。"[1]

马基雅维利在《李维史论》中主要讨论罗马，但他也经常引用当代的例子，尤其是佛罗伦萨，而在这些例子中佛罗伦萨鲜有作为正面的例子出场，而罗马则主要被当作正面例子。在《李维史论》第三卷第三十章中，马基雅维利记述了美第奇家族重掌佛罗伦萨之前的共和国最后一任行政长官皮埃罗·索德瑞尼（Pierro）的"错误"：在美第奇家族的许多人被驱逐之后，索德瑞尼希望随着时间的流逝，流放中的美第奇家族能多少忘记过去的仇恨。但正如马基雅维利所看到的，美第奇并没有忘记流放之耻，反而利用这些时间积聚起力量，在难得的机遇——佛罗伦萨对西班牙战争的失利——之下，一举推翻共和国。马基雅维利在这里痛陈他曾经的好友兼上司的不明智："他不知道时间是不能等的，善良是不够的，命运是多变的，而恶毒是任何恩惠都无法平息

---

[1] 马基雅维利，《君主论·李维史论》，潘汉典、薛军译，吉林出版集团有限责任公司2013年版，第591页。

的。"[1] 他在这里的建议是,"一个公民若想在自己的共和国里依靠自己的权威做任何好事,必须首先消除嫉妒者的反对"。具体在对美第奇家族的处理上,他认为索德瑞尼太过于仁慈,这一仁慈也许符合后者个人对道德的期许和认同,但很不幸对共和国是有害的。事实上也确实如此,索德瑞尼本人很快被驱逐,共和国不复存在。马基雅维利在这里展示了和《君主论》中基本一致的对个人"能力"的重视,且这种"能力"与传统的美德之间显然存在巨大的差距。只不过,他在这里意图帮助或建议的对象不是君主,而是共和国。或者反过来说,在马基雅维利那里,共和国和君主国同样需要巨大的"能力"才可以保存自由、变得强大。

在《君主论》的最后一章,马基雅维利号召意大利出现一位杰出人物,带领人民,将意大利从蛮族手中解放出来。这里的"蛮族"当然指的是诸如法国、西班牙这样的外部势力,他们在意大利横行已久,到处干涉各个邦国的内部事务,利用意大利互相冲突的各派力量获取权力和利益。马基雅维利在这一章中的写作明显与前面的"君主策"风格不一样,即带有一种更明显的"公共"色彩,他希望这位杰出人物是意大利的拯救者或解放者,诸如摩西之于以色列人那样,而不是单纯的自私自利的统治者。这种杰出人物当然需要有能力,需要和命运对抗,所有这些话题在

---

[1] 马基雅维利,《君主论·李维史论》,潘汉典、薛军译,吉林出版集团有限责任公司2013年版,第541页。

《李维史论》中都得到再次讨论,但这里有一个潜在的问题是公共与私人之间的关系。杰出人物的出现当然可贵,但如果一个国家是由君主来统治,如何保证这个君主一直具有能力,或者其继任者一直具有足够的能力以抵御命运带来的不确定性?事实上,这一安排本身即在很大程度上将国家暴露在命运的摆布之下。在《李维史论》中,马基雅维利认为,在罗慕路斯之后,罗马接着有努马、图卢斯等杰出的王,但后面要继续具有这种好运,则是很困难的。"其他的王非常有必要重新具备罗慕路斯的能力,否则那个城邦就变得柔弱,并成为邻邦的猎物。""一个继任者如果不是和前任君主一样有能力,也会因为前任统治者的能力而维持一个国家,并享受其劳动成果,但是如果他活得很长久,或者在他之后没有出现另一个重又具备那个开国之君的能力的王,则那个王国必定毁灭。"[1] 事实上,王制时期的罗马后来也确实出现了不少糟糕的国王,最后一任国王塔克文篡夺元老院的权力,纵容自己的亲信作恶,将个人利益凌驾于整个国家之上,最后引发内乱,王政被推翻。当时罗马的幸运在于出现了一位具有领导力和美德的杰出公民布鲁图斯,在他的带领下,罗马建立了真正意义上的共和国,重新恢复了生机。马基雅维利最后总结说:"在罗马驱逐了王之后,……在一个软弱的王或很坏的王登上王位时它可能面

---

[1] 马基雅维利,《君主论·李维史论》,潘汉典、薛军译,吉林出版集团有限责任公司2013年版,第207页。

临的那些危险就没有了。"[1]

当君主与人民关系和谐,不需要时时与人民为敌时,国家相对安全,甚至能够对外征战获得胜利。但反过来,君主与人民关系如仇敌时,则不仅国家会变得更弱,而且这种内部的混乱会导致君主或部分民众通过出卖国家的方式获得某种胜利。这在马基雅维利时期的佛罗伦萨即发生过多次,美第奇家族在1512年的重新掌权也是在很大程度上依赖西班牙的军事力量,而这在马基雅维利看来实际上是将佛罗伦萨置于外国势力的直接影响之下。但国家的组织安排实际上也存在另一种可能性,即虽然不存在一个君主,但国家内部高度团结,从而可以作为一个整体应付外部威胁,甚至可以向外投射力量,获得对外征服的成功。因此,马基雅维利一方面淡化或模糊了他在《君主论》中所做的君主国与共和国的清晰区别,另一方面又突出了它们之间的真正不同之处。罗马王政时期虽然是由国王主政,但马基雅维利在《李维史论》中也倾向于将罗慕路斯称为罗马共和的创始者。[2] 罗马王政时期的国王虽为终身制,但是由选举产生,元老院在公共事务中具有很重要的作用,这一时期的政体与后来的共和国相比并没有太大的区别。而在驱逐塔克文、取消王制后,根据马基雅维利,"王"的

---

[1] 马基雅维利,《君主论·李维史论》,潘汉典、薛军译,吉林出版集团有限责任公司2013年版,第209页。
[2] 马基雅维利,《君主论·李维史论》,潘汉典、薛军译,吉林出版集团有限责任公司2013年版,第174页。

成分并没有消失,而是由两个执政官来替代,[1] 因此从性质上来说这一转变并没有从根本上改变罗马的统治方式,尽管共和国时期的统治从里到外都是"共和"的,即它是由公民共同统治,而非由君主个人单独统治。只有到了恺撒、屋大维等人之后,罗马人才真正过上了另一种完全不同的政治生活。而佛罗伦萨则在这一政体变迁标准中,处于君主制与共和制不断互相转化的过程中,对马基雅维利来说,这也正好解释了它为什么"弱"的原因。如果佛罗伦萨的君主能像罗马王政时期的君主那样实行温和的统治,或像《君主论》结尾处马基雅维利所描述的民众的领导者那样,这个国家也许有机会成为强大的国家,但他们显然都不是。佛罗伦萨的统治者的悲剧在于,他们总是一部分人的首领,安于甚至主动追求这种只针对部分国民的统治,这种表现在他们得势后便经常将另一部分人排斥出去,但又无法真正做到像马基雅利建议的那样完全彻底地清除,因此整个国家便陷入一种派系性的拉锯战。在马基雅维利看来,这种真实的或潜在的内耗是佛罗伦萨在外敌面前不堪一击的主要原因。[2]

马基雅维利在这里已经从君主的视角转换成了共和国的视角,他已经放弃了从《君主论》最后一章的君主视角思考意大利或佛罗伦萨的拯救,转而寄希望于共和国的重新焕发生机。从当时的

---

[1] 马基雅维利,《君主论·李维史论》,潘汉典、薛军译,吉林出版集团有限责任公司2013年版,第209页。
[2] 具体的讨论见下一章。

现实来看，不得不说后者（即共和国）实现的可能性并不比杰出君主的出现更大，但这显然是比"君主策"更长远的思考，也完全符合他在当时的个人处境，即不再需要，也没有太大的欲望去讨好某个君主，共和国是他真实的祖国，尽管它只存在于理想之中。正因为此，他在《李维史论》中有许多对共和国这种政治形式相对于君主的优越性的毫不掩饰的赞美："共和国比君主国有更大的生命力和更长久的好运气，因为在一个共和国里，由于公民的差异性，它能更好地适应各种时机，而这是一个君主所不能做到的。"[1] 他在讨论完一个共和国最好由一个人创立之后，紧接着说："一个共和国或者王国的创建者有多值得赞美，一个专制国的创建者就有多么该咒骂。"在这里，他甚至还专门区分了"好皇帝"和"坏皇帝"，颇类似古典中世纪传统中的君主论：

> 在好皇帝统治的时期，他会看到一个君主安心地生活在他的无忧无虑的公民中间，世界充满和平与公正；他会看到元老院享有权威，官员们享有名誉，富有的公民享有其财富，高贵和德行得到发扬光大；他会看到所有的安宁和美好，……总之他会看到世界繁荣昌盛，君主有充分的荣耀，人民有爱心和安全。然后，如果仔细地考虑另一些皇帝统治的时期，他会看到他们由于战争而残暴，因叛乱而不和、在

---

[1] 马基雅维利，《君主论·李维史论》，潘汉典、薛军译，吉林出版集团有限责任公司2013年版，第481页。

> 和平与战争时期都是残酷的；如此多的君主被刀剑杀死，如此多的内战，如此多的外战；意大利遭受并充满着前所未闻的灾难，它的各个城邦遭到破坏和劫掠……[1]

这里的"好皇帝"在性质上和罗马王政时期的好国王具有一致性，这一讨论总体上来说还是指向马基雅维利对共和国的重视，正是这种重视促使他去学习和研究古罗马人是如何使他们的国家保持自由并实现"强大"的。

为什么共和国具有这种优势？为什么佛罗伦萨值得投入时间和精力去改造自己，争取像古罗马那样实现自由而伟大？马基雅维利认为共和国最根本的优势在于其内部团结一致，公共利益优先于个人私利。这一状况同时也使得其对外具有极大的优势，能够像一个"大写的人"一样，作为一个统一的整体与外部力量互动，包括抵御外部的入侵，以及在可能的情况下对外征服。相较之下，君主国的一个天然劣势就是君主个人的意志和利益往往与整个国家的利益不相匹配。当然，在君主统治之中，也存在进一步区分的空间，但从广义的政治组织形式角度看，君主的统治经常走向君主个人和国家之间的矛盾冲突。正因为此，马基雅维利记录道，罗马一获得自由，很快就变得很强大，而且这一强大持续了很长时间，其间欧洲以及非洲、亚洲很多区域都成为罗马的

---

[1] 马基雅维利,《君主论·李维史论》, 潘汉典、薛军译, 吉林出版集团有限责任公司2013年版, 第179—180页。

疆土。"罗马从它的那些王的统治下解放出来后变得多么伟大（grandezza; grandeur）"，为什么会如此？马基雅维利回答："因为使那些城邦伟大的不是个体的利益，而是共同的利益（bene comune; common interests）。"更进一步地，共同利益又如何促进了共和国的伟大？他对此做了更具体的解释：

> 毫无疑问，只有在共和国里，这种共同利益才会受到尊重；因为凡是对普遍利益有用的，就被付诸实施，虽然这可能对这个或那个公民个人不利，但它的获益者是如此之多，以至于他们能够违背那少数由此受到损害的人的意愿而强行推进它。当有一个君主时情形则相反，在那种情况下，大多数时候对那个君主适合的却对城邦有害，而适合于城邦的会对他有害。[1]

马基雅维利对共同利益的强调实际上与古典时期的"整体大于个人"的政治理论有高度相似性，从公共利益的角度可以"违背那少数由此受到损害的人的意愿而强行推进它"，甚至有些后来卢梭"公意"之下对个人自由的限制的意味。

在柏拉图那里，我们可以将其哲学王的统治也看作对共同利益的强调。从个人角度看，柏拉图追问的问题是个人应该如何活

---

[1] 马基雅维利,《君主论·李维史论》，潘汉典、薛军译，吉林出版集团有限责任公司 2013 年版，第 325 页。

着，正义的生活为什么值得过，苏格拉底的回答是人的灵魂结构要求理性统治欲望，这一结构如果颠倒过来则人与动物无甚区别。这一回答同时也是人应该服从长远利益之引导的意思：我们每个人都有一些短期的利益需要，如吃甜食、看电影、玩游戏等，但我们的长期利益——如升学、求职、创作等——要求我们至少部分地牺牲这些短期利益。柏拉图将这一问题放置在一个城邦中来理解，用城邦来模拟个人，实际上也是在说明，像个人一样，城邦也有其长期利益，或"真正的"利益，这些真正的利益应该统治着整个城邦，而非由城邦公民——哪怕是多数人——的当下需要引导。正因为此，城邦需要哲学家去认识那些真正的、长远的利益，并由此来统治城邦。从理论上说，柏拉图所谓"真理的统治"甚至能跨越代际，看到更长远的、未来代际的需要，同时也可往回追溯，顾及祖先和传统的价值。在很多社会中，对这种"超越性真理"的追求是由某种宗教来实现的，但在柏拉图这里，哲学才是探知真理或真正长远的共同利益的最佳方式。[1] 柏拉图在这里的基本预设是：个人是整体的一部分，城邦整体大于个人；整体利益对个体、特殊利益的引领如同人的理智引领欲望，是一个政治体健康、强大的表现。

整体由个人构成，但整体大于个人、先于个人的观念在柏拉图之后存在于几乎所有主流的古典、中世纪政治理论传统之中。

---

[1] 柏拉图，《理想国》，顾寿观译，岳麓书社 2010 年版。

亚里士多德甚至认为城邦政治生活是人的"自然"存在形态，阿奎那也认为国家作为整体天然地高于个人，如同上帝高于人一样。[1] 马基雅维利实际上也在延续着这一古典政治智慧——要使国家强大，就需要让其整体利益高于个人利益。在任何一个共和国中，做到这一点都非常困难，特别是当出现一些比较富有的人，就非常容易引起别人的妒忌，从而引发内乱。因此，马基雅维利认为罗马一个较好的做法是，它使国家富有，公民贫穷。这主要体现在罗马对外征战的过程中军队经常会获得大量的财富，但这并不是军队将领或士兵发家致富的途径。马基雅维利举了辛辛纳图斯（Lucius Quinctius Cincinnatus）的例子，他原本在耕种其小农庄，在国家危急时刻被推举为独裁官后，他才带兵在外征战，在打战的间隙，他向元老院告假回家打理自己的农庄，因为他听说那个农庄正在被雇工破坏。马基雅维利引用李维的话说，人们都应该听一听这个故事。辛辛纳图斯将国家放在第一位，他没有从打战中获利，即便有很多人确实这样做；同时他还禁止士兵劫掠以中饱私囊，一切所得归国家。马基雅维利因此得出结论："贫穷给各个城市、地区教派带来了荣誉，而财富则毁灭了这些城市、地区和教派。"[2] 国富民穷的观念与后来亚当·斯密的民富国强的建议相去甚远，斯密认为个人的富裕、技能的提高、私利的满足，

---

[1] 亚里士多德，《政治学》，吴寿彭译，商务印书馆1997年版。托马斯·阿奎那，《阿奎那政治著作选》，马清槐译，商务印书馆1963年版。
[2] 马基雅维利，《君主论·李维史论》，潘汉典、薛军译，吉林出版集团有限责任公司2013年版，第529页。

是国家强大的基础,[1] 而马基雅维利显然还是在一种古代的传统中思考人与国家的关系。类似的政治教导在他所熟悉的撒路斯提乌斯的历史书写中也早有记载。根据撒路斯提乌斯,在罗马共和国晚期,国家的共同利益不再像其早期和盛期那样真的被人们尊重,而普遍地变成了阴谋野心家用来谋取私利的幌子,喀提林阴谋的丑闻即在这一背景下出现。[2] 西塞罗也总结道:"国家是一个民族的财产,……不是随随便便一群人,不管以什么方式聚集起来的集合体,而是很多人依据一项关于正义的协议和一个为了共同利益的伙伴关系而联合起来的一个集合体。"[3]

与共同利益直接相关的,或者说共同利益实现的前提,是自由的问题。撒路斯特曾评论道:"罗马这个自由国家一旦争得了自由,便在很短时期内,变得令人难以置信的强大和繁荣,人们满脑子的对光荣的渴望竟是如此强烈。"[4] 马基雅维利几乎原封不动地征用了这句话,他在《李维史论》中说:"如果考虑到罗马从它的那些王的统治下解放出来后变得多么伟大,就尤其要让人感到

---

[1] 亚当·斯密,《国富论》,郭大力、王亚南译,商务印书馆 2015 年版。Adam Smith, *The Wealth of Nations: An Inquiry into the Nature and Causes of the Wealth of Nations*, University Of Chicago Press, 1977.
[2] 撒路斯提乌斯,《喀提林阴谋、朱古达战争》,王以铸、崔妙因译,商务印书馆 1996 年版,第 112—119 页。
[3] 西塞罗,《国家篇·法律篇》,沈叔平、苏力译,商务印书馆 2002 年版,第 35 页。
[4] 撒路斯提乌斯,《喀提林阴谋、朱古达战争》,王以铸、崔妙因译,商务印书馆 1996 年版,第 113 页。

惊奇了。"[1] 我们可以理解，在古代世界，战争和征服是常事，至少比现代社会要"正常"得多，亚里士多德就称海盗为一种正当行业，在城邦之外就是丛林世界。征服或被征服，这是人们面临的两种现实选择，在这种情况下，罗马为什么能够免于被征服，且能够做到不断地战胜对手，成为强大的帝国？马基雅维利认为这是因为罗马城邦是自由的，公民与公民之间不存在压迫关系，因此也没有严重的仇恨，他们肯定会有不和，但没有到出卖国家以压倒对手的程度。这种状况使得共和国的力量变得非常强大，相当于将所有公民的力量捆绑在一起，成为一个强大的整体。这种力量直接体现在公民个人对国家的热爱和献身的准备之上，上述辛辛纳图斯就是一个典型的例子。如撒路斯提乌斯所说，在罗马早期，"一旦青年能够忍受战争的艰苦，他们便在军营中接受极为严格的军事训练，……任何劳苦对他们这些人都不陌生，任何地区都不过于崎岖或过于陡峭，任何手持武器的敌人都不足畏惧"。[2] 反之，在那些受奴役的民族中则看不到这些精神和勇气，因此也无法与罗马相抗衡，最终的结局多是被罗马所征服。再比较一下罗马早期和罗马晚期的话，也可以发现类似的区别，当罗马自由消失时，也是它开始逐渐衰落的时候，其内部充满着纷争、

---

[1] 马基雅维利，《君主论·李维史论》，潘汉典、薛军译，吉林出版集团有限责任公司2013年版，第325页。
[2] 撒路斯提乌斯，《喀提林阴谋、朱古达战争》，王以铸、崔妙因译，商务印书馆1996年版，第113—114页。

内斗、阴谋等，以至于慢慢不再成为世界的征服者，最后竟被北方的蛮族所征服。对马基雅维利来说，这一历史足以说明自由与强大之间的内在关联。

自由的重要性还体现在罗马征服的对象方面，那些总体处于奴役状态的国家相对容易征服，最难征服的是类似罗马这样的国家，因为其内部有着与罗马相似的自由与勇气，即便弱小，也能够发挥出很强的抵抗能力，他们对自由的渴望使得他们更坚忍不拔。马基雅维利借用李维的历史书，列举了像撒姆尼人这样的例子，他们在自己的城市遭受极大的溃败和杀戮之后，仍然能够坚持抵抗罗马人长达46年之久。马基雅维利感叹道："要不是受到一种罗马力量的攻击，它就是不可战胜的。"而罗马"如果没有一种罕见且极端的能力，就绝不可能战胜它们"。[1]

2 何为"自由"？

这里的"自由"的含义，需要做一些解释。马基雅维利与古典思想家们同样将共和国中的个人看作整体的一部分，整体大于个人，共同利益高于个人特殊利益，但同时他又将共同利益的维护看作自由的后果。这也就意味着，公民个人在共和国中其实并不具备个人自由，他们作为个体是要受到整体的制约甚至强制的，

---

[1] 马基雅维利，《君主论·李维史论》，潘汉典、薛军译，吉林出版集团有限责任公司2013年版，第328页。

反过来个人凌驾于整体之上则是共和国失败的表现。因此，马基雅维利在这里所讨论的"自由"就不可能是我们现代意义上的"个人自由"（individual liberty）。近代法国政治思想家邦雅曼·贡斯当（Benjamin Constant）说现代人的自由与古代人的自由不一样，古代人的自由是公民在公共事务中作为主权者的自由，而现代人的自由是这样一种个人自由："只受法律制约而不因某个人或若干个人的专断意志受到某种方式的逮捕、拘禁、处死或虐待的权利，它是每个人表达意见、选择从事某一职业、支配甚至滥用财产的权利，是不必经过许可、不必说明动机或理由而迁徙的权利，……或许是信奉他们以及结社者偏爱的宗教，甚至或许仅仅是以一种最适合他们本性或幻想的方式消磨几天或几个小时。"[1] 按照此标准，马基雅维利的自由观念肯定不是"现代人的自由"意义上的单纯私人的自由，同样更不是约翰·斯图亚特·密尔意义上的"免于干涉的个人自由"（freedom as non-interference）。[2] 马基雅维利的理论所表达的是一种带有古典意味的政治自由，其预设是"人是共同体的一部分"，"自由"指向的是这一共同体的整体状态，而不是私人领域不受外界干涉的状态。

马基雅维利的自由概念包含两个层面：国内与国外。在国内，这一自由概念要求公民对政治的广泛参与。这一参与确实可能和

---

[1] 邦雅曼·贡斯当，《古代人的自由与现代人的自由》，阎克文、刘满贵译，商务印书馆 1999 年版，第 26 页。
[2] John Stuart Mill, *Collected Works* XVIII, XIX, Toronto & Buffalo: University of Toronto Press, 1977.

现代意义上的个人自由相冲突,具有"整体大于个体"的意涵,但它指向的是公民在政治上不受他人支配的状态。共和国的自由最核心的特点是,公民所遵守的法律不是任何个人或一群人强加在人们身上的,而是由所有公民参与政治、制定或修改的结果,这一结果就不再是任何特殊意志的强加,或某种特殊利益的支配,而是公民共同意志或利益的规范,个人在服从这种共同意志时就不再是服从某个具体的个人。斯金纳在其著名的《自由主义之前的自由》中将这一自由概念与这样一种状态联系在一起,在其中,人们的生活"不依赖于他人的善意"(not dependent on others' good will)。依赖于他人的善意即意味着,当他人不具备善意时,处于依赖状态的人就会受到侵害。侵害行为本身不是"自由"的真实含义,而"依赖状态"则是自由的反面,或者说自由的内容是这种依赖状态的不存在。[1] 斯金纳认为这种自由概念是英国17世纪内战前后许多知识分子——如詹姆斯·哈林顿、阿尔杰农·西德尼(Algernon Sidney)等人——所广泛使用的概念,但他们受马基雅维利影响很深,也就是说马基雅维利事实上也是在使用这样一种自由概念。[2] 维罗里(Maurizio Viroli)同样认为马基雅维利文

---

[1] Quentin Skinner, *Liberty before Liberalism*, Cambridge: Cambridge University Pres, 1998, p. 86.

[2] Quentin Skinner, *Liberty before Liberalism*, Cambridge: Cambridge University Pres, 1998. Quentin Skinner, "Machiavelli's Discorsi and the pre-humanist origins of republican ideas", in Gisela Bock, Quentin Skinner & Maurizio Viroli eds., *Machiavelli and Republicanism*, Cambridge: Cambridge University Press, 1990, pp. 121–141.

本中所谓"政治生活"(vivere politico)指向的正是一种现代版本的共和主义自由概念,它起源于亚里士德多关于人的政治生活的理论,但又在马基雅维利那里经历了一些改造。[1] 亚里士多德虽然并不经常在其政治思考中使用"自由"的概念,但他关于"政治"的讨论无疑与古罗马以降人们对"自由"的理解内在相通,他们共同关心的都是人在城邦中的生活状态,都认为人应该有广泛参与政治的可能性与能力,应该尽量使得没有人(公民)处于绝对的被支配地位。亚里士多德按照这一思路区分城邦的六种政体,在三种所谓"正宗"的政体——王制、贵族制与共和制——中,没有人受到支配,而在三种"变态"的政体——僭主制、寡头制与民主制——中,则是由某个特殊利益支配着所有其他人。鉴于三种正宗政体也有向其相反方向转化的危险,他进而认为最好的政体是这三种良好政体的"混合",即一个城邦中同时具有王、贵族和平民的要素。[2] 这一混合政体的理念同样也指向一种共和式的自由,它希望确保的正是城邦中的各种要素——如王、贵族和平民——都在公共事务中占有一席之地,都不受任何其他要素的绝对支配。这一混合政体的观念,连同"政治生活"的概念一起,都出现在马基雅维利《李维史论》中,他在该书开头处即指出罗

---

[1] Maurizio Viroli, "Machiavelli and the Republican Idea of Politics", in Gisela Bock, Quentin Skinner & Maurizio Viroli eds., *Machiavelli and Republicanism*, Cambridge: Cambridge University Press, 1990, pp. 143-172.

[2] Aristotle, *Politics*, trans., C. D. C. Reeve, Indianapolis: Hackett Publishing Company, p. 115 (1293b-1294a).

马共和国之所稳固而强大，是因为"三种统治类型各得其所"，"保持混合制，所以创造了一个完美的共和国"。[1]

马基雅维利"自由"概念的另一部分，是"对外"的部分，其含义是相对于外部力量的"独立"状态，也就是不受其他国家支配，不依赖于任何外国势力。如马基雅维利所说，"罗马有自由的起源，不依附于他人"。[2] 罗马建城开始，就一直面临外部威胁，经常需要对外征战，如果不能在这些战争中获得总体上的优势，他们"就会变成奴隶"。[3] 很显然，奴役状态——无论是内部的还是外部的——都是自由的反面。因此，马基雅维利的自由概念自然地包含了国家整体"强大"的要求。一个国家的内部法律再完善，公民个人在其国内所受到的保护和尊重再完美，当这个国家作为一个整体受制于外部势力，或仅仅是在某种程度上依赖于他人时，对马基雅维利而言，它便是不够"自由"的。因此，马基雅维利对共和国的期待是它能够整军经武，不断地积累自己的军事实力，从而能够不受制于他人。这也解释了他在《李维史论》中为什么用整个第二卷讨论共和国对外征服扩张的问题。对一个共和国来说，自保和扩张始终是要考虑的问题。马基雅维利认为

---

[1] 马基雅维利，《君主论·李维史论》，潘汉典、薛军译，吉林出版集团有限责任公司2013年版，第153页。
[2] 马基雅维利，《君主论·李维史论》，潘汉典、薛军译，吉林出版集团有限责任公司2013年版，第147页。
[3] 马基雅维利，《君主论·李维史论》，潘汉典、薛军译，吉林出版集团有限责任公司2013年版，第370页。

罗马值得学习的地方之一，正在于它作为一个整体向外投射力量的能力，也正因此，它需要不断地改进国内的制度，确保人民对国家的忠诚以及献身精神。反过来，公民的精神和能力又不断地增加着罗马对外征服的成功可能性。这种自由与扩张之间互相促进的关系，今天看来可能有点奇怪，但在马基雅维利的时代，这并不突兀，自由的共和国一定需要保持对外征战的能力。[1] 但马基雅维利将对外征服的需要看作其共和政治理论的核心，甚至他整个"自由"的理论都以"获取"和"征服"为核心内容，这一点还是与传统的共和理论有所区别。马基雅维利衡量共和国"好"与"坏"的标准不是在其中生活的人或公民的灵魂的安顿，而是其强大与否，是否有能力维持独立或征服他人，获取更多的资源如土地、战利品等。传统的共和理论并不排斥战争，但军事武力通常主要指向自保，或在有限的范围内对外征战，过度的扩张会危及城邦美德，如亚里士多德在《政治学》中说，"向外扩张的政策实际孕育着对内政的重大隐患，显然，任何公民，他既然受到以暴力欺凌他国的教导，那么，他如有机会，亦未尝不可以其暴力强取本邦的政权"；[2] "从事战争的训练不应以奴役不该做奴隶的人们为目的"。[3] 将征服和获取本身当作值得追求的目的，这的确是马基雅维利共和理论的"创新"。

---

[1] Mikael Hörnqvist, *Machiavelli and Empire*, Cambridge: Cambridge University Press, 2004, pp. 47–48.
[2] 亚里士多德,《政治学》, 吴寿彭译, 商务印书馆 1997 年版, 第 391 页 (1333b)。
[3] 亚里士多德,《政治学》, 吴寿彭译, 商务印书馆 1997 年版, 第 392 页 (1333b)。

就征服与共和国自由的关系而言,马基雅维利可以说极大地改造了传统的共和理论。他说:"一个过着自由的生活的城邦有两大目标:一是获取,另一个是维护自己的自由。"[1] 这明显与亚里士多德"自保"的观念有着根本的区别。马基雅维利进一步分析了征服的"必要性"(necessity),为此他将城邦或国家的强大分为两种类型,一种是古代的斯巴达或文艺复兴时期的威尼斯,另一种就是罗马。斯巴达和威尼斯都可以算是共和国,但都是带有明显的贵族色彩的共和国,斯巴达由一个王和一个人数较少的元老院统治,而威尼斯则是由一些富户"绅士"统治。在这两个城邦,贵族的统治都相对温和而有节制,所以其他被排除在政治参与过程之外的平民虽然不一定有多满足,但大致能接受这种安排。马基雅维利认为,与这样一种内部制度相适应的,只能是较为消极的对外政策,或更准确地说,这两个国家都不适合对外扩张与征服,它们各自在当时所处的环境中都不算是弱小的国家,却都不够强大到可以征服其他国家,建立伟大的帝国。马基雅维利说,扩张对这些国家来说,就像毒药,会刺激、改变其内部的社会机制,使得平民具有更多争取自己权益和地位的机会,贵族们不愿意看到这一局面,希望尽可能地避免,所以最好的措施是尽量维持对外和平,从而尽可能地在内部保持稳定。如果强行对外扩张和征服,则很有可能导致它们自身的毁灭,就像斯巴达"在征服

---

[1] 马基雅维利,《君主论·李维史论》,潘汉典、薛军译,吉林出版集团有限责任公司2013年版,第229页。

了几乎整个希腊之后,在一件微不足道的事情显露其虚弱的根基,在佩洛皮达斯领导的底比斯暴动后,其他城邦也进行了暴动,那个共和国便完全垮掉了"。同样地,威尼斯曾占领意大利的一大半地区,但它"大部分不是靠战争,而是靠金钱和计谋,正当要检验它的实力时,在一次战斗中失去了一切"。[1] 它们都不是好武、喜扩张的国家,因此也经常受制于他人。

罗马则完全是另外一种类型的共和国,其对外扩张和征服的成功前无古人,也几乎后无来者。与这种成功相对应的是罗马在内政方面与斯巴达和威尼斯相较极显著的差别:罗马自从获得自由后,在内部政治生活方面相当活跃,普通民众政治参与的空间和能力迅速扩大,特别是通过种种斗争的手段获得更多的权利和更高的地位。换言之,罗马的自由程度也在扩大。反观斯巴达和威尼斯,则始终保持一种保守的贵族体制。斯巴达、威尼斯和罗马,这两种类型的共和国哪一种更好?马基雅维利的回答如下:

> 我相信,如果能以这种(斯巴达和威尼斯)方式保持事物的平衡,那么就会产生一个城邦的真正的政治生活和真正的安宁。但是由于人类的一切事物都处于运动中,不能保持静止不动,它们必然地要么上升要么下降;许多事情是理性

---

[1] 马基雅维利,《君主论·李维史论》,潘汉典、薛军译,吉林出版集团有限责任公司2013年版,第165页。

没有促使你去做，而必然性却促使你去做的；因此，即使组建了一个能够不扩张而维持自身的共和国，但必然性促使它扩张，便会逐渐销蚀其根基，使它更快毁灭。……既然不能（我是这么认为）使这件事保持平衡，也不能确切地保持这条中间路线，在组建共和国时，就必须考虑其中最显要的方面，把共和国组建得即便必然性促使其扩张，它也能够保住它已经占有的东西。回到最初的讨论，我认为，必须遵循罗马的模式，而不是其他共和国的模式，因为要找到这两种模式之间的中间方案，我认为是不可能的。[1]

米凯尔·霍恩柯维斯特（Mikael Hörnqvist）在其《马基雅维利与帝国》（*Machiavelli and Empire*）一书中认为，马基雅维利对帝国与自由关系的讨论，预见了现当代以美国为代表的自由帝国主义的建构，即以自由为名建立庞大的世界帝国，他想象的这种强大的权力就像一个解放者，意图结束世界上的"落后、愚昧和压迫"。[2] 这一解释实在有点违背马基雅维利本人的意图。马基雅维利并不是要将"自由"通过征服带到世界各地，或以自由为名干涉、侵犯其他国家，后者其实是一种典型的现代社会的殖民主义观念。在近代思想家约翰·斯图亚特·密尔那里体现得较为

---

[1] 马基雅维利，《君主论·李维史论》，潘汉典、薛军译，吉林出版集团有限责任公司 2013 年版，第 166 页。
[2] Mikael Hörnqvist, *Machiavelli and Empire*, Cambridge: Cambridge University Press, 2004, p. 290.

充分,其核心特点其实是一种关于人类文明的宏观进步理论,先进国家对落后国家的征服是为了提升后者的文明水平。[1] 这种文明进步理论在马基雅维利那里完全不存在。马基雅维利思想中帝国扩张与自由之间的正向关系主要建立在自保基础上的先发制人的"必要性",体现的是对人性的现实主义的悲观估计。世界上的事物永远都处于运动之中,"必然地要么上升要么下降",这对马基雅维利来说即意味着共和国消极的自保是不可靠的,只有积极地对外扩张才能维持长久的安全。至于给其他地区的人所带去的,有时候可能是某种意义上的解放,因为罗马毕竟要摧毁很多奴役他人的统治者,但恐怕同样多、甚至更多的是奴役本身,正如他对罗马征服其他共和国的记述所显示的那样,罗马的崛起必然意味着自由的火苗在其他地方熄灭。马基雅维利在自由与帝国方面的考量总体来说是现实主义的,与近代以来所谓"传播文明""捍卫自由"式的帝国主义显然非常不一样,他并没有试图为权力做虚伪的装饰,相反,他恰恰是希望直揭人类生活的"真相"。共和国自由的真相之一便是,它需要准备好随时进行积极的对外征服与扩张,否则便是将共和国交给别人的善意和变幻莫测的命运。

---

[1] 段德敏,《自由主义思想家的帝国时刻》,《读书》2015 年第 1 期。John Stuart Mill, *Collected Works* XVIII, XIX, Toronto & Buffalo: University of Toronto Press, 1977.

二 冲突的政治

1 重释罗马共和

在保守的斯巴达、威尼斯和积极扩张的罗马之间，马基雅维利认为应该选择罗马这样的模式。相应地，在内政方面，他同样区分了两种不同类型的共和国，一种如斯巴达和威尼斯这样带有贵族特征的共和国，另一种则是公共政治生活非常发达、平民占更大成分、内部冲突相对更多的罗马模式。[1]

我们已经知道，马基雅维利在共和理论方面与亚里士多德以降的思想传统有很大的相似性。事实上，当斯金纳、维罗里等人"重新发现"马基雅维利的共和主义自由观时，他们也正是将其放在亚里士多德开启的"政治"传统之中。在这些"剑桥学派"学者们看来，现代共和主义（republicanism）的政治思想史研究面对的时代境况是："政治"不再重要，或者经济的重要性远远超过政治，主流的政治理论都将个人自由看作秩序的核心，政治生活则

---

[1] 关于马基雅维利政治思想中的"冲突"要素，可参考 Gabriele Pedullà, *Machiavelli in Tumult: Conquest, Citizenship and Conflict in the Discourses on Livy*, Cambridge University Press, 2018。David Johnston, Nadia Urbinati, Camila Vergara (eds.), *Machiavelli on Liberty and Conflict*, University Of Chicago Press, 2017。

是等而次之。个人自由的内核，在近代自由主义思想家约翰·洛克那里，是人对私有财产的权利，包括占有、使用财产，以及追求更多财富积累的权利，而国家则是为这种个人自由服务的建构，因此国家主要表现为一种法权体系，它应该是尽量公平公正以及"中立"的，在需要的时候裁断公民个人之间的纷争，等等。[1] 尽管洛克在其关于"革命"的讨论中纳入了一些政治参与的要素，但它不是常规性的，甚至带有混乱和毁灭性特征，因而也不具有充分正面的价值。现代政治观念在很大程度上处于这种经济至上论的阴影之下，直到现在仍然如此。当代政治哲学家沃林曾总结说，现代社会的一个主流观念是，"经济力量是第一位的，政治生活屈从于组织社会生产力这一中心议题，一个理性的社会要确保政治逐渐被公共管理取代，而技术教育是现代社会文化需求的标志"。[2] 这一现象甚至在左翼和右翼都有所体现，左翼强调政治的次生性，而右翼则关注自由的经济内涵，忽视其政治内涵。当代后马克思主义政治学者尚塔尔·墨菲批评罗尔斯式的自由主义时指出，大多数自由主义思想家都"认为可以在理性基础之上达成普遍共识"[3]，"共识是必要的，但是它必须有异见的'陪同'"。[4]

---

[1] John Locke, *Two Tracts of Government*, Phillip Abrams (ed.), Cambridge: Cambridge University Press, 1967. John Dunn, *The Political Thought of John Locke*, Cambridge: Cambridge University Press, 1969.

[2] 谢尔顿·沃林，《两个世界之间的托克维尔》，段德敏等译，译林出版社2016年版，第6页。

[3] Chantal Mouffe, *On the Political*, Routledge, 2005, p. 11.

[4] Chantal Mouffe, *On the Political*, Routledge, 2005, p. 31.

因而在她看来,"政治"场域的消失正是现代社会最重大的思想现象之一。同样,历史学家斯金纳等人在较早时期所做的工作,也是要从思想史的角度重新找回政治。斯金纳对英国内战时期的"新罗马式自由"(neo-Roman liberty)的挖掘即是该工作的典型。他发现,我们今天已经不再熟悉这种自由,因为我们绝大多数时候几乎本能性地将自由的含义定格为以赛亚·伯林式的消极自由或密尔式的个人自由,即一种有关公私领域边界或"群己权界"的问题,但英国内战时期哈林顿等人却使用了另外一种完全不同的自由概念,它几乎完全与私人领域的边界无关,关心的主要是权力使用的任意性、公民的政治参与程度等问题。这种"新罗马式的自由"在今天显然已经不再流行,但斯金纳问的是,它真的没有意义了吗?事实可能并不是这样。[1] 因此,斯金纳等人的意图主要就在于重新展示这种"自由主义之前的自由"曾经的辉煌和它在今天的重要性。

马基雅维利在这一思想史的"挖掘"中被重新看待和解释,结果是他具备了一张完整的"共和主义思想家"的面相,这与传统的"马基雅维主义者"有着很大的区别。在共和主义的解释中,马基雅维利与当时意大利文艺复兴时期流行的观念并无根本差别,都反叛中世纪教会传统并希望学习和模仿古代人。这一被布克哈特称为"人文主义"(humanism)的思想运动遍及文学、艺术和政

---

[1] Quentin Skinner, *Liberty before Liberalism*, Cambridge University Press, 1998.

治思想等各个领域。[1] 巴隆认为马基雅维利的一大贡献是将这一传统完全彻底地带入政治思考之中,抛弃了中世纪基督教传统下的政治思维模式。当代共和主义思想家维罗里非常肯定地说,马基雅维利在《李维史论》中关于政治的讨论和古典时期——特别是亚里士多德——的政治的概念在根本上是一致的,"政治是引领人获得最高的善、共同体的善的杰出艺术",它在中世纪时期被压制,在阿奎那等人那里得到些许保留,但在文艺复兴时期,许多人文主义者——如布鲁尼(Leonardo Bruni)——都试图重新阐释和复活这一艺术。马基雅维利对共和国公民精神、自由与扩张的讨论等,实际上都存在于这一"复兴"的范畴之中。但正如维罗里所判断的,"他同时也对这一公民哲学做了一些改造,从而使其对新的政治环境有用"。[2] 波考克同样将马基雅维利放在亚里士多德以降的共和传统之中,并着重强调马基雅维利对"时间"的敏感,即共和国追求自身永恒和时间中必然存在的不确定性之间的张力;如何使共和国能够长久地保持自由,使公民具有美德,这是马基雅维利思考的核心问题,也是他在共和传统中的"传承并

---

[1] Jacob Burckhardt, *The Civilization of the Renaissance in Italy*, The New American Library, 1960. Hans Baron, *The Crisis of the Early Italian Renaissance: Civic Humanism and Republican Liberty in an Age of Classicism and Tyranny*, Princeton University Press, 1966.
[2] Maurizio Viroli, "Machiavelli and the Republican Idea of Politics", in Gisela Bock, Quentin Skinner & Maurizio Viroli eds., *Machiavelli and Republicanism*, Cambridge: Cambridge University Press, 1990, p. 171.

创新"之处。[1]

现代共和主义思想家的讨论对我们理解马基雅维利的思想特质和理论贡献有很大的帮助，但这一视角的主要问题在于，马基雅维利并不需要像我们当代人一样找回已经失去的"政治"或自由观念。事实上，在马基雅维利的时代及以前，自由观念几乎从来都不会与个人私人领域相关。在近代以前，现代个人主义的观念都基本不存在。[2] 文艺复兴时期的知识分子需要从宗教的罩袍下寻找"政治"，但即便在中世纪基督教思想传统中，亚里士多德的政治理论都没有完全绝迹。阿奎那的一大贡献就是对亚士多德的批判式吸收，其政治理论最核心的部分——关于"好政治"的学说——都被纳入他自己的神学教义中。[3] 这一教义当然也以各种形式影响了文艺复兴时期的知识分子，包括马基雅维利本人。因此，从总体上说，将马基雅维利看作一个"公民人文主义"或共和主义政治思想家虽然有助我们理解马基雅维利的思想底色，但并不能增加太多对马基雅维利独特性的认识。马基雅维利对古典时代以来的共和理论传统的脱离才是我们更需要关注的。也就是说，我们更应该深入理解马基雅维利在这一传统中写作、思考时，对

---

[1] J. G. A. Pocock, *The Machiavellian Moment: Florentine Republican Thought and the Atlantic Republican Thought*, Princeton: Princeton University Press, 1975.

[2] Larry Siedentop, *Inventing the Individual: The Origins of Western Liberalism*, The Belknap Press of Harvard University Press, 2014.

[3] Gilles Emery, O. P. and Matthew Levering (eds.), Aristotle in Aquinas's Theology, Oxford University Press, 2015. Thomas Aquinas, *St. Thomas Aquinas on Politics and Ethics*, W. W. Norton & Company, 1988.

这一传统本身的改造。

"改造"也正是马基雅维利的初衷,正如他在《李维史论》的前言中所说,"我下定决心走进一条还没有人走过的道路"。[1] 当然,他希望在共和国的问题上学习古罗马;然而他对古罗马共和的解释却与其他人很不一样。在《李维史论》第一卷,他专门讨论了罗马内部的自由的问题,特别是如何保存其自由,以避免堕落为某种奴役体制。而在这一卷中,他首先用大量篇幅讨论罗马城邦内的"冲突"。在马基雅维利看来,共和国之所以总体上优于君主国是因为其内部的自由,特别是这种自由所带来的对共同利益的重视,避免了内部剧烈的仇恨和冲突。然而,我们同时也看到,马基雅维利明确指出罗马之所以保存其自由,正是因为内部的"不和"。共和国的法制最好由一个人创立,就像斯巴达的莱库古或罗马的罗慕路斯那样。罗马在其后的历史中一直在改进和完善自己的法律和制度,逐渐实现了将君主要素、贵族要素和平民要素"混合"在其体制之中,共和国具有越来越充分的自由和美德。为什么会有这样的效果?马基雅维利的结论出人意料:主要是因为"平民和元老院的不和"。[2]

我们都知道,保民官的设置是罗马共和政制的重要发展,它使得"混合政体"的标准进一步得到实现,但这一官职的设置本

---

[1] 马基雅维利,《君主论·李维史论》,潘汉典、薛军译,吉林出版集团有限责任公司2013年版,第141页。

[2] 马基雅维利,《君主论·李维史论》,潘汉典、薛军译,吉林出版集团有限责任公司2013年版,第531页。

身却是斗争的产物。在塔克文还做国王时，贵族因为忌惮国王的力量，不敢对平民有过分的举动；但在国王被驱逐、成立真正的共和国后，贵族没有了先前的恐惧，便用尽手段侵犯平民。马基雅维利评论道："这件事证明，……除非出于必要，人从来不做任何好的事情；但是在有充分的选择自由的地方，并可能利用放肆的时候，每件事都立刻充满混乱和无序。"[1] 这一判断和《君主论》中对人性的估计是一致的。那么如何应对贵族的这一倾向？马基雅维利说："在平民与贵族之间发生许多混乱、争吵和分裂的危险之后，终于为了保障平民的安全而创设了保民官。……（他们）具有如此的威望，以致后来他们能够总是成为平民和元老院之间的中间人，并阻止贵族的傲慢无礼。"[2] 这里所说的"混乱、争吵和分裂的危险"，最著名和最重要的当然就是发生在公元前494—449年间的三次平民撤离运动。当时的背景是，罗马在外部遇有强敌的威胁，在北方有伊达拉里亚人和高卢人，同时也和临近的埃魁人、沃尔斯奇人等处在常年的交战状态中，城内平民受贵族欺压已久，特别是贵族利用债务将很多平民变成奴隶，平民趁强敌压境之机，携带武器，离开罗马城，到阿尼奥河对岸的圣山单独

---

[1] 马基雅维利，《君主论·李维史论》，潘汉典、薛军译，吉林出版集团有限责任公司2013年版，第155页。

[2] 马基雅维利，《君主论·李维史论》，潘汉典、薛军译，吉林出版集团有限责任公司2013年版，第155页。

建立自己的营地。[1] 贵族面对此抗议，不得不做出妥协，妥协的结果是允许平民选举自己的官吏（即保民官），保民官有权否决贵族通过的不利于平民的任何协议，其人身不得受侵犯。后来又相继发生了几次平民撤离运动，特别是公元前449前的第三次撤离运动，促成十二铜表法的公布，这是罗马的第一个成文法典，大大压缩了贵族元老院随意解释法律的空间，是平民的又一次巨大胜利。[2]

马基雅维利对于从塔克文被驱逐到保民官创立这段历史显然高度重视，是他在《李维史论》最初几章讨论的重点。毫无疑问，他对保民官职位以及后续相关法律制度的确立是有着极高评价的，这既是罗马制度的完善，也是整个共和国自由的进一步深化和巩固。但同样明显的是，正是在这一问题上，他有意识地与传统智慧——尤其是古典共和理论——拉开了距离。他如下这一段话即指出了这一距离：

> 我不想略而不谈从塔克文家族去世到保民官的创设之间，在罗马发生的这些纷争（tumulti; tumults）；然后对许多人持

---

[1] Livy, *History of Rome* (Books Ⅰ & Ⅱ), trans., B. O. Foster, Cambridge: Cambridge University Press, 1967, pp. 319 - 327.

[2] 弗朗切斯科·德·马尔蒂诺，《罗马政制史》（第一卷），薛军译，北京大学出版社2009年版。F. W. Walbank, A. E. Astin, M. W. Frederiksen, R. M. Ogilvie (eds.), *The Cambridge Ancient History* (Volume 7, Part 2): *The Rise of Rome to 220 BC*, Cambridge: Cambridge University Press, 2008, pp. 231 - 233, p. 238.

有的那种看法提出一些异议。他们认为罗马是一个乱糟糟的共和国,充满如此多的混乱,以致如果好运和军事力量没有弥补其缺陷的话,它可能还不如其他任何共和国。[1]

马基雅维利非常熟悉过去的历史学家和哲人们对这一段历史的叙述和评价,其中的纷争和冲突也很难被错过:贵族利用自己的优势欺压平民,平民则奋起抗争,"乱哄哄在大街上跑,店铺停业,全体平民都离开了罗马"。但过去的文人史家都会利用这一现象做道德宣教,即谴责纷争,强调和谐友爱的重要性,这也包括马基雅维利学习的对象李维本人。李维在《罗马史》第一卷中这样描述该段历史:"在城里有一股巨大的恐慌,相互的疑惧导致了所有活动的停止,平民……害怕元老们的暴力,元老们也害怕留在城里的平民,不确定该走还是留。"[2] 他继续记载道,后来贵族们派了一个叫阿格里帕·墨尼乌斯(Agrippa Menenius)的人去向平民游说,这个人据说出身平民,更能为平民所接受。墨尼乌斯讲了一个寓言,在这个寓言中,身体的各个部分之间起了争执,四肢抱怨肚子在中间什么都不做,却享受着它们的劳动成果,因而它们起来反对肚子,停止向肚子输送食物,最后肚子没有营养导致整个身体都虚弱不堪,四肢这才意识到肚子也不是什么都不

---

[1] 马基雅维利,《君主论·李维史论》,潘汉典、薛军译,吉林出版集团有限责任公司 2013 年版,第 156 页。
[2] Livy, *History of Rome* (Books Ⅰ & Ⅱ), trans., B. O. Foster, Cambridge: Cambridge University Press, 1967, p. 323.

做。在听了这个寓言之后,平民们意识到了他们的过激之处,被说服了。接着,"一些导向和谐的措施得到采纳,妥协得以达成"。[1]

李维在这一讨论中反复使用"和谐"(concordia;harmony)这一词汇,很明显,他认为城邦各要素的和谐状态是正常状态,而罗马当时的冲突则是对这一正常状态的偏离。因此,罗马后来建立的新的法律和制度也是向过去的正常状态的恢复。马基雅维利讨论的是同一件事,但他有着很不一样的看法。他首先认为,罗马之所以强大,主要不是因为运气,而是罗马自身的能力,而在这方面尤其又包括他们能建立好的法律和制度,并且不断改良,这是确保他们一直强大的根源所在。但为什么能做到这一点?他解释道:

> 我要说,那些斥责贵族与平民之间纷争的人,在我看来,他们斥责的是作为保持罗马自由的首要原因的那些因素,这些人更多地考虑由这些纷争产生的争吵和喧嚣,而不是考虑这些纷争所收到的良好效果;并且他们没有考虑在每个共和国都有两种不同的派性,即民众派和权贵派,所有有利于自由而制定的法律,都源于这两派之间的不和。[2]

---

[1] Livy, *History of Rome* (Books Ⅰ & Ⅱ), trans., B. O. Foster, Cambridge: Cambridge University Press, 1967, p. 325.
[2] 马基雅维利,《君主论·李维史论》,潘汉典、薛军译,吉林出版集团有限责任公司2013年版,第156—157页。

这一段可以说是马基雅维利《李维史论》中最具原创性的部分。罗马之所以具有较优越的制度和法律，正是因为这些冲突与不和，马基雅维利没有将其看作政治体需要疗治的"病症"，反而将它们看作国家健康的原因。相应地，他也没有像李维那样设想某种和谐的状态，政治体要么是偏离该状态，要么就是通过调适回到该状态。他想象的更多的是一种进步与倒退、上升与下降的过程，保民官职位的设置不是"回归"，而是创新和进步。这里的理论可以做如下表述：人性总体来说是自私的，在共和国中也是如此，"人不会满足于拥有他所拥有的东西，除非他又得到新的东西"，[1] 因而总是会发生冲突；在共和国中又总是有权贵派和平民派两大群体，他们都会争取各自想要的权利和利益；在这个过程中，权贵派又经常居于优势位置，他们肯定不会主动放弃这种优势，反而会利用这种优势进一步压迫平民、扩张自己的利益所得；而平民要争取自己的权益，只能通过抗争来"迫使"权贵做出一些让步，其结果则是建立更公正的法律和制度。因此，从马基雅维利的角度看，没有这种抗争以及由此带来的冲突，就不可能有更好的法律和制度；换言之，优良的法律和制度不会自动实现，它需要人们通过抗争的方式争取得来。因此，我们就可以理解为什么马基雅维利认为"良好的法律源于被许多人轻率地斥责的那些纷争"。在罗马的例子上，他说那些纷争并没有导致放逐和流

---

[1] 马基雅维利，《君主论·李维史论》，潘汉典、薛军译，吉林出版集团有限责任公司2013年版，第161页。

血,因此不能称它们是有害的,而新的更好的法律和制度如果没有这些纷争则是不可想象的。

2 "冲突"之理论

这一理论几乎在所有层面都与传统的共和理论相反。马基雅维利的朋友、意大利当时很著名的人文主义学者奎恰迪尼曾经专门写过《李维史论》的评论,他针对上述冲突理论批评道:"赞美冲突就像是,仅仅因为用在一个病人身上的疗方是对的,就赞美这个疾病本身一样。"[1] 显然,他认为"冲突"是政治共同体的疾病。针对同一段历史,他不认为冲突就是罗马自由和强大的原因,如果没有冲突一定会更有利;相应地,平民的反抗不一定是好事,只不过这种反抗在罗马造成的损害比在其他地方更小罢了。[2] 奎恰迪尼认为在平民的反抗中,贵族应该早点做出一些让步,但同时认为,从总体上说,贵族应该在整个国家事务中占据更重要的位置。他说:"如果要在一个城市中必须选择贵族政府还是平民政府,我认为选贵族政府更明智一些,因为他们拥有更多的智慧和更好的品性,他们更能够让自己保持理性的状态,而平民则因为充满着无知、混淆和许多其他坏品质,所以总是毁坏

---

1 2 Francesco Guicciardini, "Considerations of the *Discourses* of Niccolò Machiavelli", in *Sweetness of Power*, trans., James B. Atkinson, Dekalb: Northern Illinois University Press, 2002, p. 393.

所有事物。"[1] 在这一点上,马基雅维利与他几乎正好相反,《李维史论》一再强调贵族、大人物或富人对共和国自由的威胁更大,而民众在这方面要可靠得多。这一点实际上也承袭了《君主论》中的讨论,贵族自然倾向于压迫人,而平民则自然倾向于免于压迫。这两种脾性在共和国中的表现在于,贵族一有机会就利用自己的优势压迫平民,而平民则希望一种更加公平、正义的法律或制度环境。马基雅维利认为他的这一"理论假设"在罗马历史——尤其是早期共和国史——中得到了充分验证。因此,在记述这段历史之后,他总结道:

> 对于那些审慎地建立起一个共和国的人来说,他们最需要规制的事情之一就是设置一个自由的守卫者;并且这个守卫者安排得好与坏,将决定那种自由的生活持续的长短。因为在每个共和国都有权贵和平民,故有疑惑的是把上述守卫者安排到哪一个的手中更好。在古代的斯巴达人那里,在今日的威尼斯人那里,这个守卫者被安置于贵族之手;而在罗马人那里,它被安置于平民之手。……从理由上说,我认为,应该首先站在罗马人这一边,因为对某物的守护之责应该交

---

[1] Francesco Guicciardini, "Considerations of the *Discourses* of Niccolò Machiavelli", in *Sweetness of Power*, trans., James B. Atkinson, Dekalb: Northern Illinois University Press, 2002, p. 395.

给那些对侵占该物的欲望较小的人。[1]

显然，人民更适合做自由的守卫者。在另一处他还说道："对平民来说，大人物的野心是如此大，如果在一个城邦里不通过各种手段和方法摧毁之，它很快就会使那个城邦毁灭。"[2] 马基雅维利乐于看到平民起来抗争，制造一些动静，给贵族施加一些压力。在他看来，如果没有这些响动和压力，一个由贵族主导的共和国要么可能沦为某种贵族专权的国家，其内部充满奴役；要么稍微好一些，这个共和国并没有完全丧失自由，但处于一种贵族主导的停滞或静止状态，就像古代的斯巴达或现代的威尼斯那样。对于前一种可能性，因为共和国内部充满奴役，所以它表面上看来由贵族专权，但其实潜藏着长期的危机，从而导致更严重的冲突和流血，就像在14—15世纪某些时刻的佛罗伦萨一样。对于后一种可能性，即一种贵族主导的、总体上处于静止状态的共和国，马基雅维利认为同样不可取。罗马平民在共和国中扮演更积极的角色，这使得这个国家内部始终处于非静止状态，但马基雅维利认为这反而意味着国家有一种积极进取精神，对内不断改善法律、制度和治理，对外能持续性地以整体姿态投射力量。

奎恰迪尼在评论马基雅维利的《李维史论》时，马基雅维利

---

[1] 马基雅维利，《君主论·李维史论》，潘汉典、薛军译，吉林出版集团有限责任公司2013年版，第159页。
[2] 马基雅维利，《君主论·李维史论》，潘汉典、薛军译，吉林出版集团有限责任公司2013年版，第250页。

已经去世，从而无法回应老朋友的批评。但如果他在世，恐怕也会反驳说，威尼斯这样的共和国看上去岁月静好，平民好像比较温顺，且听从贵族的引领，贵族也比较节制；但是，他们将平民排除在公共事务的范围之外，是要付出代价的，即它对外不可能很强大。如果对外要展示出很强的力量，那么就必须尽量保证内部不起太剧烈的对抗。任何国家在与外部力量对抗的过程中都会面临命运的不确定性，完全有可能处于不利的局面，在这种情况下如何保证内部的平民与贵族团结一致对外？早期罗马的"贵族共和"正是在这一点上遭遇了前所未有的危机。幸而撒离运动没有演化为更严重的内战，但罗马从此也义无反顾地走上了平民化道路，平民在共和国的地位越来越上升，与此同时，罗马在世界格局中也越来越强大。在马基雅维利看来，这才是将前途掌握在自己手里的表现，无论从对外还是对内的角度，罗马都是一个共和国真正值得学习的对象。

冲突在马基雅维利那里是一种共和国内部的动力机制，它可以产生好的、更加公正的法律。所以在这里马基雅维利思考的落脚点其实是一种法律或制度之前的"政治"状态。没有哪一种法律或制度能保证一个共和国长久维系，时间和命运会带来不确定性，新的环境、新的社会和历史条件都会对共和国提出新的要求。冲突本身就带有一定的"非法"性质，但它又不是不正当的，它主要是一种"非常"状态，法律和制度是这一状态的结果，而非相反。马基雅维利的深刻之处在于，他意识到了这一前法律的"政治"状态比法律本身重要得多，它才是罗马良好的法律制度及其强大的原因。但另一方面，在一个像罗马这样的共和国中，也需要一些制度或法律的设置，使得冲突不至于成为内部剧烈的你死我活的对抗。马基雅维利认为罗马就有这样的法律设置，虽然它们本身并不是本源性的，但其存在构成了一种保护机制，使得人们更好地开展争执，使争执主要指向公共利益，而非完全由私利主导。罗马在指控权方面的制度安排就是一个很好的例子：在一个共和国中，时常会有不公，人们时常会感到被欺压或剥夺，这个时候如果能够在法律的框架下寻求救济，就免去了使用暴力手段的必要。马基雅维利举了李维提供的一个例子，罗马贵族对平民取得保民官的职位感到不满，恰逢罗马遭遇严重的粮食匮乏，元老院派人去西西里购买粮食，有一位名为科里奥拉努斯的贵族建议利用这个危机来惩罚平民，不发给他们粮食。平民听闻此言，非常愤怒，想要杀死他，但因为保民官传召他出庭，在法庭上澄清此事，才免于一场可能伤及整个共和国的流血冲突。在另一个反面例子中，丘西城一位名叫阿伦斯的人，他的妹妹被一位长官强奸，因为个人力量弱小，无法复仇，最后找到外国力量（法兰西人），让他们持武器来到丘西。马基雅维利感慨道："如果阿伦斯知道自己能够利用城邦的制度来复仇，他就不会寻求外国力量。"[1] 指控是一种怨气的发泄，对马基雅维利来说，在一个总体上有序而和平的环境中，让人们发泄怨气其实是好事。如果没有

---

[1] 马基雅维利，《君主论·李维史论》，潘汉典、薛军译，吉林出版集团有限责任公司2013年版，第170页。

这种正常发泄怨气的途径，那并不意味着怨气的消失，而通常意味着它被强行地压制、掩盖了。压制和掩盖无法解决冲突，而只是将问题延迟，这种延迟只会加剧问题的严重性。

马基雅维利对"冲突"的理解也是循着这种指控权的逻辑。在指控中，人们一般是在一个官员或机构——如平民大会——面前指控某人，前者听取各方的陈述和相互间的辩论，从而做出裁决。我们可以将马基雅维利所说的"冲突"理解为城内各方在整个城邦面前，或者在城邦的先祖、神灵面前提出各种主张，各方（尤其是平民）在提出自己主张的时候往往也是采取一种"指控"的方式，正如在塔克文被驱逐后人们指控贵族的压迫一样，人们希望诉诸整个城邦的权威，迫使贵族从其短期利益的考量中抬起头来，看到城邦的长远利益，向平民做出一些让步。当然，马基雅维利也并不是说平民就一定代表正义的一方，他们完全有可能会有过分的要求，罗马城内出现专制的原因与其他城邦一样，"产生于人民对自由的过多欲望和贵族对统治权的过多欲望"。[1] 只不过对他来说，平民在总体上要比贵族更为可靠，他们没有那么多统治他人的欲望。"过分"的反面是"适度"，也就是说城邦内的各方都应有所节制，克制自己过分的欲望。但要实现这一点，马基雅维利认为需要让各方都能适度地发泄自己的怨气，表达自己的诉求。这种带有"控诉"性质的冲突能够产生新的共识，新的

---

[1] 马基雅维利，《君主论·李维史论》，潘汉典、薛军译，吉林出版集团有限责任公司 2013 年版，第 260 页。

共识进而能催生新的法律和制度。但显然，法律和制度不是终点，它们仍然有可能被新的冲突挑战，进而会有更新的法律和制度出现，这是一个没有尽头的开放的过程。可以看出，在马基雅维利那里，是这一"政治的"过程，而不是某种特定的法律和制度，使得罗马永远保持其青春活力。

到底什么是马基雅维利口中的"冲突"？从上述分析来看，他所说的冲突本质上是一种语言表达，暴力和流血都不是他所说的冲突，因为它们不会导出更好的法律或制度，而只会导致城邦的毁灭。控诉就是一种典型的语言的使用，冲突在马基雅维利那里同样也是，只不过比私人性的控诉范围更广而已，它涉及整个城邦的构成和基本制度的构建。如果我们从语言表达的角度理解冲突，那么就可以理解，在马基雅维利看来，这种表达可能采取的形式是多样的，不一定像在雅典城邦中那样公民们聚在一起心平气和地对话，而有可能是像罗马的平民撤离运动一样，用行动表明立场，或者如马基雅维利自己提到的那样，"在城里有一股巨大的恐慌，相互的疑惧导致了所有活动的停止"。这种可怕的行为给各方都造成了很大的压力，但马基雅维利认为这种压力使得其中的各方——特别是贵族——做出了妥协。他在这里并未明确谈及谈判和妥协的过程，但很难想象如果没有这一过程，冲突造成的压力如何能够导出更好的法律和制度。马基雅维利似乎将这种语言上的表达看作理所当然的过程，或者有意不做过多的渲染，而是将重点放在冲突的作用之上。但我们不应该认为单纯的压力会自动导致进步，核心显然仍是语言的表达。正是因为这一点，在讨论完指控权之后，马基雅维利马上讨论了"诬蔑"的问题，其标题是"指控权对共和国是多么有用，诬蔑对共和国就多么有害"。表面上看，诬蔑也是一种语言表达，但它是不真诚的、带有恶意的表达，诬蔑方的目的不是寻找某种共识，而是毁灭，其初衷与城邦的整体利益没有任何关系，仅仅是为个人的私欲寻找出口。从性质上看，诬蔑和暴力流血式的对抗没有根本区别。因此，马基雅维利认为应该对诬蔑者予以惩罚，他同样举了罗马的例子。曼利乌斯·卡皮托利乌斯因为嫉妒孚里乌斯的功名，在平民中散布谣言说他私吞公帑，煽动起激愤的民情，引发骚乱，后来独裁官要求曼利乌斯当众给出证据，他给不出，便将他关进监狱。马基雅维利高度赞扬罗马这种做法，即严格区分指控和诬蔑：诬蔑是在暗处，不需要证人和证据，事实上每个人都会被谣言中伤，所有人都不得安全；指控则是在明处，是公开的，发生在"广场上和走廊上"。[1]

3　公共性问题

　　从语言的使用和公共性等方面来看，马基雅维利的共和理论委实与古典的共和理论具有内在的相似性。马基雅维利的同时代

---

[1] 马基雅维利，《君主论·李维史论》，潘汉典、薛军译，吉林出版集团有限责任公司2013年版，第172页。

人圭恰迪尼作为古典共和理论更忠实的继承者，实际上也并非完全反对马基雅维利的主张。我们可以把奎恰迪尼与马基雅维利之间的关系看作共和理论在文艺复兴时期出现的一种现代分野，他们二者共同分享的地方并不比分歧少，例如他们都明确支持某种混合政体理论，而这种理论又都可以追溯到波利比乌斯、亚里士多德等古典思想家那里。语言和公共性正是这些传统共和理论的核心。亚里士多德认为人与动物相区别的关键在于人能使用语言，从而能分辨善恶。人无法孤独地过好生活，人需要与他人一起生活，经由夫妇、家庭、村落直至城邦，人的共同体逐渐发展成熟，而城邦是这一发展的顶点，因为在城邦中人能自治自足，同时人也能在其中发展出各种善德，成为更完整意义上的人。因此，在这一政治人类学的分析中，亚里士多德认为城邦中包含着最高的善的可能性，"人是城邦的动物"，或者从逻辑上说，城邦先在于这一政治人类学的发展过程的起点，因为它是人的最终目的，或者说定义了人的本质性存在。"社会团体中最高而包含最广的一种，它所求的善业也一定是最高而最广的：这种至高而广涵的社会团体就是所谓'城邦'，即政治社团。"[1]

当然，城邦所求的善业（good）是最高和最广的，不代表它就真的能实现，这只是一种潜能。亚里士多德政治学说中最重要的部分是其政体理论，该理论将城邦政体大致区分为六种，其中他比较青睐法律统治下的混合政体。但这一政体分类的前提是他将

---

[1] 亚里士多德，《政治学》，吴寿彭译，商务印书馆1997年版，第3页（1252a）。

城邦看作由不同的要素——平民或穷人、富人或贵族、少数有德性的个人——组成的,他认为这种多样性是每个城邦的自然存在,城邦不应该试图消灭这一多样性,而应该使这些多样性的人群能和谐地共同生活在一起。"组成一个城邦的分子必须是品类相异的人们,各以所能和所得,通工易事,互相补益,这才能使全邦的人过渡到较高级的生活。"[1] 因此,他的政体理论实际上是在强调同一个道理,即城邦的各个要素都应该有其位置,有其表达的空间。正宗政体和变态政体的根本区别即在于,在前者那里,每一个政体中都有某个人群,他们在城邦事务的决定方面具有较重的分量,但都给其他要素留有空间,都没有将其他要素完全排斥。而变态政体的本质在于,当某个人群占据主导权时,会将其他人群完全排除出决策范围,对他们持一种完全支配的态度。而在其混合政体和法律统治的主张中,亚里士多德更是明确地提出城邦内各要素应该"共和",即共同统治。《政治学》中有一段话就清楚地表达了这样的意思:

> 我们曾经指明,各人根据各自的某种贡献,而在政治上各自有所要求,虽在某一方面的意义上可说是合乎正义,却谁都不是绝对全面地合乎正义。(甲)富人的依据是他们有较大的土地,而土地是有关城邦的共同利益的;又,他们由于

---

[1] 亚里士多德,《政治学》,吴寿彭译,商务印书馆1997年版,第45页(1261a)。

富有恒产，也比较能够信守契约。(乙) 自由氏族和贵族的依据是相接近的。出身（门望）较高的比出身卑微的，更应被视为公民，尊贵的血统在一邦内总是比较受尊敬的。又，优种递传优种；高贵出身是家庭的德性。(丙) 相似地，德性当然也应该是要求政治权利的正当依据；我们认为正义正好是共同性的德性，正义总是兼备众德的。(丁) 但多数（群众）也有他们要求政治权利的依据：在多数与少数人对比来说，他们更强、更富而又更好。[1]

所谓混合政体，实际上就是多元共存，或者共同统治，没有任何一群人处于绝对的支配或被支配位置，也就是自由的共和国。当然，在古代共和国中，这种自由是以奴隶制为前提的，它仅仅是一种自由人公民内部的自由，或者用阿伦特的话来说，这是一种"政治"自由而非经济自由。[2] 但无论如何，作为一种政治组织模式，多元性、公共性和政治参与都构成了这种共和理论的主要内容，其影响可以说一直波及马基雅维利。正如我们在上文所分析的，马基雅维利冲突理论的核心其实也是一种多元的政治参与主张。无论亚里士多德还是马基雅维利，都希望城内的各要素都参与到城邦共同事务中去，都需要法律的统治，但法律是可以改

---

[1] 亚里士多德，《政治学》，吴寿彭译，商务印书馆1997年版，第151—152页 (1283a)。
[2] Hannah Arendt, *The Human Condition*, The University of Chicago Press, 1958, pp. 22–79.

的，比法律更为根本的是积极的政治参与。

然而，亚里士多德与马基雅维利有着根本的区别，而其中最重要的就是"和谐"与"冲突"的对立。亚里士多德强调共同体内部各要素的和谐，将冲突看作病症。"消除内讧最有赖于友爱，所以大家总是以友爱作为城邦主要的善德。"[1] 亚里士多德将城邦比作人的身体，将各要素比作身体的器官，各器官都应该在自己的位置上发挥作用，如果哪个器官越俎代庖，比如长得过大，就会引发内部冲突，整个身体就会生病。[2] 可以看出，这一比喻与后来李维的比喻几乎一样。与此相似的还有西塞罗，他曾说过，"一个国家是通过不同因素之间协调而获得和谐的，其方法是把上、中、下三层阶级公正且合乎情理地混合在一起"。[3] 这种和谐类似演奏一首乐曲，各个音符只有在属于自己的、恰当的位置上相互配合，才能奏出动听的乐曲。当然，这种"古典的和谐"同时也不可避免地带有贵族色彩。在古代人最经常使用的身体的比喻中，很显然不同要素的权重也不会完全一样，头脑或心脏要比四肢更重要，一个人缺了手足尚可苟活，但掉了脑袋就肯定活不了。因此，平民虽然不能被排除出去，但他们并没有贵族或国王那么重要。在这一点上，文艺复兴时期的奎恰迪尼与亚里士多德的立场是一致的，而马基雅维利则代表了另外一种全新的发展方向。

---

[1] 亚里士多德，《政治学》，吴寿彭译，商务印书馆1997年版，第51页（1262b5）。
[2] 亚里士多德，《政治学》，吴寿彭译，商务印书馆1997年版，第239页（1302b35）。
[3] 西塞罗，《国家篇 法律篇》，沈叔平、苏力译，商务印书馆2002年版，第89—90页。

马基雅维利在讨论到共和国时，有时候也像古典思想家那样将共和国比作身体，并谈到身体可能出现的腐败等，但他同时又不像古典思想家那样看待这种共同体。亚里士多德预设人本身是有向善的自然潜力的，人作恶才是背离了这种自然。放在政治语境中，这就是"人是政治的动物"的观点，人是有与他人合作、友好相处的自然本性的。从这一角度看，亚里士多德的政治学——尤其是政体学说——的核心关切，就是城邦的政体安排如何才能更好地发挥人的这种内在潜能。好的城邦政体使人变得更好，而坏的城邦政体则只能孕育出坏人，城邦政体的区分与人的灵魂状态直接相关。也正是在这一意义上，亚里士多德以及很多后来的共和理论传统都认为，在城邦中，人应该与他人友好相处，奉行友爱的精神，应该尽量避免一切形式的冲突，因为冲突实际上意味着人看不到自己的有限性，看不到在自己的欲求之上还有他人的利益需求，还有属于共同体的更高的利益——或者真理，或者在基督教传统中上帝的道，等等。的确，冲突与人的欲望直接相关，相当于是由欲望引领着人的行为，这与柏拉图所说的人应该过的"正义生活"完全相反，当然也与亚里士多德的观点矛盾。

正是在这里，我们看到了马基雅维利与古典共和理论之间最重要的不同，即他将人看作自然就是追求欲望满足的。他在《君主论》和《李维史论》以及几乎所有文字中都持这一观点。前者自不必说，在《李维史论》中他说："除非出于必要，人从来不做任何好的事情。"[1] 在另一处，他说：

> 大自然创造了人类，使其能够欲求每个事物，却不能得到每个事物；如此一来，由于欲求总是大于获取的能力，结果是对现在所拥有的不满意，从中得不到什么满足感。由此导致他们命运的不同，因为，一方面有些人欲求拥有更多，另一方面有些人害怕失去他们已经获得的一切，最终走向敌对和战争，由战争导致一个地区的毁灭和另一个地区的成功。[2]

因此，人"自然"是受自己的欲求推动的，这可能是与古典和中世纪传统最直接的背离了。在中世纪基督教传统中，人虽然是有原罪的，但人仍然是上帝按照自己的形象创造的，仍然有着向善的自然潜能。但在马基雅维利这里，这些大概都是哲学家或神学家们的想象，而"事物的真实情况"则是人自然地要去追求他欲望的对象，这种追求只有受到另一个欲望的阻止才会停下来，我们可以将这看作他对"冲突"的想象基础。因此，对他来说，

---

[1] 马基雅维利，《君主论·李维史论》，潘汉典、薛军译，吉林出版集团有限责任公司2013年版，第155页。
[2] 马基雅维利，《君主论·李维史论》，潘汉典、薛军译，吉林出版集团有限责任公司2013年版，第247页。

人不是政治的动物,人天生就是不合群的。人并非不能做一个"好人",但这一效果的达成不是因为人具有自然向善的潜能,或者对这种潜能的激发,而是对其恶的自然倾向的外在限制。正如马基雅维利在《李维史论》中所说,"人们因为害怕惩罚而变得更好和不那么有野心"。[1] 自利是人的基本属性,但人有理性,审慎的人会计算得失,并择取最有利的行动方案,因此只要有外在的限制,人有可能至少在外在行为方面做一个守规矩的人。如果大多数人都能做到这一点,这便成就了一个有着公序良俗的国家。这的确是一种现实主义的伦理与政治理论,是以"事物的真实情况"为基础所展开的理论想象。具体到共和国上,马基雅维利强调的便是上述冲突理论,冲突的各方都具有自己的欲望和诉求,都有某种"脾性",如果不加限制,它们都会往极端的方向发展。因此,冲突的作用就在于随时使这种外在的限制得以实在化、具体化,从而各方都不敢越雷池半步。当然,在这一过程中,冲突的各方会希望达成某种妥协和共识,其结果是建立法律,人们最终服从的是法律,而不是某个具体的个人或人群的意志。在法律的作用问题上,斯金纳认为马基雅维利的观点与今天主流的对法律的看法不一样,现代社会的人们经常将法律看作个人行为的边界,不要求人们变成好人,而只要求人们在外在的行为上尊重他

---

[1] 马基雅维利,《君主论·李维史论》,潘汉典、薛军译,吉林出版集团有限责任公司2013年版,第229页。

人的私人领域的边界。[1] 而马基雅维利则似乎期待法律具有"教育"意义,即它会让人们成为有美德的公民,因此与古典的共和传统更为接近。[2] 但从上述分析可以看出,马基雅维利虽然确实认为法律具有培育公民德性的作用,但这种作用的实现并不是使人真的成为好人,而只是让人们看不到作恶的好处,这二者实际上是不一样的。

当然,我们也可以看到,马基雅维利所说的冲突实际上是一种冲突性的语言表达,它带有冲突的特征,但仍然需要向语言表达倾斜,避免纯粹的暴力。语言表达本身便具有公共性、多元性,因为对话一定会建立起两个或多个人之间的互动关系,而暴力则是沉默的和单方面的,它是对话的终结,从本质上否定人与人之间的互动关系。因此,马基雅维利也看到,罗马共和的终结实际上也是暴力慢慢替代了语言,成为冲突的主要内容。例如他多次提到罗马格拉古兄弟的土地法改革,认为这个改革埋下了罗马走向奴役的种子。他在大多数地方赞扬平民对自由的维护,但在这里却对平民多有批评。为什么?因为在这个改革中,对平民来说,

---

[1] 即19世纪政治思想家密尔(John Stuart Mill)的"伤害理论"(Harm Principle)。参见约翰·斯图亚特·密尔,《论自由》,许宝骙译,商务印书馆2005年版。W. Donner, *The Liberal Self: John Stuart Mill's Moral and Political Philosophy*, Ithaca, NY: Cornell University Press, 1991.

[2] Quentin Skinner, *Visions of Politics* (vol. II), Cambridge University Press, 2004, pp. 177 - 178, 184 - 185.

"仅仅通过设立保民官以保护他们自身不受贵族的侵害是不够的,……而且还要在取得这个建制之后立即开始为了野心而战,并希望与贵族分享官职和财富"。换言之,平民在这时开始想绝对性地压倒贵族,由此便产生了混乱,土地改革法"最终导致共和国的毁灭"。[1] 再如,马基雅维利讨论到罗马执政官的延期,第一个被允许延期的是普布利乌斯·菲洛,尽管初衷是国家利益,但因为当时菲洛在外带兵打仗,结果便将军队争取过来成为自己的朋党,那些士兵变得效忠其统帅多过共和国。这一先例在后来苏拉、马略、恺撒等人那里重复,并最终导致内战。马基雅维利说:"假如罗马人从来没有延长官员任期和治权的期限,假如他们不那么快地变得如此强大,假如他们的征服进行得更缓慢一些,他们进入奴役状态的时间就可能会更晚些。"[2]

暴力导致法律的消失,而马基雅维利所说的"冲突"则使得更好的法律得以可能。但为什么一个像罗马这样的共和国会从"自由而强大"的状态变为奴役状态?这就需要理解马基雅维利共和理论中的另一对重要关系——德性与命运。

---

[1] 马基雅维利,《君主论·李维史论》,潘汉典、薛军译,吉林出版集团有限责任公司2013年版,第 248—249 页。
[2] 马基雅维利,《君主论·李维史论》,潘汉典、薛军译,吉林出版集团有限责任公司2013年版,第 526 页。

三　德性与命运

1　"腐化"的危险

马基雅维利在写作《李维史论》时，脑子里想的是共和国的存亡兴衰问题。他希望意大利的共和国——主要是佛罗伦萨——能像古罗马那样自由而强大，因此有必要向罗马学习。但问题在于，古罗马共和国虽然极其强盛，最后也衰落了，尽管这个过程持续了很久。马基雅维利亲身体验的是佛罗伦萨共和国的衰落，这一过程要快速得多，从他出生到写作《李维史论》时，佛罗伦萨已经完成了从美第奇家族支配，到共和国建立，再到美第奇重新控制国家的过程，他的个人命运也随之起落转变。对共和国的两个主要人物——萨沃纳罗拉修士和皮埃罗·索德瑞尼，他也有颇多评论，总体上认为他们未能在必要的时候做必要的事，从而使得共和国在命运面前变得很脆弱。假如萨沃纳罗拉修士在建立纯洁而神圣的共和国时愿意而且能够用武器捍卫新秩序，或者在萨沃纳罗拉修士被烧死后，在共和国的生死存亡之际，索德瑞尼能够不介意违背仁慈、宽容等基督教美德，佛罗伦萨是否能有机会变得更像古罗马一些？可以肯定的是，马基雅维利在这里延续了他在《君主论》中的思考，将德性（或能力）与命运关系方面的分析用在了共和国之上。

命运与时间会带来不确定性，同新君主一样，共和国也需要和这种不确定性对抗。马基雅维利说："世间万物皆有其生命的限度。"共和国也是如此。一个共和国在建立时可能是制度完备、民风良好的，尤其是当它由一位美德昭著、能力强大的人物建立时，如罗慕路斯建立罗马。但即便是这种共和国，也可能会随着时间的推移而失去原有的活力，其法律和制度可能不再那么有效，人们不再具有公共精神，内讧和谣言流行。对马基雅维利来说，这就是共和国的腐化，其原初状态代表了共和国健康时的样子，有时候就需要让共和国回到其原初状态。

那么由谁来做到这一点？马基雅维利认为需要有能力的个人，而且"如果不发生什么事情使它回到它原来的状态，这种腐化就必然杀死那个机体"。[1] 主导推翻罗马国王塔克文统治的布鲁图斯，他的两个儿子后来参与伊特鲁立亚人的复辟阴谋活动，布鲁图斯为了捍卫法律的威严与共和国的自由，毅然处死了自己的两个儿子。还有如卡米卢斯，惩罚了不尊重罗马宗教仪式、擅自出征的军团长官。此类例子很多，它们都表明，共和国经常需要有人在关键时候站出来做一些事情，扭转腐化的趋势，或至少延缓它。

"腐化"（corruzione；corruption）经常被用在有机体上，时间

---

[1] 马基雅维利，《君主论·李维史论》，潘汉典、薛军译，吉林出版集团有限责任公司2013年版，第439页。

会带来腐化，就像苹果放长了会烂一样。[1] 马基雅维利也正是在这个意义上思考共和国与时间的关系。正如他在别的地方所说的，时间有可能会带来好运，但如果仅仅依赖好运的出现，任何建设都将无法完成。在共和国的维系方面，如果共和国中的人什么都不做，将一切交给时间，那么时间一定会带来腐化。在基督教传统的视野里，时间的形象并非这样消极，它反而是救赎的渠道，在时间的尽头是真正的幸福。在永恒的时间面前，此时此刻无论是好是坏，都不重要；上帝是公平的，耶稣将在未来再临并审判一切。马基雅维利对时间并没有这样的好感，认为它带来的更多是难以预测的不确定性，而对于国家法律和制度的建立来说，不确定性通常意味着腐化与毁灭。马基雅维利所表达的这种完全世俗化的时间观念被波考克捕捉到，并成了他的名作《马基雅维利时刻》(*The Machiavellian Moment*) 中的核心概念。在波考克看来，亚里士多德等古典思想家最早将共和国中公民的美德看作需要维持的对象，因此开启了探讨共和国腐化问题的先河，其政体理论也可以被理解为这种腐化焦虑的产物，混合政体因为结合了各种政体的要素，所以较难腐化。但在亚里士多德那里，腐化有一个终极的对立面，即永恒真理。与他的老师柏拉图一致，亚里士多德认为真理是自足的，不会随时间的变化而变化。在政体问

---

[1] Quentin Skinner, *Visions of Politics* (vol. Ⅱ), Cambridge University Press, 2004, pp. 156-158.

题上,亚里士多德也是从这一真理视角理解共和国的政治,最好的政体安排能使共和国的整体存在更接近真理,从而更能免于腐化;而糟糕的政体安排(例如僭主政体等),则因其对真理的背离而本身就构成了腐化。在这个意义上,波考克认为在亚里士多德那里,"所有的人类活动都是价值导向的,都导向某些理论上可辨别的善好",而因为对共同体的参与是为了最高的善好,"公民参与就是一种普世性的活动(universal activity),城邦是普世性的共同体(universal community)"。[1] 这一普世共同体在中世纪阿奎那的思想中得到了宗教化,亚里士多德的普世共同体被吸纳进基督教的普世共同体中,永恒真理在对上帝的信、望、爱中得以具象化,信仰构成腐化的反面。

虽然马基雅维利继承了古典共和理论对腐化问题的焦虑,但他抛弃了共同体与永恒真理之间的内在关联。共同体只有两大目标:"一是获取,另一个是维护自己的自由",其中并不包含灵魂的拯救。相应地,我们从时间那里得不到任何永恒的安顿,时间犹如黑洞,在它的尽头是擅长捉弄人的命运女神。因此,与《君主论》中对命运的描述一致,马基雅维利号召人们不要温顺地面对命运女神的无常,而要与之对抗,对抗越有力,越展示出人的主动性、人的能力,人的运气就越好。很多人认为罗马共和国对

---

[1] J. G. A. Pocock, *The Machiavellian Moment: Florentine Republican Thought and the Atlantic Republican Thought*, Princeton: Princeton University Press, 1975, pp. 67 - 68.

外扩张的成功是因为运气,或者是命运女神的眷顾,或者在于罗马人为命运女神修建了最大的庙宇,做了最虔诚的奉献,甚至很多罗马人自己也是这么理解的,包括历史学家李维。[1] 但在马基雅维利看来,这其实都错误地理解了罗马成功的真正原因。当然,也不是说罗马运气不好。如果我们看罗马共和国早期扩张的历史,确实似乎命运女神时常眷顾罗马,但她之所以运气好,不是因为她的消极等待,而恰恰是因为她的主动出击,更多地相信自己的能力,更积极地发挥自己的能力。换言之,越相信自己,命运女神反而越愿意垂青;而消极的态度——即便向命运女神做出再多奉献——则无助于获得好运。马基雅维利认为这一原理是现代人应该学习的:"我认为罗马人民在这方面拥有运气,如果所有那些君主都能像罗马人一样行事,并且具有和罗马人一样的能力,他们也都会有这种运气。"[2]

2 与命运对抗

共和国的维系所需要的能力可以在哪里找到?马基雅维利首先将希望寄托在杰出的个人身上。就像君主要维系其国家,需要超凡的个人能力一样,一个共和国要保持其"自由和强大",也需

---

[1] Titus Livius, *Livy* (Ⅷ), trans., Frank Gardner Moore, London: William Heinemann Ltd., p. 479.
[2] 马基雅维利,《君主论·李维史论》,潘汉典、薛军译,吉林出版集团有限责任公司2013年版,第322页。

要杰出的个人,他们往往能在危急时刻挺身而出,挽救共和国,使其免于堕入奴役状态。马基雅维利说:"我认为,一个共和国如果没有杰出的公民,它就不可能持续,它无论如何也得不到好的治理。"[1] 他在另一处也说,在共和国中,"个人通过自己的榜样和有德行的作为,产生一种与法律相同的效果",以及"在共和国产生这种好结果或者是领先某个人,或者是领先某个法律"。[2] 这些杰出的个人,在罗马包括从罗慕路斯以来的许多人,如布鲁图斯、辛辛纳图斯等。马基雅维利认为这些个人的作用是如此重要,以至于他将《李维史论》几乎整个第三卷都用来讨论这方面的问题,他说:"为了向所有人表明单个公民的行为如何使罗马变得伟大,并在那个城邦产生很多好的效果,我将要对它们进行讲述和讨论。"[3] 与对这种杰出个人的重视相对应的是他对民众的一种较轻视的态度,他说:"没有什么事物比民众更加易变和不坚定的了。"[4] "人民许多时候被一种好的假象所蒙骗,想要自取灭亡;并且如果人民所信任的某个人不能让他们认识到此为坏事以及什么

---

[1] 马基雅维利,《君主论·李维史论》,潘汉典、薛军译,吉林出版集团有限责任公司2013年版,第535页。
[2] 马基雅维利,《君主论·李维史论》,潘汉典、薛军译,吉林出版集团有限责任公司2013年版,第440—441页。
[3] 马基雅维利,《君主论·李维史论》,潘汉典、薛军译,吉林出版集团有限责任公司2013年版,第443页。
[4] 马基雅维利,《君主论·李维史论》,潘汉典、薛军译,吉林出版集团有限责任公司2013年版,第302页。

是好事,就会在这些共和国里造成无尽的危险和损害。"[1] "一群无头领的民众是无用的。"[2]

这些对平民不信任的态度与前述马基雅维利对平民的赞扬和肯定似乎有一些矛盾。我们在前文已经较详细地阐释了他提出的在共和国的自由维系中平民的正面作用,特别是他们如何更倾向于一种自由制度。马基雅维利甚至说,"把人民的声音比作上帝的声音不是没有理由的"。[3] 因此有论者认为马基雅维利在这里有一些自相矛盾之处,好像他既肯定又否定平民,相应地对贵族也似乎既贬低又褒扬。[4] 但这一判断可能忽视了马基雅维利讨论这些问题时的语境。他在肯定平民的正面作用时,总是在一种类似阶级关系的语境中做出分析:如果要保存共和国的自由的话,贵族和平民两个群体哪个更希望共和国维持自由?他的答案总是平民,因为平民总是能从自由制度中获利更多。反之,贵族在一个自由的共和国中能够保持优势地位,但总要受到种种制约,而如果抛弃这些条条框框的约束,建立某种寡头制的政体,他们应该会更满意。相较而言,平民就少有这种统治与压迫的欲望。因此从总体上看,平民总是与公共利益更接近一些。也正因为此,马基雅

---

[1] 马基雅维利,《君主论·李维史论》,潘汉典、薛军译,吉林出版集团有限责任公司2013年版,第287页。
[2] 马基雅维利,《君主论·李维史论》,潘汉典、薛军译,吉林出版集团有限责任公司2013年版,第267页。
[3] 马基雅维利,《君主论·李维史论》,潘汉典、薛军译,吉林出版集团有限责任公司2013年版,第305页。
[4] 吴增定,《马基雅维利论人民》,《哲学动态》2016年第6期。

维利认为平民的抗争是罗马共和国不断改进法律和制度，实现更充分的自由的前提条件。但当他在贬低平民的作用时，平民的对立面就不再是贵族，而是所谓"杰公的公民"。特别值得注意的是，这些公民不一定是阶级意义上的贵族，完全有可能出身平民行列。例如很多出身于平民的保民官就具有伟大的美德与能力，保民官这个职位的设计就是让其成为平民的代表者和领导者，替平民伸张正义，这些人同时也是共和国中的"杰出公民"。在《佛罗伦萨史》中，他还提到一位名叫米凯莱的平民起义领袖，他的一些言行使他与许多短视、平庸的平民区别开来，使他成为一位足以与许多贵族英雄人物相媲美的领导者，并得到马基雅维利明确的赞扬。[1]

在平民与贵族这两个"阶级"对共和国自由的作用方面，马基雅维利显然明确地与古代传统告别，但在杰出公民与普罗大众的关系方面，他其实更像古代人，相信人与人之间是天然不平等的。这一点就像柏拉图认为城邦中的人是不平等的，类似于金、银、铜的等级区分一样，人也在城邦中扮演着不同的角色。马基雅维利认为杰出的公民个人在共和国应对命运带来的不确定性方面具有至关重要的作用，因为在危急关头，需要果断地采取决定，大众往往自私自利、意见不一，他们不适合做这种果断的决定。这种个人的作用甚至在共和国的创建时就显示了出来。马基雅维

---

[1] 马基雅维利，《佛罗伦萨史》，王永忠译，吉林出版集团有限责任公司2013年版，第138页。

利认为"如果想要组建一个新的共和国或者要在一个共和国鼎新革故,必须一人独自担当",典型如罗慕路斯创建罗马,或像梭伦对雅典的改革,他们"除非大权独揽,否则就不能对他的祖国做(那些)好事"。[1] 一个具有美德和智慧的人创立的法律和制度更可能具有内在一致性,更少自相矛盾,当然个人立法者需要有能力且尽量少私心。所以马基雅维利也说:"一个共和国或王国的创建者有多么值得赞美,一个专制国的创建者就有多么该咒骂。"前者能给这个杰出的人带来莫大的荣誉,而后者则只有骂名。类似地,曾经赞誉马基雅维利的卢梭也认为理想的共和国应该有一个立法者,类似斯巴达的莱库古那样,这个立法者最好在为共和国立法后离开这个国家永不返回。[2] 立法但不生活在这个法律之下,也就完全排除了立法者利用自己所立之法来谋取私利的可能性,相当于利用这个外部条件确保立法者的美德。当然,马基雅维利所举的例子大多不包含这种去国离乡的选项。共和国之所以需要这些杰出公民,大多数时候还不是因为创建国家,而是改革或引领,包括前文提到的共和国需要时不时"回到源头",回到初创时的精神。

个人对共和国政治的干预到底是什么?马基雅维利做过这样的解释:"那个人的那些德行具有如此大的名声和如此强大的榜样

---

[1] 马基雅维利,《君主论·李维史论》,潘汉典、薛军译,吉林出版集团有限责任公司 2013年版,第176页。
[2] 卢梭,《社会契约论》,何兆武译,商务印书馆2003年版,第91页。

力量,以致好人希望模仿它们,坏人则羞于维持与它相反的生活。"[1] 在这方面,他举了罗马的科克勒斯、斯凯沃拉、法布里基乌斯等例子。马基雅维利对有美德的个人的期待颇像孔子所说,"君子之德风,小人之德草,草上之风,必偃"。这也与西方古典思想传统中的美德观念类似,例如我们在上一章讨论的色诺芬对居鲁士国王的理解,其核心正是用美德感化民众。当然在色诺芬的例子中,"民众"很多时候并不是真的平民,而是战争中失败的敌方将领甚或国王。但道理是一样的,如果国王或将军都能被居鲁士的仁慈、宽容等德行感动,以至于放弃自己的武装抵抗,臣服于居鲁士,那么普通的平民显然更容易、更应该被感化。[2] 普鲁塔克(Lucius Mestrius Plutarchus)在《希腊罗马名人传》(Lives of the Noble Greeks and Romans)中也记载了很多这样的有美德之人,如他称赞老加图:"高贵的德行使他在罗马拥有声誉和权势。"[3] 又如:"弗拉米尼努斯对希腊人的公正、宽厚和仁慈,展现出高尚和慷慨的天性。斐洛波门充满勇气的行动,为了维护国家的自由权利反抗罗马人的专制,这种决心更为崇高而伟大。"[4] 马基雅维利提到的辛辛纳图斯,平日打理农庄,受征召为国打战,

---

[1] 马基雅维利,《君主论·李维史论》,潘汉典、薛军译,吉林出版集团有限责任公司2013年版,第442页。
[2] 色诺芬,《居鲁士的教育》,沈默译,华夏出版社2007年版。
[3] 普鲁塔克,《希腊罗马名人传》,席代岳译,吉林出版集团有限责任公司2009年版,第1362页。
[4] 普鲁塔克,《希腊罗马名人传》,席代岳译,吉林出版集团有限责任公司2009年版,第698页。

而在战后重新回到农庄,这种典型的罗马爱国者也是许多人传颂的对象。但马基雅维利所讨论的杰出公民的美德并不止于这种感召,它还包括惩罚,即对不服从法律或风俗的人的制裁,例如前文提到的传播谣言的曼利乌斯,甚至有时要对一些骚乱进行镇压,做这些事同样需要勇气与美德。而且,他认为这种惩罚性的举动往往比感召和引领更加重要,因为大多数时候普通人不会主动地成为好人,需要有人外在地驱使。为了使惩罚有效果,需要过一段时间就来一次,使人们恢复对作恶后果的记忆。"当对这种惩罚的记忆消失时,人们又敢于尝试政治动乱和说统治者的坏话,因此有必要对此采取措施,把政权拉回到它的源头。"[1]

当然,更重要的是,对马基雅维利而言,杰出的公民在为了维护共和国时,也可以不惜自己"作恶",包括使用暴力。这一方面的代表性例子当然就是罗慕路斯杀死自己的弟弟,还有如布鲁图斯杀死自己的儿子等。马基雅维利认为这种行为虽然令人在道德观感上不快,但人们最终会受益于这一行为的后果,即一个健康、自由而强大的共和国,他们也会因此后果而赞扬那个施加暴力的人,忘记暴力本身。所以他试图说服潜在的共和国的杰出公民:

> 一个审慎的共和国创建者,并且如果他想的是要对共同

---

[1] 马基雅维利,《君主论·李维史论》,潘汉典、薛军译,吉林出版集团有限责任公司2013年版,第442页。

福祉有益而非对自己有益，不是对自己的子孙后代有益而是对共同的祖国有益，他就应该想方设法独揽大权；一个心智健全的、有才华的人也绝不会斥责某个人为了组建一个王国或建立一个共和国而采用任何非法行动。极为合理的是，尽管就行为而言应该指控他，但就结果而言应该原谅他；并且如果结果是好的，就像罗慕路斯的结果那样，总是应该原谅他，因为应该受斥责的是那些使用暴力破坏的人，而不是那个使用暴力重整的人。[1]

在古代共和传统中，人们也认为共和国自由的维系需要有美德的人，但这种美德显然不包括做那种杀自己亲弟弟的事。一个人如果连自己的灵魂都无法拯救，如何能够拯救国家？但马基雅维利认为这恰恰是颠倒了事物的前后秩序，将想象的东西当成了真实的东西。在真实的世界中，共和国的维系一定需要暴力。为什么建立这种法律和制度而不建立另一法律和制度？传统的思想家们从巧合中读到某种神意，而马基雅维利则认为这里并没有神意，仅仅是其中一种秩序得到了更大的能力的支持，而将别的秩序的可能性排除，这种排除本身就是暴力的体现，因而暴力是不可避免的，只不过其后果存在人为操控的空间。

---

[1] 马基雅维利，《君主论·李维史论》，潘汉典、薛军译，吉林出版集团有限责任公司2013年版，第174—175页。

3 制度与宗教

在杰出公民个人的能力之外,共和国的维系还要依靠整体的力量。马基雅维利说:"即使一个人有组建共和国的能力,但仅仅靠一个人来组建,所组建的政府也不会持续长久;相反,如果由许多人来关照,并且依靠许多人来维护,则它确能持续长久。"[1]如何使"许多人"有动力或意愿关照城邦整体利益?换言之,如何使他们具有维系共和国所需要的美德?马基雅维利认为宗教和法律制度是两个至关重要的维度。如前所述,马基雅维利对人性的基本预设是恶的和自私好斗的,一有机会便破坏秩序以图自利,如何让这样的人主动为共和国服务?马基雅维利认为,罗马成功的一个重要原因就是其宗教。罗慕路斯创建了罗马,但其继任者努马的伟大其实不亚于罗慕路斯,因为他创建了罗马人服从的宗教。"努马发现罗马人民极其凶悍,希望通过和平的技艺使之变得温和并且顺从,便转向作为如果要维持一种文明就完全必要的事物的宗教,而且他建立宗教到如此地步,以至多个世纪以来,对神所怀有的敬畏之情,从来没有像在那个共和国里那样深切过。"[2]"宗教"(religion)在拉丁文中为"religio",词根原为"ligo"或

---

[1] 马基雅维利,《君主论·李维史论》,潘汉典、薛军译,吉林出版集团有限责任公司2013年版,第175页。
[2] 马基雅维利,《君主论·李维史论》,潘汉典、薛军译,吉林出版集团有限责任公司2013年版,第181页。

"ligare",是联系、捆绑的意思,具有将人团结起来的含义,在其本义上确实对共和国的整体利益有用。马基雅维利在讨论宗教的作用时,主要也是从这一层意思上说的。他提到当汉尼拔在坎尼打败罗马军队时,许多罗马公民聚集在一起,出于绝望,他们协商想要离开意大利前往西西里,当西庇阿得知此事后,就去找到那些公民,手持出鞘的利刃,逼迫他们发誓不得离弃祖国。这既是杰出公民的干预,也是宗教的作用,因为在罗马违背誓言——哪怕是被逼所发的誓——也是对神灵的不尊敬,而罗马人害怕神灵远超过害怕某个具体的人,所以西庇阿所做的实际上是使宗教发挥其作用,"激励"罗马公民为祖国的生存和自身的长远利益作拼死抵抗。类似的例子还包括,罗马人攻打维爱人的城市,历经十年仍然不能攻下,第十年时阿尔巴诺湖湖水以惊人速度上涨,加上罗马士兵长期在外打仗,感到疲惫不堪,希望返回罗马,但当他们听到神谕说"对维爱人城邦的攻陷可能发生在阿尔巴诺湖湖水泄洪的那一年"时,士兵们"为这个攻克城池的希望所振奋",愿意忍受围攻的各种麻烦,最终获得了胜利。[1]

宗教除了在对外战争中能发挥作用外,在国内自由的维护中也有用。例如马基雅维利提到某次平民希望剥夺贵族担任军团长官的权利,除一人外全部由平民组成,而那一年正好发生了瘟疫和饥荒,贵族在下一次任命军团长官时说这是因为诸神发怒了,

---

[1] 马基雅维利,《君主论·李维史论》,潘汉典、薛军译,吉林出版集团有限责任公司2013年版,第189页。

因为罗马滥用了其权力的威严,并说要平息神的愤怒,只能使军团长官的选举恢复旧制,平民"因惊恐于宗教,任命了全部是贵族担任的军团长官"。马基雅维利认为这对罗马是有利的。再如,一位保民官意图通过极端的法律,但最终平民们因恐惧神谕而对该保民官有所制约,避免了进一步的内部骚乱。罗马军队将领经常故意"创造"某种神谕,以达到他们想要的效果。比如在出征打仗时,他们要进行所谓"鸡占",但当结果不好时,他们也会告诉士兵结果是好的,从而尽量不浪费一次军事机会,只要士兵相信,便起到了他们想要的作用。这就更进一步说明,马基雅维利在这里完全是从"工具性价值"(instrumental value)的角度来看待宗教的作用,即它其实是有利于共和国的自由与扩张,而不是说它具有拯救人的灵魂的作用。正如马基雅维利所说,"如同遵奉神明是共和国之伟大的原因一样,轻视神明是它们毁灭的原因"。罗马共和国强大的原因之一即在于,"只要说说罗马人民全体一起以及许多罗马人自己的无数行动,就会发现那些公民害怕违背誓言更甚于害怕违反法律"。[1]

正是因为马基雅维利对宗教采取了一种完全的工具性价值的视角,他才对罗马的"异教"(pagan religion)多有赞美,却对他自己所处时代的基督教会提出了很多尖锐的批评。他对罗马教会两方面的攻击,其中第一个最为直接而致命,即罗马教会使得人

---

[1] 马基雅维利,《君主论·李维史论》,潘汉典、薛军译,吉林出版集团有限责任公司2013年版,第181—182页。

们"无信仰"，原因是教会自身的腐败与虚伪使得真正接触这个教会的人——即意大利人——都对信仰有所幻灭。当上帝的代表都如此贪婪和堕落时，如何还能要求别人真诚地信仰？因此，马基雅维利谴责道，罗马教廷"使我们变得无宗教和邪恶"，这显然不利于好的国家的建立。罗马教会另一个恶行是，他们"没有强大到足以能够占据意大利的程度，又不允许任何其他人占据它"。教会无法在信仰上起到引领意大利的作用，因而无法团结民众，但它仍然有宗教权力，仍然可以利用这种权力为其自身谋利益，为此不惜经常与外国势力——如法国和西班牙——结盟，以抬高自己在意大利的地位。马基雅维利因此痛陈，意大利之所以沦为外邦人的猎物，"应该感激的是教会，而不是任何其他人"。[1] 在教会之上，马基雅维利对基督教本身也有直接的批评，其理由在下面这段话中体现得最为清楚：

> 因此，对于那些古代人民比现今这个时期更加热爱自由，通过考虑这缘何能够产生，我认为其原因与那个造成现在的人不如古时坚强的原因是相同的，这个原因在我看来就是：我们的教育与古代有差异，而这种差异是基于我们的宗教与古代的差异。因为，我们的宗教既已向我们指明了真理和真正的道路，便使我们不那么重视世俗的荣誉；而异教徒很重

---

[1] 马基雅维利，《君主论·李维史论》，潘汉典、薛军译，吉林出版集团有限责任公司 2013 年版，第 187 页。

视这种荣誉，并已经相信这是他们的至善之所在，因此他们在战斗中更加勇猛好战。……虽然我们的宗教要求你在内心坚强，但它是要你适合于忍受痛苦，而不是去做一件大事。因此，这种生活模式似乎使尘世变得软弱，并使世界成为邪恶者掠夺的对象。这些人可以安心地统治这个世界，因为他们明白，大部分人为了进入天国，考虑得更多的是容忍邪恶者的蛮横行径而不是为此进行报复。虽然可能看起来这个世界变得柔弱了，天堂也被解除了武装。[1]

可以看出，马基雅维利延续其看待宗教的工具性视角，认为基督教本身从总体上来说过于强调彼岸的价值，而不鼓励人们在此世积极地参与政治，建立一个此世的自由共和国。[2] 后来法国政治思想家卢梭几乎复制了这一段对基督教的批评，他在《社会契约论》中说道："基督教只宣扬奴役与服从，它的精神是太有利于暴君制了，以致暴君不能不是经常从中得到好处的。真正的基督徒被造就出来就是做奴隶的，他们知道这一点，可是对此却几乎无动于衷，这短促的一生在他们心目之中是太没有价值了。"[3]

我们当然可以从基督教的文献中找到很多马基雅维利和卢梭

---

[1] 马基雅维利，《君主论·李维史论》，潘汉典、薛军译，吉林出版集团有限责任公司2013年版，第327—328页。

[2] Benedetto Fontana, "Love of Country and Love of God: The Political Uses of Religion in Machiavelli", *Journal of the History of Ideas*, vol. 60 (4), 1999.

[3] 卢梭，《社会契约论》，何兆武译，商务印书馆2003年版，第179页。

指控的依据。奥古斯丁在《上帝之城》中就认为，人在此世的生活是暂时的和有限的，只有朝向上帝的生活才是值得过的，死后的世界才是人真正的归宿。从这一角度看，很多共和主义者念兹在兹的共和国的自由与正义就显得很可笑。奥古斯丁曾评论西塞罗说：

> 按照西塞罗的《共和国》中西庇欧给出的定义，罗马从来没有过共和。……他把人民定义为，共同认可什么是正义，并且是利益共同体的大众的团体。他在对话中揭示了，他说的"共同认可什么是正义"是什么意思，以此表明，没有正义就没有共和；而在没有真正的正义的地方，不会有权利（ius）。……那么，让人自身离开上帝，让他屈服于肮脏的鬼怪的，算是什么人的正义？……按照这个定义，根本就没有人民，也就没有所谓的他们的共和，因为没有正义在其中。[1]

奥古斯丁的教导是，"在此生的旅途中步履轻盈地上路，走向那个祖国，在那里，上帝才是真正的财富"。[2] 与这种观念相应的是，奥古斯丁对现实中的政治统治形式问题讨论得很少，他对政治秩序的期待大致局限在"和平是不该责备的"这一点上，"只要

---

[1] 奥古斯丁，《上帝之城》（下），吴飞译，上海三联书店 2009 年版，第 156—158 页（19：21）。
[2] 奥古斯丁，《上帝之城》（上），吴飞译，上海三联书店 2007 年版，第 202 页（5：18）。

两个城相互交错，我们就可以利用巴比伦的和平"。[1] 为了和平，人应该尽可能地忍受专制和暴政，这种忍受也是人的谦卑的表现，人应该承认自己是有罪的，不应该骄傲地认为自己知道什么是正义，也不应该试图用这种观念来建立一个新的国家："在人类的和平秩序上，那些受别人统治的人可以产生服从的谦卑，这是有益的。"进而，尘世中的专制统治本来是神意安排的："所有的胜利，哪怕是坏的一方的胜利，也是出自神的审判，为了纠正或惩罚罪过而羞辱被征服者"，"奴役的首要原因是罪，使人被人征服，遭受镣铐之苦"，"奴役正是神法发布的惩罚"。[2]

中世纪晚期的圣托马斯·阿奎那相对于奥古斯丁而言更重视政治统治形式问题，他吸收了很多亚里士多德的学说，认为人在此世能够而且应该建立一个美好的、正义的共和国，尽管这种共和国最好应该由君主引领。在这一共和国的建立和维系中，阿奎那认为基督教信仰能够起到非常关键的作用，因为只有它能使人们具备共和国所需要的善良美德。[3] 但即便如此，在阿奎那看来，这一共和国与上帝的道或与另一个世界相比，仍然是微不足道的，人的理智本身的来源即是上帝的"独立理智"。[4]

---

[1] 奥古斯丁，《上帝之城》（下），吴飞译，上海三联书店 2007 年版，第 166 页。（19：26）
[2] 奥古斯丁，《上帝之城》（下），吴飞译，上海三联书店 2007 年版，第 150—151 页。（19：15）
[3] 阿奎那，《阿奎那政治著作选》，马清槐译，商务印书馆 1963 年版，第 83—89 页。
[4] 托马斯·阿奎那，《神学大全》，段德智译，商务印书馆 2017 年版，第 126—130 页。

阿奎那关于基督教信仰如何有助于共和国政治健康的讨论实际上是马基雅维利批评基督教、褒扬罗马异教的直接对应物，二者的区别主要在于马基雅维利对人的灵魂的拯救并不太感兴趣，而且认为共和国的自由与此没有关系。但阿奎那关于信仰和自由的讨论后来却继续以一种间接的方式影响了现代"自由主义"政治思想家贡斯当、托克维尔等人。托克维尔就曾说，"宗教是首要的政治制度"，"在美国，宗教从来不直接参加社会的管理，却被视为政治制度中的最主要制度"。[1] 这里的宗教当然指的就是基督教，托克维尔给出的理由也类似于阿奎那，主要是这种信仰让人们从物质利益中抬起头来，看到更高的、更长远的"利益"，严格来说最长远的利益即是死后进入天堂。这种对长远利益的追求对共和国有用，因为共和国所需要的美德实质上也是一种对长远利益的考虑，它同样要求公民个人以一种扩大的、长远的眼光看待自身的利益，而不是仅考虑当下的、私人性的和物质性的好处。[2] 托克维尔与阿奎那虽然相隔很远，前者也不是虔诚的信徒，但他们的一个共同点是，他们都相信，一个完全由无信仰者组成的社会更有可能是一个专制的社会，或者说只有一个专制统治者才能将这样一群人组合成一个整体。也正是因为这一点，在一篇题为《托克维尔的马基雅维利主义》（"Tocqueville's Machiavellism"）的文章中，曼斯菲尔德和温斯罗普（Delba Winthrop）说："在他

---

[1] 托克维尔，《论美国的民主》（上、下），董果良译，商务印书馆 1988 年版，第339 页。
[2] 段德敏，《托克维尔论现代社会的自由与宗教》，《复旦学报》2014 年第 4 期。

（马基雅维利）对自然的不可知性和人性的可塑性的强调之下，他开启了现代科学的物质主义之门。相反，对托克维尔来说，自由需要自由灵魂的力量和骄傲，后者在贵族制比在民主制中更易找到。"[1] 不过曼斯菲尔德和温斯罗普未能考虑的是，这两位近代思想家其实都用一种工具性的视角看待宗教，即便是托克维尔，也未曾断言人们能在宗教中得到拯救，尽管宗教的确对共和国有用。这就像是一个高贵的谎言，它能帮助人们更有机会成为好公民，从而过上更好的生活，其本身的真假不受托克维尔关心。我们只要看看托克维尔下面这段话就知道了。他说："我认为，叫他的公民们想到自己的灵魂会脱生为猪，总比他们确信根本没有灵魂要少暴露出一些兽性。"[2] 在马基雅维利那里，如果宗教有什么用处，它在本质上何尝不是一种高贵的谎言？但人是脆弱、易变的，人需要一些谎言让他们成为更好的自己，把他们从自己手里多少拯救出来一些，这可以说恰恰是托克维尔和马基雅维利的共通之处。

宗教是持续性的力量，能在很大程度上克服时间中的不确定性，因此马基雅维利希望能从中获得对共和国的支持。因此，在他看来，建立罗马宗教的努马和罗慕路斯一样伟大。对共和国的维系除了个人的能力、宗教之外，还需要法律和制度，特别是法

---

[1] Harvey C. Mansfield & Delba Winthrop, "Tocqueville's Machiavellianism", *Perspectives on Political Science*, vol. 43, 2014, pp. 87 - 92.
[2] 托克维尔,《论美国的民主》(上、下),董果良译,商务印书馆1988年版,第678页。

律和制度背后的政治生活本身。我们在本章第二部分"冲突的政治"中已经对此有所阐释,并将在第五章中从另一个角度,以马基雅维利关于佛罗伦萨历史与政治的讨论为基础,做进一步的分析。

第五章　佛罗伦萨史的启示

《佛罗伦萨史》是马基雅维利写的最后一部著作,此前,在被迫自我流放和参加奥里切拉里花园对话时期,他还创作了很多文艺作品,如黑色喜剧《曼陀罗》、讽刺诗歌《金驴》(*Asino d'oro*)等,并写作了一本《用兵之道》,这是他在生前唯一公开出版的著作。除此之外,他的写作还包括《佛罗伦萨改革论文》(*Discorso sopra il riformare lo stato di Firenze*)、《卢卡市情况总结》(*Sommario delle cose della citta di Lucca*)、《卢卡的卡斯土次奥·卡斯土坎尼的一生》(*Vita di Castruccio Castracani da Lucca*)等等。《佛罗伦萨史》的写作也是马基雅维利获得美第奇家族重新聘用的一项工作,当时新当选的教皇列奥十世(Leo X)是美第奇家族的成员,也是佛罗伦萨人,他付给马基雅维利一笔钱,请他写作一部新的佛罗伦萨城市历史。对马基雅维利来说,这是一项很高的荣誉,在他之前曾有非常著名的学者如波焦(Poggio Bracciolini)、布鲁尼(Leonardo Bruni)写过该城市的历史,因此他对这项工作付出了很大的心血。另一方面，也似乎预示着他的政治生涯有了重获转机的希望，毕竟在这之前很长一段时间他都想得到美第奇家族的任用。然而，就像命运跟他又一次开了一个巨大的玩笑一样，在《佛罗伦萨史》完成之后的第三年（1527），美第奇家族再次失去对佛罗伦萨的控制，这个城市又一次恢复了自由。而马基雅维利自己也很快重病不起，并于同年去世。

从政治理论的意义上说，《佛罗伦萨史》是马基雅维利晚年最重要的一部作品，反映了他对早年政治思考——尤其是《李维史论》中的共和理论——的反思、补充和修正，非常有助于我们更好地看到他的政治思想的全貌。该书的内容本身更接近现代，因为文艺复兴时期的佛罗伦萨已经商业发达、工业技术领先、社会流动性大。与此相伴随的是新的社会问题，工人起义频繁，城市阶级矛盾严重，当时的佛罗伦萨几乎预先展现了西欧社会19世纪到20世纪上半叶的发展。马基雅维利对佛罗伦萨城市组织——尤其是其阶级关系——的思考相当于是他在前期发展出来的新共和理论的一次重新检验，也是其共和理论在新的经验和材料下的再发展。正如我们在本章中将要解释的，马基雅维利并没有从根本上改变他原来的思考，而是对一些关键问题做了进一步澄清。这其中最关键的问题是他对"冲突"的理解和对平民的态度。表面上看，他似乎改变了原来的理论立场，对二者有很多尖锐的批评，但实情真是这样吗？

从马基雅维利在《佛罗伦萨史》中对派系冲突的批评、担忧以及对民众的不信任态度,我们可以联想到美国建国时期的重要文献《联邦党人文集》,其中记载了汉密尔顿对早期希腊和意大利共和国内"不安的骚动"以及"它们永远摇摆于暴政和无政府状态这两个极端之间"感到"恐怖和厌恶"。[1] 我们甚至可以将汉密尔顿等人的努力看作是为了防止美国也陷入这种状态之中。事实上,马基雅维利表达了类似的厌恶之情。他在仔细研究了佛罗伦萨的历史和现状之后感叹道:"没有任何其他共和国遭受的党争状况比佛罗伦萨更显而易见,……这些党争的结果是众多的家破人亡、流离失所,在迄今为止任何其他邦国的历史中都罕有出其右者。"[2] 然而,马基雅维利又对古罗马共和国内部的"纷争"有赞誉之辞。马基雅维利在晚年改变了原来的激进立场,转向保守了吗?

一 保守与激进

至少从表面上看,《佛罗伦萨史》中的讨论与《李维史论》最大的不同在于,马基雅维利在相当程度上修正了对"平民—贵族"阶级关系理解中的平民立场,对平民的斗争有诸多批评和反思。首先,我们要理解的是,相对于其前辈波焦和布鲁尼写作的佛罗

---

[1] Alexander Hamilton, John Jay & James Madison, *The Federalist*, Indianapolis: Liberty Fund, p. 37.
[2] 马基雅维利,《佛罗伦萨史》,王永忠译,吉林出版集团有限责任公司2013年版,第2页。

伦萨史,马基雅维利写的历史明显更注重底层平民。波焦和布鲁尼的历史多以王公贵族为主角的大事件线索展开,可以说是一种"大历史",[1] 而马基雅维利的历史则更多偏重小人物的历史细节,特别是底层民众的反抗和斗争。在这一点上,马基雅维利可以说与早期《李维史论》等历史写作一脉相承。他自己也在《佛罗伦萨史》序言中说:

> 我认真阅读了他们(莱奥纳尔多·阿雷佐和马尔科·波焦)的作品,……他们在叙述佛罗伦萨人与其他君主和邦国的战争时,勤奋之至,准确可靠;而在国内动乱和内部纷争及其产生的影响方面,他们要么三缄其口,要么一笔带过,而读者则无从受益或无所适从。[2]

可以说,马基雅维利写的是一种"小历史"。他在书中详细地、不厌其烦地记载了大量的佛罗伦萨城历史上规模不一的平民暴动,讨论了民众的观点、情感、立场等。一部佛罗伦萨的历史在他那里不是大人物的编年史,而是民众斗争的历史,特别是民

---

[1] Donald J. Wilcox, *The Development of Florentine Humanist Historiography in the Fifteenth Century*, Cambridge: Harvard University Press, 1969. Leonardo Bruni, *History of the Florentine People* (vol. 1), trans. James Hankins, Cambridge: Harvard University Press, 2001.

[2] 马基雅维利,《佛罗伦萨史》,王永忠译,吉林出版集团有限责任公司2013年版,第1页。

众如何一步步打倒、推翻上层贵族精英，如何试图建立新的政府，并努力维持斗争成果的历史。

然而，令人有些意外的是，他在这一"平民化"的历史写作中，对平民又多有批评，对贵族或贵族精神反而有比《李维史论》更明显的褒扬。例如，在《佛罗伦萨史》第二卷结尾处，在前两卷已经记述了很多平民暴动的事例的背景下，他说：

> 可是平民，尤其是最底层的那部分平民，对战利品充满贪婪和渴望，掠夺和洗劫了他们所有的房屋，他们的官殿和塔楼被如此疯狂地毁坏和焚烧，甚至那些对佛罗伦萨这个名字深恶痛绝的最凶狠的敌人也有耻于这种破坏。[1]

紧接着，在第三卷开头，他反思道："贵族身上原有的尚武精神和宽宏气质丧失殆尽，平民从来就不具备这些特性，今后也不会恢复，因此，佛罗伦萨总是变得越来越孱弱，越来越卑鄙无耻。"[2] 类似的例子还有很多，它们给了我们一种印象，即马基雅维利虽仍然采取一种平民视角来看待佛罗伦萨共和国，类似他在《李维史论》中对罗马共和国的观察，但在这里它明显对大量持续不断的平民暴动感到恐惧，以至于它似乎开始反思激进的平民政

---

[1] 马基雅维利，《佛罗伦萨史》，王永忠译，吉林出版集团有限责任公司2013年版，第108页。
[2] 马基雅维利，《佛罗伦萨史》，王永忠译，吉林出版集团有限责任公司2013年版，第112页。

治,反思"冲突"对共和国自由的重要性。这一反思其实在《佛罗伦萨史》的第二卷开头处即已展现,马基雅维利说:"佛罗伦萨人凭借内政和军事制度奠定了他们自由的基础(1256),无法想象佛罗伦萨在这么短的时间里取得了如此巨大的优势和力量。……如果它没有遭受到经常性的一再爆发的冲突的打击,佛罗伦萨很可能会实现更高的宏图大业。"[1] 这岂不是与我们在前面讨论的马基雅维利对冲突的重视、对冲突导致罗马"自由而强大"的分析相矛盾?马基雅维利在这里转变观点和理论立场了吗?

这一"变化"引起了很多论者的注意,很多人认为他在这里转向了"保守"。[2] 保守的对立面是"激进",我们在理解这一"保守转向"之前,先要对激进的马基雅维利解读做一个简单的回顾。如前所述,从"激进"视角对马基雅维利的解读主要来自马基雅维利政治思想中包含的平民立场。施特劳斯曾以一种诋毁的语气说马基雅维利的学说是对古典政治哲学的反动,"他是开启了民主传统的哲学家"。[3] 古典的政治哲学都将民众的数量看作某种单纯的力量,在性质上与暴君所使用的暴力不相上下,而与这种力量相对的是知识。在谁应该具有统治权的问题上,显然是知识有其

---

[1] 马基雅维利,《佛罗伦萨史》,王永忠译,吉林出版集团有限责任公司2013年版,第59页。

[2] Humphrey Butters, "Machiavelli and the Medici", in *The Cambridge Companion to Machiavelli*, edited by John M. Najemy, Cambridge: Cambridge University Press, pp. 64–79.

[3] Leo Strauss, *Thoughts on Machiavelli*, Glencoe: The Free Press, 1958, p. 294.

王位。或者在意见与知识的分野中，显然也是知识的地位更高。因此古典政治哲学从总体上来说是持一种贵族立场，因为普通民众总是具有数量的优势，但知识一般掌握在少数人手里，尤其是受教育程度、财富水平较高的那些人手里。马基雅维利从根本上改变了这一古典观念，他恰恰希望将权力建立在民众的支持和跟随基础上，虽然民众的观念和意志是可以被"新君主"塑造的，但君主与民众之间的二元关系取代了意见和知识之间的二元关系，从而开启了现代性的先河。

施特劳斯、曼斯菲尔德等人认为马基雅维利这一对古典传统的反动是很遗憾的，开启了"三波现代性浪潮"的第一波，是相对主义、虚无主义等现代病的始作俑者。但另一些学者却从中看到马基雅维利的"有益的"现代性，在民主的与贵族的立场之间，马基雅维利的民主立场正是现代社会所需要的。这正是所谓"马基雅维利式民主"理论的由来，其代表人物是约翰·麦考米克（John McCormick）、伊夫·温特（Yves Winter）、阿曼达·马赫（Amanda Maher）、克利斯托夫·霍尔曼（Christopher Holman）等人。正如我们在上一章中所说，马基雅维利确实在"平民—贵族"这一阶级关系中倾向于平民立场，他认为"把人民的声音比作上帝的声音不是没有理由的"，人民更倾向于保存自由，而贵族从总体上来说更有破坏自由、建立贵族统治的欲望。从这一点出发，麦考米克等人将马基雅维利看作一位具有非常激进色彩的现代政治思想家，甚至将他看作现代激进民主理论的先驱。这一解读是从批评剑桥共和主义学派开始的,但很多时候学术批评的前提是共享某种立场。

麦考米克从总体上来说同情剑桥学派的努力,即将马基雅维利放到一种共和主义的传统之中,挖掘其政治思想中积极的、与自由有关的成分,并为现代社会所用。在这一前提之下,麦考米克对斯金纳等人提出了尖锐的批评,他认为剑桥学派过多地将马基雅维利与当时意大利的人文共和主义思想家们联系在一起,而忽视或低估了马基雅维利与他们之间的区别。或者更准确地说,在麦考米克看来,马基雅维利即便可以算意大利文艺复兴时期的共和主义者,那他也是其中最大的"异类",原因正在于马基雅维利是一个不折不扣的平民主义者,他不仅认为共和国的自由主要依赖平民阶层,而且还利用罗马共和的实践再现了许多平民可以用来对抗贵族精英统治的方法。这些方法包括制度性的,如罗马的平民大会、保民官等设置,大大加强了平民控制贵族野心的能力。另一方面,马基雅维利也指出在这些制度和法律设置背后需要有平民斗争的政治,这也就是马基雅维利对"冲突"强调的由来。为了对抗贵族,平民时不时需要超出常规、越过现有的法律和制度安排去做斗争。[1]

因此,麦考米克的主要论点是,我们不能再想当然地把马基雅维利放在文艺复兴时期的人文共和传统之中,马基雅维利主张

---

[1] John McCormick, *Machiavellian Democracy*, Cambridge: Cambridge University Press, 2011, p. viii.

一种激进的平民参与和斗争政治,在这方面施特劳斯的判断反而更正确一些。麦考米克认为奎恰迪尼更接近斯金纳、波考克等人对文艺复兴时期共和理论的想象,他的主张就更具有"贵族"色彩,虽然支持共和国的自由,但认为这一自由更多地要依靠贵族的引领,共和国的"和谐"要远优于乱糟糟的"冲突"。也正因为此,麦考米克批评道:"如果波考克更少地关心'时间的政治',更多地关注'政治本身'的话,他可能会更准确地将他的书命名为'奎恰迪尼时刻'。"[1] 换言之,在麦考米克看来,剑桥学派的学者实际上也更认同一种带有贵族与精英色彩的共和主义,类似奎恰迪尼的理论,而且这种认同一直延续到今天。甚至当代政治哲学家菲利普·佩蒂特(Philip Pettit)的共和主义政治理论在麦考米克看来,也是一种典型的代议制精英理论,相当于一种现代社会的贵族共和理论。但问题在于,从斯金纳、波考克到佩蒂特,他们都声称马基雅维利是其主要思想资源之一,在麦考米克看来这就犯了事实性错误。麦考米克说:"无论在佛罗伦萨城内还是城外,马基雅维利在本质上都是总体保守的共和政治理论传统的局外人,甚至可以说他是这一传统最有洞见和坚决的对立面。"[2]

麦考米克认为他的"马基雅维利式民主"的发现对现代社会也很有用,因为现代西方民主被代议制民主所定义,而代议制往

---

[1] John McCormick, *Machiavellian Democracy*, Cambridge: Cambridge University Press, 2011, p. 9.
[2] John McCormick, *Machiavellian Democracy*, Cambridge: Cambridge University Press, 2011, p. 8.

往具有精英性质，更有利于富人、资本家和精英，民众在总体上被排斥在外。一方面，能够进入到立法和公共政策制定范围内的代表是有限的，他们极易被财富和精英所影响；另一方面，数量占多数的普通民众却很少有机会对法律和政策制定起到实质性作用。这正是所谓"奎恰迪尼式"的民主政治，同时也是"马基雅维利式民主"的对立面。因此，麦考米克也希望用这种思想史的挖掘介入当代欧美关于民主政治的辩论中，倡导更多的民众对政治过程的参与。这一立场其实与当代民主研究者本杰明·巴伯（Benjamin Barber）相似，只不过巴伯所使用的主要是卢梭的思想资源。作为近代著名的"激进"政治思想家，卢梭对代议制可以说深恶痛绝，他嘲讽当时著名的英国代议制："（英国人）只有在选举议员的期间，才是自由的；议员一旦选出之后，他们就是奴隶，他们就等于零了。"[1] 受卢梭影响，巴伯将民主区分为"强民主"（strong democracy）和"弱民主"（thin democracy），前者对应具有广泛公民参与的民主，后者则大致对应传统代议制民主。巴伯认为，传统代议制民主的根本目的是限制公民参与，保护个人权利和自由，其精神是"审慎性从而也是暂时性的、可选的和有条件的——从而是实现完全个人主义和私人性目的工具"。[2] 这里的"个人"实际上主要是精英和富人，传统的代议制民主主要

---

[1] 卢梭，《社会契约论》，何兆武译，商务印书馆，2003年版，第121页。
[2] Benjamin Barber, *Strong Democracy: Participatory Politics for a New Age*, Berkeley and Los Angeles: University of California Press, 1984, p. 4.

也是有利于富人阶层。而巴伯主张的所谓"强民主"则是"依赖不断进化、不断解决问题的共同体中的政治参与,这一共同体通过其自身的活动和自身作为寻求出路之落脚点的存在,从无到有地创造出公共目的"。[1] 他引用卢梭的话,"人民让自己被代表的一刻即失去了自由","代表与自由不相容,因为它以牺牲自治和自主为代价,将政治意志代理出去,从而也放弃了政治意志"。[2] 我们知道卢梭对马基雅维利颇有赞许,也许在这一点上二者确实观点相近。

受麦考米克影响且与他观点相近的,还有伊夫·温特。温特认为马基雅维利政治思想中被广为诟病的暴力要素其实具有平民主义意味。马基雅维利思想中的"暴力"其实有两重属性:一方面暴力在政治秩序的奠基过程中扮演着关键作用,例如博尔贾当众斩死雷米罗,就具有极强的展示和"教育"功能;但另一方面,马基雅维利对平民使用暴力与贵族进行抗争抱有很大的同情,他笔下的平民所声称要使用的暴力其实是他们处于绝望中的一种表现,似乎没有什么办法能完全改变当时的上层精英对社会的控制。[3] 阿曼达·马赫则认为斯金纳的解释太过于强调自由的法律和

---

[1] Benjamin Barber, *Strong Democracy: Participatory Politics for a New Age*, Berkeley and Los Angeles: University of California Press, 1984, p. 152.
[2] Benjamin Barber, *Strong Democracy: Participatory Politics for a New Age*, Berkeley and Los Angeles: University of California Press, 1984, p. 145.
[3] Yves Winter, *Machiavelli and the Orders of Violence*, Cambridge: Cambridge University Press, 2018. Yves Winter, "Plebeian Politics: Machiavelli and the Ciompi Uprising", *Political Theory*, Vol. 40 (6), pp. 736–766.

政治属性，忽视了马基雅维利共和主义理论中的政治社会学的分析，特别是经济不平等对共和国自由的侵蚀。马赫的解释在立场上颇类似麦考米克，但她希望将马基雅维利学说中的"社会理论"剥离出来，即其中的经济不平等对政治自由的影响，她认为这一点没有被人们重视。[1] 另外，克里斯多夫·霍尔曼（Christopher Holman）也认为马基雅维利在《佛罗伦萨史》中追求的是阶级区分的消失和社会意义上的平等。[2] 因此可以看出，这一脉络的研究开始倾向于将马基雅维利看作一个激进的平等主义者，甚至某种意义上的社会民主支持者，似乎与贵族或精英对抗就是马基雅维利政治思想的核心。

二 马基雅维利与"人民"

大多数将马基雅维利与某种民主理论关联在一起的努力所使用的依据主要是《李维史论》中有关人民（或平民）的正面分析与评价，由此引申到现代民主政治中"人民"的诉求，特别是人

---

[1] Amanda Maher, "The Power of 'Wealth, Nobility and Men': Inequality and Corruption in Machiavelli's Florentine Histories", *European Journal of Political Theory*, Vol. 19 (4), pp. 512 - 531.

[2] Christopher Holman, "'Gli umori delle parti': Humoral Dynamics and Democratic Potential in the Florentine Histories", *Political Theory*, Vol. 48 (6), pp. 723 - 750.

民对精英的制约或抵抗。需要承认的是，这一"平民化"马基雅维利的主张是有其道理和依据的。正如巴隆在其开创性著作《早期意大利文艺复兴的危机》（*The Crisis of the Early Italian Renaissance*）中所记录的，马基雅维利以及更早的公民人文主义者写作的一个重要背景就是维护托斯卡纳地区自治的共和国的独立自主，并反对各种形式的君主或专制统治对它们的自治生活的威胁。当时意大利政治中传统的、以支持教皇还是支持神圣罗马帝国皇帝划分的派别斗争——圭尔夫派和吉伯林派之争，逐渐让位于支持共和国还是支持君主国之争。[1] 而在佛罗伦萨，这一转变又与国内政治中的平民和贵族斗争重合。到了 14 世纪中叶左右，经过无数场较量后，平民终于占了上风，佛罗伦萨成了真正意义上的平民共和国，尽管平民内部仍然有庶民和平民上层的区分。因此，巴隆有理由认为，从布鲁尼到马基雅维利，文艺复兴时期的人文主义者总体来说持有支持平民的立场。

马基雅维利完成于 1526 年左右的《佛罗伦萨史》对此有明确的反映。这部著作主要以佛罗伦萨城邦的派别斗争和外部战争为主要线索，其中不乏对早期贵族野心的批判和揭露，对佛罗伦萨在对外战争中如何取得优势的分析，以及对其"自由"的赞美。他借用共和执政团一位成员之口向具有明显专制倾向且受到许多贵族支持的雅典公爵说："您试图将一个一直以来都生活在自由之

---

[1] Hans Baron, *The Crisis of the Early Italian Renaissance*, Princeton：Princeton University Press, 1955.

中的城邦置于卑躬屈膝，……您是否考虑过，这对于这样一个城市意味着什么？自由这个名字是如此之强烈，任何强力都不能使之屈服。"[1] 如何保存一个城邦共和国的自由？在持续不断的外部战争的威胁下，增强共和国对抗外敌的武力是一个当然的选择。在这一问题上，马基雅维利坚决认为共和国应该培养和建设由自己的公民组成的军队，而不是依靠雇佣兵。在当时的意大利，雇佣兵是更加流行的选择，也是一种带有"贵族"特征的惯例，贵族富室或专制君主皆可用金钱雇得武力，甚至以此对抗平民的反抗。而马基雅维利则认为对于一个共和国的自由来说，武装自己的公民（特别包括平民）是最可靠的选择，他为此专门写了一本《用兵之道》，且罕见地在他生前就公开发表。[2] 这一立场也在他的其他主要著作——如《君主论》《李维史论》——中得到一以贯之的坚持，而且他认为一个君主想要更好地维持其地位，就应该组织由臣民组成的军队，他们打仗不是因为钱，而是因为对他的效忠。无论如何，这一"公民战士"的立场同样带有极强的平民化特征，因为既然战争需要平民作为战士，平民自己也拥有武器，那么他们在共和国中的地位就该有与其武力大致相当的保障。

马基雅维利的"平民化"立场在《李维史论》中表现得尤其充分。"公民战士"的建议既是马基雅维利对当时共和国的建议，

---

[1] 马基雅维利,《佛罗伦萨史》, 王永忠译, 吉林出版集团有限责任公司 2013 年版, 第 94 页。
[2] Christopher Lynch, "Introduction", in Niccolò Machiavelli, *Art of war*, trans., Christopher Lynch, Chicago: The University of Chicago Press, 2003, pp. xiii - xxxiv.

也是罗马共和国的真实做法,这也正是马基雅维利和其他很多人文主义者一样的企图,即希望从古典时代的实践中找到现实的出路,学习古人的精神,以为当下的困境提供某种解决方案。古罗马共和国自从平民"撤离运动"以降,便一步一步地走向平民化的方向,平民逐渐争取到各种参与城邦政治的权利与空间,在城邦公共事务中的分量越来越重。马基雅维利认为这一趋势正是罗马之所以能够保存其自由,变得成功和伟大的重要原因。马基雅维利认为共和国中存在两种"脾性"(humor; umori):贵族(或"大人物",grandi)倾向于统治和压迫人,而平民则是希望免受压迫。[1] 从这两种倾向本身,我们即可以看出哪一方对共和国的自由威胁更大。在马基雅维利看来,一旦有机会,贵族就会主动利用自己的正式权力或非正式资源优势,在共和国中提升地位,为此不惜牺牲平民的利益,甚至牺牲共和国本身的福祉。因此,他认为,维护共和国自由的任务应该更多地交给平民而不是贵族,因为"对某物的守护之责应该交给那些对侵占该物欲望较小的人"。[2] 他进而还建议:"大人物的野心是如此大,如果在一个城邦里不通过各种手段和方法摧毁之,它很快就会使那个城邦毁灭。"[3] 他甚

---

[1] 马基雅维利,《君主论·李维史论》,潘汉典、薛军译,吉林出版集团有限责任公司2013年版,第157页。马基雅维利,《君主论》,潘汉典译,商务印书馆1997年版,第45页。

[2] 马基雅维利,《君主论·李维史论》,潘汉典、薛军译,吉林出版集团有限责任公司2013年版,第159页。

[3] 马基雅维利,《君主论·李维史论》,潘汉典、薛军译,吉林出版集团有限责任公司2013年版,第250页。

至认为:"把人民的声音比作上帝的声音不是没有理由的,因为可以看到,一种普遍的意见具有奇迹般的预测能力,就仿佛借助于某种隐蔽的能力,它能预见祸福。"[1]

正是因为诸如此类的证据,麦考米克才主张马基雅维利在政治理论上的主要贡献即是从平民或下层阶级的立场看待共和国的正式和非正式制度,系统性地给出平民与贵族或现代意义上的"精英"对抗的可能渠道,如古罗马共和国排斥贵族参与的平民大会这样的制度设置。麦克米克认为这一思考在今天仍然没有过时,因为今天的精英仍然、以后也一直会以种种方式压制平民,尽其所能占据社会中的优势地位,因此仍然需要借助马基雅维利的思考与这一倾向作持之以恒的斗争。与此相应,他也据此指出斯金纳等剑桥学派的"局限性",认为他们过于热衷将马基雅维利放在当时所谓公民人文主义传统之中,以至于忽视或淡化了公民人文主义内部的巨大区别,特别是马基雅维利的独特和创新。麦克米考颇为精到地指出,在意大利文艺复兴时期的公民人文主义者中,从奎恰迪尼到布鲁尼,实际上大多是带有显著贵族倾向的共和主义者,都希望贵族、平民上层或中产者在城邦政治中扮演更重要的角色,在这个意义上他们其实与亚里士多德式的共和主义更加接近,而对普遍平民或底层庶民则持一种怀疑甚至鄙视的态度。也正因为此,麦考米克发难道,波考克所说的北大西洋现代国家的"马基雅维利时刻"并不准确,更准确地说应该是"奎恰迪尼

---

[1] 马基雅维利,《君主论·李维史论》,潘汉典、薛军译,吉林出版集团有限责任公司2013年版,第305页。

时刻",因为这些国家在现代社会仍然存在着大量的不平等和精英对社会政治权力的控制,而马基雅维利则应该被看作平民立场的最早支持者。[1]

三 马基雅维利的"保守转向"?

然而,马基雅维利真的是平民立场的无条件支持者吗?恐怕并不是。首先,需要承认的是,麦考米克所谓的"马基雅维利式民主"确实有其依据,马基雅维利毫无疑问采取了一种较同时代人更为激进的民主主张,特别表现在他对平民在一个健康、自由、有活力且具有对外战争优势的共和国中所起关键作用的强调上。他这样看待罗马共和国强盛壮大的历史,同时也以此标准来衡量他所处时代的佛罗伦萨共和国,希望意大利的共和国也能追随古罗马的足迹,变得自由而伟大,无论这一理想在强大的君主国环伺之下将变得多么困难。但是,我们如果细读马基雅维利的文本,会发现他并不是单一的平民立场的支持者,也谈不上专注从平民立场出发分析限制精英的方法。相反,他会在很多时候、在很多重要的文本中提到平民的局限性,以及贵族或大人物在共和国中

---

[1] John McCormick, *Machiavellian Democracy*, Cambridge: Cambridge University Press, 2011, pp. 1-17.

所能够或应该扮演的积极角色。

我们不妨还是从马基雅维利从属的时代说起。如上所述，麦考米克的主要论点之一即是，马基雅维利在其同时代的公民人文主义者中是最偏平民立场的一位，布鲁尼、奎恰迪尼等都更加贵族派一点。国内学者如陈浩宇也从比较马基雅维利和布鲁尼所著佛罗伦萨史中指出，二者的主要区别在于前者更偏平民立场，而后者则更具有传统的贵族立场。[1] 这些论点都有其合理性，当时主流的共和主义主张都是将威尼斯式的贵族共和国看作应该模仿的对象，而马基雅维利则显然更青睐他所描述的古罗马共和国，且最看重其中平民力量相对于贵族的崛起，以及由此产生的平民和贵族之间的冲突。然而，即便是在布鲁尼、奎恰迪尼等人那里，对"贵族"的重视也需要放在当时意大利的历史语境中理解，而不能简单地参照亚里士多德、波斯比乌斯以降的传统共和理论。如上所述，佛罗伦萨在14世纪中叶即已决定性地导向平民的力量，基于血缘关系的政治权力的正当性大大地让位于基于共和国人民整体利益的正当性，无论是奎恰迪尼还是更早的布鲁尼，都是在这样一种语境之下写作。[2] 尽管曾经为梅迪奇家族效过力，奎恰迪

---

[1] 陈浩宇，《如何书写政治冲突：马基雅维利〈佛罗伦萨史〉序言对布鲁尼的三重批评》，《学海》2021年第3期。
[2] James Hankins, "Leonardo Bruni and Machiavelli on the Lessons of Florentine History", in Le Cronache Volgari in Italia, *Atti della* VI *Settimana di studi eedievali* (Roma, 13–15 maggio 2015), Rome: Istituto storico italiano per il Medio Evo, 2017, pp. 373–395.

尼在其政治著作中仍然对该家族在佛罗伦萨的统治持批评态度，他说："民众的政府应该采取一种完全不同于有利梅迪奇家族的路径，从总体上来说佛罗伦萨的人民喜爱民选政府，……民选政府就应该获得民众的支持，如果它想要维持自身的话，……它应该采取正义和平等的路线。"[1] 他还对佛罗伦萨做了如下现实的估计："1494—1512年间民选政府的记忆在人们脑中如此深刻，以至于除了那些希望在专制政府之下能具有优势的人之外，其他人都会对控制国家的人怀有敌意，因为他们会认为这个人占有了属于他们的东西。"[2]

更早的布鲁尼同样可以作此看待，他写作的基本立场是站在人民一边，詹姆斯·汉金斯（James Hankins）也认为他在写作《佛罗伦萨人民史》时，"不仅是人民（the People）的史学家，而且是人民派的"，[3] 意即他的政治立场和史观都建立在人民的基础上，并不认为统治者出身的高贵即是政府好坏的标准之一。不过同奎恰迪尼类似，对于一个共和国统治的好坏，他也得出了和马基雅维利颇为不同的结论，或更准确地说，马基雅维利非常标新

---

[1] Francesco Guicciardini, *Maxims and Reflection of a Renaissance Man（Ricordi）*, trans., Mario Domandi, Gloucester: Peter Smith, 1970, p. 46.

[2] Francesco Guicciardini, *Maxims and Reflection of a Renaissance Man（Ricordi）*, trans., Mario Domandi, Gloucester: Peter Smith, 1970, p. 132.

[3] James Hankins, "Leonardo Bruni and Machiavelli on the Lessons of Florentine History", in Le Cronache Volgari in Italia, *Atti della Ⅵ Settimana di studi eedievali* (Roma, 13-15 maggio 2015), Rome: Istituto storico italiano per il Medio Evo, 2017, pp. 373-395.

立异。布鲁尼和奎恰迪尼虽然都认为政府应该建立在人民的基础之上,应该是"民众"的政府而非少数人控制、为少数人利益服务的政府,然而在政府理论上他们大体上都认为政府本身需要理性和智慧,而在普罗大众中这一定是少数杰出的人才能拥有的。因此,他们在政府如何组织这一问题上的主张就变成了一种皮纳利所称为的"精英父权主义"(elite paternalism),即主张少数来自民众的精英掌握政府权力,在民众的监督——主要是选举监督——下为民众利益进行统治。[1] 奎恰迪尼说:"民选政府之下民众之间的平等并不会因为某个公民享有更高威望而受威胁,前提是这一威望来自所有人的爱戴和尊敬,并能够由人民根据其喜好控制。"[2] 从城邦构成来说,他们认为大的贵族富室和出身低微的底层民众都不适合掌握政府权力,中产阶级最适合掌权,也最有可能从共和国整体利益出发做出决策。这一观点与亚里士多德主张城邦应该更多地依赖中产者相似,同时也与马基雅维利的主张有着鲜明的区别。

与布鲁尼和奎恰迪尼相比,至少从表面上看,马基雅维利确实赞成更加广泛的民众参与。除前文所述证据外,还可加以补充,奎恰迪尼和马基雅维利作为朋友,他们之间的观点分歧之一即所谓"多数人政府"(governo largo)和"少数人政府"(governo stretto)

---

[1] Cesare Pinelli, "Machiavelli, Guicciardiniand the 'Governo Largo' ", Ratio Juris, vol. 28 (2), 2015, pp. 267–85.

[2] Francesco Guicciardini, *Maxims and Reflection of a Renaissance Man* (*Ricordi*), trans., Mario Domandi, Gloucester: Peter Smith, 1970, p. 100.

之争：奎恰迪尼倾向少数人参与的政府，而马基雅维利则支持更多的民众参与到政府决策之中。这一区分通常被当作马基雅维利支持平民民主的代表性证据，[1] 它类似于今天所谓消极公民和积极公民的区分，皮纳利颇有启发地称之为"作为安全的自由"（safety-liberty）和"作为参与的自由"（liberty-as-participation）之别。[2] 然而，吊诡的在于，正是因为马基雅维利相较于奎恰迪尼等支持更广泛的政治参与或更倾向积极公民，他同时也意识到，民众——无论是下层平民还是上层精英——都是有限的、易"犯错"的，他们不一定真的知道自己想要什么，往往采取短视而具有毁灭性的行动。因此，马基雅维利在《佛罗伦萨史》中的主要论点之一是贵族在内斗中的彻底失败恰恰是佛罗伦萨难以建立起一个强大而自由的共和国的关键原因。这其中一个直接的原因在于，当贵族几乎彻底失去担任公职或领导者的机会后，"贵族身上原有的尚武精神和宽宏气质也就丧失殆尽，平民从来就不具备这些特性，今后也不会恢复。因此，佛罗伦萨总是变得越来越孱弱，越来越卑鄙无耻"。[3] 马基雅维利在多处提到，平民占据绝对上风后，在军事方面缺乏有效的组织和领导，使得佛罗伦萨总是受到外部

---

1 John McCormick, *Machiavellian Democracy*, Cambridge: Cambridge University Press, pp. 111-115.
2 Cesare Pinelli, "Machiavelli, Guicciardiniand the 'Governo Largo'", Ratio Juris, vol. 28 (2), 2015, pp. 267-285.
3 马基雅维利，《佛罗伦萨史》，王永忠译，吉林出版集团有限责任公司2013年版，第112页。

的威胁。然而，除了对外战争，更重要的恐怕是内部政治生活中的严重问题。在这方面，马基雅维利一改他在《李维史论》中对平民的溢美之词，而对其缺点进行了淋漓尽致的展示和分析。

事实上，正如马基雅维利所指出的，自从平民在 14 世纪中叶获得决定性胜利后，佛罗伦萨城并没有从此过上稳定而自由的生活。最大的表现是，党争并没有结束，而且呈现愈演愈烈的态势，其中充斥着阴谋、驱逐、流放、杀戮等残酷的行径，甚至直接催生了雅典公爵的专制统治。可以说，《佛罗伦萨史》的主要内容就是对这些党争的叙述和分析。其中一个典型的案例是羊毛工人起义。贵族被打倒后，平民内部也分裂为上层、中层与下层，上层平民掌握上层行会，下层平民不堪压榨，决定起义对抗。马基雅维利在这里借其中一位起义人士之口，既表达了对上层压榨行为的愤怒（因此与他在其他地方讽刺和批判贵族的口吻类似），又在另一方面批评了平民的鲁莽与残酷。这位起义人士明显意识到他们这一方做了很多杀人放火的恶事，马基雅维利在书中"让"他提议说："我们应取得一致意见，要想赦免我们的罪行，就要犯更多的罪，成倍地干坏事，成倍地放火抢劫，并想方设法召集更多的同伙加入其中，……一旦许多人都遭了殃，就没有什么人会来报复了。"[1] 这样的例子在书中有很多，往往是平民用暴力推翻了一个政府，但很快其内部又分裂成不同的派系。马基雅维利对其

---

[1] 马基雅维利，《佛罗伦萨史》，王永忠译，吉林出版集团有限责任公司 2013 年版，第 130 页。

中一位先是领导平民暴力行动,后来又成为新政府领导人的米凯莱也有十分有趣的分析。出身平民的米凯莱掌握权力后,很快就被下层平民怀疑,并进而面临被暴力清洗的局面,但他在意识到让步和劝说无效后,勇敢地用刀把几位针对他的起义人士砍伤,击退了那些人,而不是像大多数领导人那样选择屈辱地逃跑。马基雅维利对米凯莱的行动极尽赞美之词,说"此人勇猛果敢、审时度势、宽厚仁慈,在那个时代的公民当中罕有匹敌者,不愧为少数对他们的祖国做出巨大贡献的杰出人物之一"。[1] 可以看出,这基本上是对贵族精神的赞美。

因此,如果我们仔细阅读《佛罗伦萨史》,便会发现马基雅维利在这里明显改变了他过去对平民的乐观看法,佛罗伦萨的平民不是温和的自由维护者,而是施暴者和自由的破坏者,平民中充满着"暴政的气息"。[2] 自14世纪中叶以来,佛罗伦萨并没有像很多共和国那样在自由和奴役之间摇摆,而是"在奴役和放肆之间摇摆"。[3] 马基雅维利在该书第三卷开头分析了古罗马平民的抗争和佛罗伦萨平民的抗争之间的主要区别:

---

[1] 马基雅维利,《佛罗伦萨史》,王永忠译,吉林出版集团有限责任公司2013年版,第138页。
[2] 马基雅维利,《佛罗伦萨史》,王永忠译,吉林出版集团有限责任公司2013年版,第138页。
[3] 马基雅维利,《佛罗伦萨史》,王永忠译,吉林出版集团有限责任公司2013年版,第158页。

在罗马一开始存在的平民与贵族之间的对立是通过争论来解决的，而在佛罗伦萨这种对立是通过战斗来解决的；……罗马的平民希望与贵族一同享有最高的荣誉，而佛罗伦萨的平民奋起斗争，只是为了能够独揽大权，不让贵族分享权力。罗马平民的愿望更合理，对贵族的冒犯更加容易忍受，因此，贵族更易于做出让步，而不诉诸武力，这样，经过一些争执之后，他们共同制定了一套法律，既满足了平民的要求，又保全了贵族的尊严。另一方面，佛罗伦萨平民的愿望是侮辱性的和不公正的，以致贵族只能全力以赴，随时准备保卫自己，因而接下来的是公民的流血和放逐，随后制定的法律并不是为了城邦的共同利益，而完全是为了胜利者的利益。[1]

很显然，马基雅维利认为佛罗伦萨的平民化并没有为城邦带来自由，而贵族被彻底打倒这一事实反而成了共和国内部无休止的党争并进而衰落的重要原因，这一点并没有得到研究者的足够重视。麦考米克在《马基雅维利式民主》一书中仔细处理了《佛罗伦萨史》一书，但其焦点主要是放在马基雅维利对多数人政府等机制的分析上，尤其是将马基雅维利看作奎恰迪尼等人所支持的威尼斯模式的对立面，对马基雅维利所提到的佛罗伦萨平民的

---

[1] 马基雅维利，《佛罗伦萨史》，王永忠译，吉林出版集团有限责任公司2013年版，第111页。

出格行为，他虽有提及，但并没有严肃对待。[1] 巴特斯认为马基雅维利在写《佛罗伦萨史》时面对上述平民的表现，有一种"贵族转向"（"increasingly aristocratic perspective"），可以说比麦考米克更为高明。[2] 但在多大程度上存在"转向"？写于较早时期的《李维史论》一般被认为是马基雅维利平民立场的最直接表现，其中平民的形象远好于贵族，但也仍然能够找到许多对贵族重要性的强调。他提到罗马人民讨厌执政官的称号，并希望平民中有人能够当选执政官或削弱执政官的权力，贵族最终妥协，采取了折中的办法，同意任命四个行使执政官权力的军团长官，他们可以是贵族，也可以是平民，平民对此满意，但当要选出这四名军团长官时，"虽然可以全部选平民，但结果罗马人民选的全是贵族"。[3] 马基雅维利引用李维的话评论道："那时候全体人民所表现的这种克制、公正与高尚，如今哪怕在一个人身上都见不到！"[4] 在另外一个例子中，汉尼拔打败罗马人后，罗马平民与元老院发生严重对立，担任最高长官的卡拉努斯为了平息平民的怒火，把

---

[1] John McCormick, *Machiavellian Democracy*, Cambridge: Cambridge University Press, 2011, p. 69.

[2] Humphrey Butters, "Machiavelli and the Medici", in *The Cambridge Companion to Machiavelli*, edited by John M. Najemy, Cambridge: Cambridge University Press, pp. 64-79.

[3] 马基雅维利，《君主论·李维史论》，潘汉典、薛军译，吉林出版集团有限责任公司2013年版，第273页。

[4] 马基雅维利，《君主论·李维史论》，潘汉典、薛军译，吉林出版集团有限责任公司2013年版，第274页。

元老院议员关在宫殿里,假装答应平民可以杀死他们,但需要找到元老们的替代者,当他从袋子里抽到一个元老的名字时,平民群情激愤,但当他要求平民找到替代者时,会场一片寂静,当有平民被提名做替代者时,人群中"便有人开始吹口哨,有人开始笑,有人说他这不好,有人说他那不好"。最后,没有哪个平民通过提名,平民与元老院妥协,元老院议员们保留了他们的位置。[1]马基雅维利还提到,罗马建立专制的原因"与在各城邦里绝大部分专制产生的原因相同,这产生于人民对自由的过多欲望和贵族对统治权的过多欲望,……当他们不能一致同意制定一项有利于自由的法律,而他们中的任一方转向支持某个人时,专制统治很快就会产生",正如罗马十人委员会专制时期那样。[2]

因此,即便在《李维史论》中,马基雅维利也并没有只从平民的角度思考共和国的政治生活。可以说,《李维史论》之所以具有非常明显的"平民立场",恰恰是因为在罗马共和国的大部分历史中,贵族占有着优势地位,平民处于较弱的一方。在这种环境下,平民对自身利益的争取所引发的持续性抗争,就更接近于城邦的公共利益。这时的罗马平民也最接近马基雅维利所说的"自由的维护者"的形象,他们主要是希望免于被支配和压迫,而不是压迫别人。而罗马的贵族则因为其优势更多地表现为自由和公

---

[1] 马基雅维利,《君主论·李维史论》,潘汉典、薛军译,吉林出版集团有限责任公司2013年版,第274—275页。

[2] 马基雅维利,《君主论·李维史论》,潘汉典、薛军译,吉林出版集团有限责任公司2013年版,第260页。

正的破坏者，因此需要来自平民的不断对抗。然而，马基雅维利也提到，在共和国晚期，土地法引发的抗争使得这种抗争走向了极端，原因正是平民不满足于和贵族分享官职和荣誉，而希望更多地剥夺富人的土地和财产，这导致贵族异常激烈的反抗，由此使得共和国根基不稳，埋下了走向专制的隐患。[1] 反观马基雅维利对佛罗伦萨共和国史的分析，可以说他其实并没有"反转"，而是看到佛罗伦萨贵族的惨败甚至平民化这一境况使得平民一方面失去了尚武精神和宽宏气质的引领，另一方面也变得暴戾、不宽容、不妥协，不仅不是自由的维护者，反而成了周期性暴力的推动者。马基雅维利没有改变立场，只是他分析的对象变了。

那么，应该进一步追问的是，马基雅维利"不变"的立场是什么？应该怎么理解他的囊括这些不同分析对象的一般性政治理论？

四 冲突理论中的"政治"

马基雅维利在讨论罗马共和国时更强调平民的作用，而在讨论佛罗伦萨共和国史时又更多地提及贵族的重要性，如果我们把

---

[1] 马基雅维利，《君主论·李维史论》，潘汉典、薛军译，吉林出版集团有限责任公司2013年版，第247—249页。

这两点综合起来看,他的政治理论的导向有些类似亚里士多德的政体理论,尤其是其中的混合政体理论,由此也与波利比乌斯的混合政体论看上去有些许共通之处。综合看来,马基雅维利似乎是持这样的立场:在贵族占据优势地位的时候,应该让平民更多地参与到公共事务中来,承认他们的声音;而在平民占据主导地位时,又应该给贵族或精英一定的空间,任何一方都不应该拥有绝对的和不受限制的权力。这一理论看上去正是亚里士多德著名的政体理论的核心。在亚里士多德看来,任何一种政体——无论是平民主导还是贵族主导——都有向自身的方向极端化的趋势,平民希望更加平等化,而贵族则希望进一步提升富室在城邦内的地位。亚里士多德认为,任何一种政体要从长远角度保存自身,不至于发生重大的革命,都需要向异于自身政体性质的方向让步,即平民政体需要照顾到富室贵族的需求,而贵族政体也需要让平民在城邦公共事务中占有一定的位置。[1] 亚里士多德下面这段分析很接近马基雅维利对党争的讨论:

> 平民政体的建国观念认为,凡人们有一方面的平等就应该在各方面全都绝对平等;大家既同样而且平等地生为自由人,就要求一切都归于绝对的平等。相似地,寡头政体的建国观念则认为人们要是在某一方面不平等,就应该在任何方

---

[1] 亚里士多德,《政治学》,吴寿彭译,商务译书馆 1997 年版,第 262 页 (1307a20 - 25),第 270 页 (1309a10 - 15)。

面都不平等；那些在财富方面优裕的人们便认为自己在一切方面都是绝对地优胜。从这些观念出发，平民们便以他们所有的平等地位（出身）为依据，进而要求平等地分享一切权利；寡头们便以他们所处的不平等地位，进而要求在其他事物方面也必须逾越他人。两者各自坚持其正义，但所坚持的实际上都不是绝对的正义。于是这两个派别，在同一城邦中，倘若对于赋予的政治权利不能符合他们的愿望时，就个个起而煽动变革。[1]

亚里士多德对这种党争的解决方法，是让城邦的各要素——主要是贵族和平民——在政治生活中各占其位，各居其所，互相补充，形成一种"友爱"的关系。"消除内讧最有赖于友爱所以大家总是以友爱作为城邦主要的善德。"[2] 同时，这也是一种混合政体的学说，即让平民政体、贵族（寡头）政体以及王制政体相互结合，也就是后来波利比乌斯用来解释罗马为什么强盛的混合政体理论。[3] 马基雅维利的解释是否和他们的观点一致呢？

从表面上看是这样，但马基雅维利在他们主张的基础上做了极大的修正。这其中最大的修正是马基雅维利不再从一种道德主

---

[1] 亚里士多德，《政治学》，吴寿彭译，商务译书馆1997年版，第232页（1301a25-35）。
[2] 亚里士多德，《政治学》，吴寿彭译，商务译书馆1997年版，第51页（1262b5）。
[3] Polybius, *The Histories*, trans., Robin Waterfield, Oxford: Oxford University Press, 2010, Book 6.

义的态度看待城邦内部的党争及其解决之道,而是采取了一种非常现实主义的立场。这一立场即他在《君主论》中所说:

> 我觉得最好论述一下事物实际上的真实情况,而不是论述事物的想象方面。许多人曾经幻想那些从来没有见过或者知道在实际上存在过的共和国和君主国。可是人们实际上怎样生活同人们应该怎样生活,其距离是如此之大,以至一个人要是为了应该怎样办而把实际上是怎么回事置诸脑后,那么他不但不能保存自己,反而会导致自我毁灭。[1]

这里的"许多人"应该就包含亚里士多德。从马基雅维利的角度看,亚里士多德所描述的城邦是一个静止的世界,就像人自然分为自由人和奴隶,人的身体会有心脏、躯干、手足等一样,城邦公民内部也自然会有贵族和平民。这些"部分"应该在自己本来"应得"的位置上扮演好自己的角色,不要越位,否则"身体终必死亡,譬如说有人脚长四肘而躯干却只及两搩,这样既失去自然形态,一定难以存活"。[2] 就像部分应该服从整体一样,对于每一个部分来说,应该用理智控制自己的欲望和激情,"就灵魂而言,具有理性的部分是较高较优的部分"。[3] 因此,亚里士多德

---

[1] 马基雅维利,《君主论》,潘汉典译,商务印书馆1997年版,第73页。
[2] 亚里士多德,《政治学》,吴寿彭译,商务译书馆1997年版,第239页(1302b35)。
[3] 亚里士多德,《政治学》,吴寿彭译,商务译书馆1997年版,第388页(1333a20)。

也建议加强中产阶级,因为相比于极富和极贫的人,他们最倾于维持城邦的稳定。

然而,对马基雅维利来说,"人类的一切事物都处于运动之中,不能保持静止不动,它们必然要么上升要么下降,许多事情是理性没有促使你去做,而必然性却促使你去做的"。[1] 因此,期待人们在自己应得的位置,不去侵越他人的领地,这只能是一种美好的愿望,与现实有着巨大的距离。他对人性的现实估计在《君主论》中即已为人所周知:"人们忘记自己父亲的死比忘记遗产的丧失来得更快一些。"在《李维史论》中他说:"除非必要,人从来不做任何好的事情。"[2] 这种估计在贵族和平民的关系中同样适用:

> 在人们心中,野心是如此强大,以至无论人们爬到哪一个级别,它都绝不离开他们。其理由是,大自然创造了人类,使其能够欲求每个事物,却不能得到每个事物;如此一来,由于欲求总是大于获取的能力,结果是对现在所拥有的不满意,从中得不到什么满足感。由此导致他们命运的不同,因为,一方面有些人欲求拥有更多,另一方面有些人害怕失去

---

[1] 马基雅维利,《君主论·李维史论》,潘汉典、薛军译,吉林出版集团有限责任公司2013年版,第166页。
[2] 马基雅维利,《君主论·李维史论》,潘汉典、薛军译,吉林出版集团有限责任公司2013年版,第155页。

他们已经获得的一切，最终走向敌对和战争。[1]

因此，马基雅维利继续说道："对于罗马平民来说，仅仅通过设立保民官以保护他们自身不受贵族的侵害是不够的（这个欲求是迫于必然性），而且还要在取得这个建制之后立即开始为了野心而战。"[2]"战斗"对马基雅维利来说是一个很正当的词汇，完全是基于对人性的现实估计。"对平民来说，大人物的野心是如此之大，如果在一个城邦里不通过各种手段摧毁之，它很快就会使那个城邦毁灭。"[3] 即便在《李维史论》中，这种分析也没有只针对贵族，他说："人民和贵族当中有一方谦卑时，另一方总是骄傲自大，……因此，捍卫自由的愿望使得每一方都要获得足够的优势以压制另一方。"[4]

也正因为此，马基雅维利并没有寄希望于人们主动克制自身的欲望，而是预设人们都有着强烈的满足自身欲望的冲动，包括贵族和平民。但他并没有对人的美德完全失去希望，他描述的古罗马共和国中人们是有着高贵品质的，并享受着自由，且因此具

---

[1] 马基雅维利，《君主论·李维史论》，潘汉典、薛军译，吉林出版集团有限责任公司2013年版，第247页。

[2] 马基雅维利，《君主论·李维史论》，潘汉典、薛军译，吉林出版集团有限责任公司2013年版，第247页。

[3] 马基雅维利，《君主论·李维史论》，潘汉典、薛军译，吉林出版集团有限责任公司2013年版，第250页。

[4] 马基雅维利，《君主论·李维史论》，潘汉典、薛军译，吉林出版集团有限责任公司2013年版，第271页。

有强大的对外扩张的力量。但为什么会产生这样的效果？他认为这是因为共和国内部的不同要素——主要是平民和贵族——互相之间的冲突限制了对方过分的欲望，使得对方变得"谦卑"，从而具有了一些公共的美德。因此，他说：

> 那些斥责贵族与平民之间纷争的人，在我看来，他们斥责的是作为保持罗马自由的首要原因的那些因素，这些人更多地考虑由这些纷争产生的争吵和喧嚣，而不是考虑这些纷争所收到的良好效果；并且他们没有考虑在每个共和国都有两种不同的派性，即民众派和权贵派，所有有利于自由而制定的法律，都源于这两派之间的不和。[1]

马基雅维利对"冲突""不和"等的赞扬与亚里士多德对"友爱"的强调形成了极为鲜明的对比，无怪乎斯金纳和维罗里都认为对"冲突"的强调是马基雅维利的共和主义与亚里士多德式的古典共和理论之间的关键区别。[2] 受亚里士多德影响很深的古罗马作家西塞罗曾经将一个国家内部的不同要素比喻为一首曲子的不同音调，这些音调之间只有存在一种"和谐"的关系，曲子才能动听。"与此相似，一个国家是通过不同因素之间协调而获得和谐

---

[1] 马基雅维利，《君主论·李维史论》，潘汉典、薛军译，吉林出版集团有限责任公司 2013年版，第156—157页。
[2] Gisela Bock, Quentin Skinner & Maurizio Viroli (eds.), *Machiavelli and Republicanism*, Cambridge: Cambridge University Press, 1990, pp. 143–172.

的，其方法是把上、中、下三层阶级公正且合乎情理地混合在一起。"[1] 西塞罗正是从这个角度解释罗马的自由和强大，也用它来说明罗马专制的崛起和衰落是因为内部的纷争，这一观点也成为后世人们理解罗马历史的正统学说。因此，当马基雅维利在说罗马"到达完美状态是由于平民与元老院的不和"[2] 时，他提出的实在是一个非常惊人的观点。在他看来，恰恰是因为罗马始终存在着平民和贵族的冲突，才使得任何一方都无法完全压倒另一方，罗马才因此保存其自由，因而也能够向外投射巨大的力量，成为旷世强国。也正是因为出现了恺撒这样的平民领袖，其力量压倒一切，罗马才结束了共和，开启了帝国的篇章。在马基雅维利那里，平民和贵族的不和也许经常制造不和谐音，但这种表面的不和谐之下，隐藏着真正的和平与稳定；反之，对这种不和谐的刻意掩盖，则是更大的、更具有破坏力的冲突的根本原因。

马基雅维利对佛罗伦萨共和国史的分析正是这种负面典型的集中。如上所述，佛罗伦萨的党争充满着极端和过分的举动。马基雅维利总体上同情平民对上层大人物的挑战，但他也痛心于这一原本正义的挑战越过界限，导致滥杀和流放。这一方面使得失败一方心怀极大的仇恨，伺机颠覆共和国，为此不惜引入外敌；

---

[1] 西塞罗，《国家篇 法律篇》，沈叔平、苏力译，商务印书馆2002年版，第89—90页。
[2] 马基雅维利，《君主论·李维史论》，潘汉典、薛军译，吉林出版集团有限责任公司2013年版，第153页。

另一方面，即便在平民内部，也无法在取得胜利后维持团结，往往是因为胜利，原有的内部一致无法维系，很快分裂成若干派系，而这些派系之间的争斗又开启新一轮的党争，由此循环往复。因此，如果说在《李维史论》中马基雅维利对"冲突"颇多溢美之词的话，那么在《佛罗伦萨史》中，他对冲突则有明显的批评。他在序言中说道："没有任何其他共和国遭受的党争状况比佛罗伦萨更显而易见，……这些党争的结果是众多的家破人亡、流离失所，在迄今为止任何其他邦国的历史中都罕有出其右者。"[1] 不过，这也并不表示《佛罗伦萨史》就和《李维史论》之间有着根本的矛盾，他在《佛罗伦萨史》中解释过这个所谓的"矛盾"："真实情况是，一些纷争对共和国有害，而另一些则有益。"[2] 他还有意识地比较了古罗马共和国的纷争和佛罗伦萨的纷争："在罗马一开始存在的平民与贵族之间的对立是通过争论来解决的，而在佛罗伦萨对立则通过许多公民的流放和死亡收场；罗马的对立总是增强其尚武精神，而佛罗伦萨的对立则彻底消灭了尚武精神。"[3] "争论"是语言的使用，武力则是争论的反面，他希望党争的结果是产生新的法律和制度，而不是一方完全压倒另一方，前者有利于

---

[1] 马基雅维利，《佛罗伦萨史》，王永忠译，吉林出版集团有限责任公司2013年版，第2页。
[2] 马基雅维利，《佛罗伦萨史》，王永忠译，吉林出版集团有限责任公司2013年版，第305页。
[3] 马基雅维利，《佛罗伦萨史》，王永忠译，吉林出版集团有限责任公司2013年版，第111页。

共和国的自由和强大，后者则引发自我毁灭式的向下旋转。

这里仍然需要指出的是，马基雅维利的包容性冲突理论既是对历史的诊断，也给现实问题开出了药方，这些都同布鲁尼和奎恰迪尼等同时代的公民人文主义者形成了鲜明对比。如前文所析，布鲁尼和奎恰迪尼认为在平民获得胜利的佛罗伦萨，最好让小部分精英控制政府，由他们为整个城邦做出最重要的决定，而他们则由人民集体选举和监督；他们认为这是从佛罗伦萨党争问题中吸取的经验教训，过多的底层庶民对公共事务的参与非常危险，往往会形成暴民统治。但马基雅维利显然拒绝了这一历史观，同时也给出了完全不一样的解决方案。他认为恰恰是公共事务对民众的排斥导致了纷争，而纷争的结果又导致更多的、另一种形式的排斥。更好的做法应该是扩大政治参与范围，让城邦不同的要素都参与进来，既形成"对抗"的态势，从而人们可以学会谦卑，同时又能在妥协中产生对话，使得制度和法律得以向更有利于公益的方向更新。如果说奎恰迪尼所支持的"少数人政府"方案更像亚里士多德的"理智—欲望"统治序列的话，那么马基雅维利对政治的理解显然更现代、更具开放性和竞争性。

现有的以麦考米克为代表的论述注重马基雅维利在《李维史论》中表现出来的平民立场，将他看作平民政治的最早代言人，并以此为基础提出对现代政治中几近永恒的精英影响的批评，且探索解决之道。这一努力可以说既有其文本和历史依据，也具有理论上的意义。然而，如果仔细分析马基雅维利的文本及其语境，马基雅维利最核心的贡献和理论的落脚点恐怕并不是一种单纯的平民政治。在这方面，麦考米克等人有将自己的政治观念过度强加到马基雅维利身上之嫌，这在解释《佛罗伦萨史》中的马基雅维利"保守转向"方面体现得最为明显。麦考米考、温特、马赫等人都认为马基雅维利在这里并没有所谓保守转向，都认为他对恶性冲突和平民暴力的谴责要么是一种隐晦写作，如麦考米克认为这与马基雅维利的写作背景（受教皇克雷芒七世委托）和政治考虑有关，要么像温特一样认为马基雅维利笔下的平民所声称要使用的暴力其实是他们绝望处境的一种表现。但这些解释都极大地忽视了马基雅维利确实明确且系统地表达了他对恶性冲突和暴力的批评。我们甚至可以说，他一方面以平民和贵族冲突为线索来写作佛罗伦萨史，另一方面这一历史写作的平行线索其实是他对恶性冲突的谴责。他在本书的开头表达过，佛罗伦萨的自由同恶性冲突的存在正好呈负相关关系，在本书的另一个地方，他还交代过采取这一线索写作的原因：

> 我们回忆这些腐败堕落的风气、四分五裂的往事和传统，并不是为了使你们感到惊恐，而是提醒你们产生这一状况的原因，向你们表明，你们可以将这些牢记在心，我们也会时常想起这些，要对你们说的是，种种这些事例不应该使你们丧失制止这些纷争的信心。[1]

---

[1] 马基雅维利,《佛罗伦萨史》, 王永忠译, 吉林出版集团有限责任公司 2013 年版, 第 118 页。

毫无疑问，马基雅维利并不认为冲突一定就是好事，也不认为平民的任何主张就是对的，我们显然需要正面对待他在这方面的分析，而非将它们处理成某种相反观点的异常表现。但这并不表示马基雅维利在晚年写作的《佛罗伦萨史》中就真的转向保守了。如果我们将马基雅维利的共和理论与亚里士多德以来以文艺复兴时期的奎恰迪尼等人为代表的传统共和理论对比，他显然一如既往地保持了激进的色彩。即便在《佛罗伦萨史》中，他仍然不断地表示平民那些过激的主张和暴力行动其实是有原因的，它们与很多上层精英过度的压迫和剥削有关。羊毛工人起义的一个重要背景，即是绝大多数底层工人没有自己的工会代表，处于权利和资源再分配中最不利的地位，这明显是不公平、不正义且无法长期维系的。考虑到这一时期的佛罗伦萨已经几乎不再有传统意义上的血缘贵族，只存在富人与穷人，我们就更能体会到马基雅维利思考的连续性。上层精英无论是传统贵族还是新兴工商业社会中的资产者，都有一种近乎自然的压迫下层民众的倾向，在这一点上马基雅维利与《李维史论》等著作中的观点一致，只不过是将分析的对象转移到了"现代"社会中。

然而，马基雅维利的复杂在于，他同时并没有完全放弃亚士多德式的共和理论视角，他对平民抗争的强调在很大程度上是被用来改造这一传统共和理论，而不是完全取代它。这一点在《佛罗伦萨史》中他对恶性冲突的反复批评中体现得最明显，但同时也出现在其早期写作之中，这也是我们不能忽视的。马基雅维利在记录 1378 羊毛工人起义过程中，虚构了一个起义工人的演讲，在其中他说道，人人生而平等，仅仅是"贫穷和富有让我们有所不同"。[1] 马基雅维利自己会认同这种说法吗？因为这个工人及其演讲本身都是虚构的，因此我们无从得知它是否是马基雅维利自己观点的表达。但可以肯定的是，如果这就是马基雅维利自己的观点，那将是对马基雅维利政治思想传统解释的又一大冲击。马基雅维利在自己的政治思考中，从来都像古代人那样预设人和人之间是不一样的，一个社会中始终存在贵族和平民、上层精英和底层民众的区别，他们会有各自的"脾性"，因此也构成了共和国内部的冲突、对话的可能性。包括在《佛罗伦萨史》中，他也认为，在传统贵族消失、平民暴动胜利之后，原有的平民内部会迅速分裂为上层和下层，这是他思考的基础，也是麦考米克等人总体上忽视或低估了的前提。在这一前提基础上，马基雅维利认为完全的排斥——无论是上层对下层还是反过来——都会导致恶性的冲突，都对共和国极为不利。因此，他似乎并没有想象一个完全经济平等的未来社会，他更多的是期待佛罗伦萨能包容不同的声音和社会要素。但同时，在他看来，在朝向一种"理想共和国"的发展中，平民的抗争显然应该是持续性的，平民始终要保持对贵族精英的警惕，并积极建构塑造共和国的制度和法律。

---

[1] 马基雅维利,《佛罗伦萨史》,王永忠译,吉林出版集团有限责任公司 2013 年版,第 130 页。

第六章　现代君主与革命

马基雅维利去世后,在欧洲大陆,尤其是天主教国家,马基雅维利的形象一直不佳,总是与"马基雅维利主义"联系在一起。正如法国19世纪的作家莫里斯·乔利(Maurice joly)在其讽刺作品《马基雅维利与孟德斯鸠之间的地狱对话》(*Dialogue aux enfers entre Machiavel et Montesquieu ou la politique de Machiavel au XIXe siècle*)中所说,在天堂和地狱之间,马基雅维利代表地狱。[1] 英国17世纪内战时期的激进共和党人可以说是马基雅维利的第一批支持者,悉得尼、哈林顿等的议会派革命立场使得他们带有很强的激进色彩,而马基雅维利思想中所包含的对传统权威的讽刺与蔑视给了他们直接的思想刺激。法国革命前同样持激进立场的思想家卢梭也对马基雅维利多有赞赏。在这之后,从正面接受马基雅维利学说的,恐怕要属葛兰西以降的批判理论学者,

---

[1] Maurice Joly, *The Dialogue in Hell between Machiavelli and Montesquieu*, trans., John S. Waggoner, Lexington Books, 2002.

他们反对现代资本主义的政治与意识形态控制，希望建立自己的"新制度和新秩序"。马基雅维利在现代社会最重要的影响之一是左翼学者安东尼·葛兰西关于霸权的思考，并经由葛兰西影响了结构主义、后现代主义思潮，当代政治哲学家路易·皮埃尔·阿尔都塞、尚塔尔·墨菲、厄内斯特·拉克劳等都受马基雅维利以及葛兰西的启发。现代思想史中最具批判性的一脉实际上都对马基雅维利颇有好感，更愿意同情地理解他，从他那里吸取思想灵感。为什么会这样？现代社会变革不断，社会日新月异，"新制度和新秩序"不断涌现，马基雅维利"新君主"的概念为思考这一现代社会现象提供了非常独特的视角。

一 "新制度与新秩序"

阿尔都塞曾说马基雅维利给人的印象，就像一座加农炮，他行动的方向与开火的方向是相反的，"人们以为他朝向开火的方向行进，他却向相反的方向走；更糟的是当他不在行进的方向上开火时，我们都不知道他向哪儿开火，只知道他向某个方向开火"。[1]这确实很好地概括了马基雅维利那令人捉摸不定的特征，也是马

---

[1] Louis Pierre Althusser, *Machiavelli and Us*, ed., François Matheron, trans., Gregory Elliott, London & New York: Verso, p. 5.

基雅维利在政治思想领域造成巨大分歧的形象写照。他有时候说民众自私、狭隘，君主或有能力的个人要有所成就，就要在必要的时候强迫、欺骗他们，甚至对他们使用暴力；但另一方面，他也直言不讳地声称"将人民的声音比作上帝的声音不是没有理由的"，人民是自由的天然的朋友。这二者在他那里似乎是同时并存、没有矛盾的，或至少他并不认为这其中有什么矛盾。如果读他的《君主论》，我们的第一印象会觉得他是一个极端保守的君主主义者，为君主——甚至专制君主——出谋划策，但如果再仔细读，我们会发现他可能还是一个"民众派"，他一再劝说新君主应该尽量依赖民众而不是贵族，民众的支持构成了新君主权力的基础，甚至可以说是合法性的来源。但如果再次读一遍这本书，我们可能又会回到原来"保守"的印象之中，如此反复。

当然，这里的"保守"指的是在"君主—人民"的对立关系中偏向君主一边的立场，我们知道，这二者并不一定是对立的。古罗马的恺撒就是一个平民派，但也是一个权力极大的君主，马基雅维利时代很多出身平民的新君主都不是贵族派，现代社会中的拿破仑等人都具有将"君主与人民"二者合为一体的特征，诸如此类。不过从思想上来说，我们可以确定的是，马基雅维利是现代保守主义的反面。"保守主义"（conservatism）作为一种"主义"的出现是完全意义上的现代社会现象，在古代是没有所谓保守主义的。阿伦特（Hannah Arendt）说，保守主义"作为一个政治原则和意识形态，其存在来自对法国大革命的反应，只对19和

20 世纪的历史有意义"。[1] 当然，阿伦特的意思肯定不是将保守主义局限在这两个世纪，而是说保守主义是一个现代现象。这一现象的开始当然就是英国政治思想家柏克。柏克认为好的政治是"生长"出来的，而不是人为创造的。[2] 这一智慧虽然看上去有点像柏拉图和亚里士多德等人对习俗中所包含的真理的理解，但二者终究还是有很大差距。柏拉图等古典学者是要超越习俗，用人的理性能力找到那个真理本身，他们虽然尊重习俗，但总体上说是在人与政治有机体的关系中理解习俗。人本身是渺小的，是政治共同体的一部分，共同体的习俗中包含着人存在的本质。与古典思想家不同的是，在柏克那里，回到习俗本身成了一个非常紧急的需要，因为在现代社会中有太多对激进变革的冲动，传统或习俗成了人们要否定和逃离的对象。因此柏克所要做的是一种"反向逃离"，回到那个带有神性秘色彩的"习俗""偏见"或"传统"之中。换言之，在古代没有保守主义是因为古代没有保守主义的前提，即一种以"人民意志"、自然权利或个人自由为依据的政治意识形态，也没有依据它来进行大规模社会改造的政治运动。

奥克肖特（Michael Oakeshott）也说，保守主义其实更应该被理解为一种"态度"或"性情"（disposition），即"在享受时热情而积极，在变革和创新方面持冷静与批判态度：这两种倾向互相

---

[1] Hannah Arendt, *On Revolution*, New York: Penguin Books, 1990, p. 44.
[2] 埃德蒙·柏克，《法国革命论》，何兆武、许振洲、彭刚译，商务印书馆 2003 年版，第 129 页。

支持与说明"。具体而言,"保守性情的人相信一个已知的善不能轻易地被牺牲以服务一个未知的善,他不喜欢危险的和困难的,他不愿意在未知的海域航行,在迷失、困惑或沉陷中没有神秘力量,……别人看来是胆怯的,他认为是理智的审慎,在别人解释为缺乏行动的地方,他认为是一种更愿享受已有而非过分索求的性情"。[1] 这种关于"保守性情"的讨论与柏克的哲学思考确实很接近。奥克肖特甚至对"保守主义"这一带"主义"(ism)的词汇也有所保留,他认为凡是"主义"其实都是现代理性主义的产物,即希望用某种内在一贯的"原理"来彻底改造社会,重新塑造政治结构,他认为保守的态度即是对此的反对,而非用一种新的"主义"来替代别的主义。在现代社会中,人们自觉或不自觉地将保守的态度贯之以"保守主义",已经说明现代社会理性主义的思维习惯多么严重。

那么,这种激进思潮的源头是什么呢?理性主义的最早版本在苏格拉底、柏拉图那里就曾出现,但他们与现代理性主义有着根本区别。在奥克肖特看来,古典的理性主义区别知识与意见,但他们认为知识不是一种技术,人们追求真知的过程是一个永远不会停止的、开放的过程,其目的是为了"活得好",过正直的生活,而不是为了掌握某种技术,从而能够改造世界以满足人的欲望。美德即知识,柏拉图等古代哲人始终保持着对这种知识的追

---

[1] Michael Oakeshott, *Rationalism in Politics and Other Essays*, London: Methuen & Co Ltd., 1962, pp. 172-173.

求，我们可能永远达不到对真理的完全把握，但所谓求知就是在承认自身有限的前提下不断接近真理，这一过程本身即起到对人的教育和对人的生活的塑造作用。而现代理性主义者所持的不是苏格拉底式的"我知道我不知道"这种态度，而是"我知道，所以让我们来改造世界，重新来过"。奥克肖特把这种态度描述为"技术主权"（sovereignty of technique）的态度，即当我知道我能用某种技术达到某个目的时，这中间关于技术的知识就变成了真的知识，不管这一技术实现的到底是什么。在这一意义上，真理就变成了对人有用的，而非映照人自身有限性的知识。[1]

奥克肖特所理解的现代理性主义从什么时候开始？他认为始自马基雅维利。虽然后来培根、笛卡尔、霍布斯等人对这种现代理性主义的、激进的态度产生了深远影响，但根据奥克肖特，"最早从这一角度进入政治的是比他们早一个世纪的马基雅维利"。[2] 奥克肖特意义上的"保守主义者"认为政治不适合年轻人，"不是因为他们的缺陷，而是因为他们的美德"。因为年轻人总是充满着对这个世界的可能性的美好想象，他们希望改变，让世界变得更好，因为没有什么本来就应该是那样的。这本来也是年轻人的美德，但在政治中就很有可能带来危险。正如柏克所言，人的法律和制度是历史中的人们在代际之间不断试错过程中积累下来的，

---

[1] Michael Oakeshott, *Rationalism in Politics and Other Essays*, London: Methuen & Co Ltd., 1962, p. 16.
[2] Michael Oakeshott, *Rationalism in Politics and Other Essays*, London: Methuen & Co Ltd., 1962, p. 24.

其中包含着超出个人或某一代人之上的集体理智，激进的改造往往会摧毁这种集体理智，而不可能在短时间内提供一个更好的替代，因此它实际上实现的主要是破坏，甚至把破坏本身当作建设，就像在法国大革命时所发生的那样。[1]

与奥克肖特式的保守主义相比，马基雅维利之所以是现代政治思想史上第一个"激进"思想家，正是因为他倡导一种"年轻人的政治"。他写作的对象就是年轻人，这在他那段著名的关于命运的话中表现得非常清楚："命运常常是青年人的朋友，因为他们在小心谨慎方面较差，但是比较凶猛，而且能够更加大胆地制服她"。这里的"青年人"并不是字面意义上或生理意义上的青年，而毋宁是心理意义上的，其实也是一种"态度"或"性情"，只不过与奥克肖特的"保守主义性情"相反。老年人也可以有青年人的心态，在对抗时间所带来的死亡和毁灭时，也可以用一种勇猛的态度去与之对抗，哪怕能延缓一些死亡的到来，也是胜利。或许，生命或存在的本质就是对死亡的延缓，现代诗人狄兰·托马斯（Dylan Thomas）曾表达过这一态度：

> Do not go gentle into that good night,
> 不要温和地走进那良宵，
> Old age should burn and rave at close of day;

---

[1] 埃德蒙·柏克，《法国革命论》，何兆武、许振洲、彭刚译，商务印书馆2003年版。

老年在日暮之时应该燃烧与咆哮；

Rage, rage against the dying of the light.

怒斥，怒斥光明的消亡。

Though wise men at their end know dark is right,

临终时明智的人懂得黑暗逍遥，

Because their words had forked no lightning they

因为他们的话语已迸发不出丝毫电光，

Do not go gentle into that good night.

却不要温顺地走进那个良宵。

Good men, the last wave by, crying how bright

善良的人翻腾最后一浪，高呼着辉煌

Their frail deeds might have danced in a green bay,

他们脆弱的善行曾在绿色港湾里跳荡，

Rage, rage against the dying of the light.

怒斥，怒斥光明的消亡。

Wild men who caught and sang the sun in flight,

狂暴的人曾抓住并颂唱飞翔的太阳，

And learn, too late, they grieved it on its way,

虽然为时太晚，却明了途中的哀伤，

Do not go gentle into that good night.

不要温顺地走进那个良宵。

Grave men, near death, who see with blinding sight

肃穆的人，临近死亡，透过炫目的视野，

Blind eyes could blaze like meteors and be gay,

失明的双眸可以像流星一样欢欣闪耀，

Rage, rage against the dying of the light.

怒斥，怒斥光明的消亡。

And you, my father, there on the sad height,

而您，我的父亲，在这悲哀之巅，

Curse, bless me now with your fierce tears, I pray.

此刻我求您，用热泪诅咒我，祝福我。

Do not go gentle into that good night.

不要温顺地走进那个良宵。

Rage, rage against the dying of the light.

怒斥，怒斥光明的消亡。[1]

狄兰·托马斯在写这诗时，他的父亲即将死去，但他爱父心切，希望父亲像青年人一样与时间和死亡对抗，尽管知道他不可能战胜死神。与此相似，马基雅维利也深知，任何权力都会消失，任何帝国都有终点，但他希望有识之士能尽量推迟尽头的到来，"不要温和地走进那良夜"，因为时间的尽头什么都没有，没有上

---

[1] 狄兰·托马斯，《不要温顺地走进那个良宵：狄兰·托马斯诗选》，海岸译，人民文学出版社 2015 年版，第 232—233 页。Dylan Thomas, *Collected Poems 1934—1952*, New Directions, 2003, pp. 116-118.

帝，也没有等待着的天国。上帝在托马斯的诗和在马基雅维利对君主国分析中的"不在场"一样，既隐蔽又醒目，是一种"响亮的沉默"（loud silence）。

文艺复兴时期的伊拉斯谟是一名保守主义者，他只对继承而来的君主国感兴趣，因为继承关系中有一层厚重的传统，它超越君主或任何个人，指向一个更高的点，最终指向上帝。通过诉诸这个更高的点或上帝，伊拉斯谟对君主应该怎么做可以有很多话要说。[1] 但马基雅维利只对"新君主"感兴趣，新君主不一定是生理意义上的年轻人，但一定要是精神意义上的年轻人。或者用奥克肖特的话说，与其说是年轻人，不如说是"新来的"，即新的统治者，新的统治阶级，或新的社会。[2]《君主论》就是对"新来的"说话，告诉他们旧的制度和秩序不是"自然的"，是可以被挑战和推翻的，但这个过程充满着不确定性。换个角度说，他相当于将时间对秩序产生的威胁当作新君主及其新秩序可资利用的对象，因为任何秩序在时间中都是有限的，所以任何秩序都是可以被替代的。但时间的威胁永远存在，新君主本身也需要面对同样的问题。因此，要有所创新，就需要承担极大的风险，时刻面临毁灭的可能。马基雅维利说："再没有比着手率先采取新的制度更困难的了，再没有比此事的成败更加不确定、执行起来更加危险的

---

[1] 伊拉斯谟，《基督教君主的教育》，李康译，商务印书馆2017年版。
[2] Michael Oakeshott, *Rationalism in Politics and Other Essays*, London: Methuen & Co Ltd., 1962, p. 23.

了。"因为"革新者使所有在旧制度之下顺利的人们都成了敌人，而使那些在新制度之下可能顺利的人们成为半心半意的拥护者"。[1]

马基雅维利关注的重点在一个"新"上，新的秩序（nuovi ordini; new order）如何产生、维系是最令他着迷，也是推动他写作的最重要问题。他所建议的对象如洛伦佐·美第奇，以及他所举的例子如罗慕路斯、切萨雷·博尔贾等人，都是新君主的典型。他想告诉那些"新来者"的主要是如何做，而不是为什么做。"如何做"的内容主要又是一种"技术"（technique），至于人的目的、人死后的去处、灵魂的归宿等问题，他基本不置一词。因此，按照奥克肖特的标准，他确实是一个近乎彻底的激进主义者，或者说是西方政治思想史上第一个激进派。在他那里，新君主本身即是新秩序的象征，一个新君主所要做的是建立新的制度与秩序，反过来新的制度和秩序将在新君主身上得以显现和被代表。不仅如此，在讨论新君主和新秩序时，他还明确将人民或平民作为落脚点。他一再建议他的读者，即潜在或实际的新君主，在贵族和人民之间选择的话，要尽量与后者结盟，依赖平民的力量。毫无疑问，在依赖平民时，君主显然需要去满足平民的需求，获得他们的好感，利用平民的力量压制贵族。因此，他所说的新君主和新秩序的出现，其实也包含着新的社会阶级进入权力领域的过程。

---

[1] 马基雅维利，《君主论》，商务印书馆 1997 年版，第 26 页。

新君主既是新秩序的象征，同时也领导着平民阶级，与他们作"同盟"，面对共同的敌人——贵族阶级。

民众在新君主的领导下反对旧秩序、建立新秩序，实现人民与国家的解放，这一意象在《君主论》前二十五章中一直存在，但在最后一章（"奉劝将意大利从蛮族手中解放出来"）中得到了最清晰的展现。马基雅维利在这一章（也是整本书）的收尾有必要全文摘录于此：

> 这个时机一定不要错过，以便意大利经过长时期之后，终于能够看到她的救星出现。我无法表达：在备受外国蹂躏的一切地方，人们将怀着怎样的热爱、对复仇雪耻的渴望、多么顽强的信仰，抱着赤诚，含着热泪来欢迎他！什么门会对他关闭？有什么人会拒绝服从他？怎样的嫉妒会反对他？有哪个意大利人会拒绝对他表示臣服？蛮族的控制对于我们每一个人都臭不可闻了。请你的显赫的王室，以人们从事正义事业所具有的那种精神和希望，去担当这个重任，使我们的祖国在她的旗帜下日月重光，在她的指示下，我们可以实现诗人佩脱拉克的话语："反暴虐的力量，将拿起枪，战斗不会很长！因为古人的勇气，在意大利人的心中至今没有消亡。"[1]

---

[1] 马基雅维利，《君主论》，商务印书馆1997年版，第124—125页。

平民或下层阶级在新君主的带领下反抗内部和外部压迫并建立新秩序，这在马基雅维利的重要著作中都有所体现。在《李维史论》中，如前章所述，平民被认为是共和国自由的保障，他们的反抗造就了更新、更好的制度和法律。而平民的政治行动也需要在领导者带领之下才能发生，保民官就是其中的代表，他们的冲击使得罗马的制度更有利于平民。在《佛罗伦萨史》中，马基雅维利更是记述了许多平民和"平民中的平民"——即最底层的工人——的起义。有意思的是，他们的起义也都是在某些个人——如米凯莱——带领之下进行的。马基雅维利称这些领导者为"党派的君主"（princes of parties）或"行会的君主"（princes of guilds）。[1]《君主论》末尾既是对意大利的期望，也可以说是一种预见，世界似乎终将被"新来者"的力量改变和塑造，真正的问题不是这一未来是否会到来，而是它会以什么形式到来，并怎么应对它的到来。

如果我们从一种面向未来的角度看《君主论》末尾的话，就可以发现一种相较于传统而言很特殊的历史观念。古代人将历史看作周而复始的循环，从极盛到衰落，再重新恢复，继而又衰落，历史犹如一个巨大的圆圈。马基雅维利的激进政治有一种打破这种历史观念的态势，平民在进入统治阶层后，如果具有能力，是可以维持新的统治形式的。过去的旧的社会形式将被抛弃，社会

---

[1] Niccolò Machiavelli, *Florentine Histories*, trans., Laura F. Banfield & Harvey C. Mansfield Jr., Princeton: Princeton University Press, 1988, p. 110, 121.

将进入一个更新的阶段，平民在其中占据主导地位。在这种社会中，人的观念和意识都将大大地不同于以往，社会内部是非对错的标准也与以前的贵族社会不同。我们可以看到，马基雅维利并不希望去把握那个循环往复之上的不动的点。对他来说，历史不是循环往复，而是新的社会取代旧的社会，新的秩序持续性地颠覆旧的秩序。当然，对他来说，新秩序很可能会失败，但即便失败也是一种更新，而不是循着已有轨迹转圈。

与这种历史观念对应的是马基雅维利对价值和意识的理解。他认为人的价值观念和思想意识是被建构的，而非来自某种人的"自然"本性。在不同的社会中，存在着与这种社会（或秩序）相对应的价值观念，或者反过来说，这种价值观念也支持着特定的社会秩序。贵族社会有其道德标准，例如和谐、友爱、审慎等，平民的反抗无论如何都会与这种价值观念相冲突。马基雅维利实际是在告诉这些新的阶级及其领导者：如果真要彻底改造社会，可以不必遵守原有的道德标准和价值观念，甚至必须与后者拉开距离才行，因为它们是那个旧秩序的支撑。在上帝不在场、没有最高目的的情况下，每一个社会的道德都是与该社会秩序相对应的，在不冒犯原有社会的道德观念的情况下建立新的社会基本是不可能的。因此，要建立一个新的制度和秩序，必须有所冒犯或破坏，这对他来说不是一个应然性问题，而是实然如此，它也是一种"必要"。甚至在基督教这样一种宗教的"统治"建立之时，也需要其领导者——即"先知"——手中掌握武器，确保新秩序的确立。他在这样说时，显然已经相对化了基督教中包含的真理，从而逻辑结果只能是任何"真理"都是相对的，都是相对于某种特定的社会形式和秩序，从而都是需要被建构的。

马基雅维利对真理的相对化和对社会秩序的历史主义化，从总体上说有利于"新来者"，实际上也有利于"弱者"或"失败者"，因为这二者在历史中基本是统一的。从表面上看，他认为"事实的真实情况"是，新秩序的建立必须要有所破坏，难以避免使用暴力，这好像是在强调暴力的必要性。但反过来，他其实也是给了那些"失败者"以一定的声音和尊严，因为他们之所以没有成功不是因为他们离真理更远，而很可能是因为他们的力量不够强大。或者，很多现存的秩序，包括基督教的秩序，其存在也不一定是因为它们离真理更近，或更体现真理，而是因为它们建立了一个强大的帝国，要反抗这个帝国需要极强的力量。马基雅维利的基调是，反抗和更新并非不可能，这也是《君主论》最后一段话所要表达的观念和情绪。因此，称马基雅维利为"革命者"并非没有道理。

二　"新秩序"的科学

马克思曾说过，马基雅维利像哥白尼一样，最早开始"用人的眼光来观察国家……从理性和经验出发，而不是从神学出发来阐明国家的自然规律"。[1] 将马基雅维利与马克思关联起来的重要政治哲学家米格尔·阿本苏（Miguel Abensour）说："从马基雅维利到马克思，经由斯宾诺莎，存在一个致力于将政治共同体从神学的专制中解放出来的共同线索，目的是确立起政治领域的恰当的持续性，从而有利于理性国家的到来。"[2] 阿本苏讨论的重点是早期马克思的写作，包括许多他当记者时写的文章，阿本苏认为在这里有一种明显突出政治领域重要性的关切，即不希望将问题归结到某种神学或哲学的讨论中，寻找某种关于自然或目的的解释。马克思在这里认为，政治——尤其是富人和穷人、阶级之间的斗争——是最重要的。在这方面，马克思和马基雅维利一样强调古代思想家的重要性，因为他们没有受基督教的影响。马克思说，在中世纪神学的主导地位被质疑和挑战之时，"现代哲学只是继承了赫拉克利特和亚里士多德所开始的工作"。[3] 当然，马克思对国家和政治领域的强调不是洛克等人所代表的自然法传统中的国家理论，他更多地受黑格尔的影响，从历史以及阶级关系中理解国家。但阿本苏认为，在政治领域的独立性方面，早期马克思的心路历程和马基雅维利是高度相似的，即都希望将政治从神学

---

[1] Karl Marx, *Selected Writings*, ed., David McLellan, Oxford: Oxford University Press, 2000, p. 24.
[2] Miguel Abensour, *Democracy against the State: Marx and the Machiavellian Moment*, Cambridge, UK: Polity, 2011, p. 20.
[3] Karl Marx and Friedrich Engels, *Collected Works*, I, Lawrence & Wishart: Electric Book, 2010, p. 201.

中解放出来,国家应当被理解为民众的自治组织,而非实现某种更高(神学)目的的工具或渠道。在马基雅维利那里,这种独立性或自主性主要体现为,作为国家化身的君主不需要服从基督教神学的道德,国家有其自身的"理由"——所谓"国家理由"。而在马克思那里,对人的生活起决定作用的是物质力量,宗教被看作只是这一力量的反映和辅助,因此"理性"的国家应该去除掉宗教的外衣,而由政治共同体自主地决定自己的命运。

但阿本苏认为,晚期的马克思——特别是在《1844年经济学哲学手稿》写作之后——对政治领域的独立性的强调逐渐减少,国家的重要性让位于社会的重要性,经济和生产力变为最根本的决定因素,历史唯物主义代替了早期带有浓厚人文主义色彩的批判立场。国家的制度和法律失去了其自主行动的位置,它们越来越倾向于被解释为社会和经济因素作用的后果,是由经济的因素所决定的。马克思在写于1859年的《政治经济学批判》序言中的这段话最好地反映了这一转折:

> 我所得到的、并且一经得到就用于指导我的研究工作的总的结果,可以简要地表述如下:人们在自己生活的社会生产中发生一定的、必然的、不以他们的意志为转移的关系,即同他们的物质生产力的一定发展阶段相适合的生产关系。这些生产关系的总和构成社会的经济结构,即有法律的和政治的上层建筑竖立其上并有一定的社会意识形式与之相适应

的现实基础。物质生活的生产方式制约着整个社会生活、政治生活和精神生活的过程。不是人们的意识决定人们的存在,相反,是人们的社会存在决定人们的意识。社会的物质生产力发展到一定阶段,便同它们一直在其中活动的现存生产关系或财产关系(这只是生产关系的法律用语)发生矛盾。于是这些关系便由生产力的发展形式变成生产力的桎梏。那时社会革命的时代就到来了。随着经济基础的变更,全部庞大的上层建筑也或慢或快地发生变革。在考察这些变革时,必须时刻把下面两者区别开来:一种是生产的经济条件方面所发生的物质的、可以用自然科学的精确性指明的变革,一种是人们借以意识到这个冲突并力求把它克服的那些法律的、政治的、宗教的、艺术的或哲学的,简言之,意识形态的形式。我们判断一个人不能以他对自己的看法为根据,同样,我们判断这样一个变革时代也不能以它的意识为根据;相反,这个意识必须从物质生活的矛盾中,从社会生产力和生产关系之间的现存冲突中去解释。[1]

在阿本苏看来,国家和政治领域的独立性在这里让位于社会和经济领域的决定性,[2] 因此与马基雅维利拉开了一定距离,因为

---

[1] 马克思、恩格斯,《马克思恩格斯选集》(第二卷),人民出版社 1972 年版,第 82—83 页。
[2] 另可参见雷蒙·阿隆,《社会学主要思潮》,葛智强、胡秉诚、王沪宁译,华夏出版社 1999 年版,第 98—101 页。

在马基雅维利那里政治的重要性仍然是占据第一位的。这一视角有一定的道理，特别是考虑到马基雅维利将共和国的"德性"看作其自由和强大的基础。但阿本苏忽视或至少低估了两个重要方面：第一，在马基雅维利那里，社会和经济的要素实际上在"政治"中占有很重要的位置，正如我们在前面几章中所论述的。他对"冲突"的强调的核心其实是平民阶级对上层精英的对抗和冲击。我们也正是在这个意义上认为，马基雅维利的政治思想具有很强的革命色彩，平民或新的阶级在他对"新秩序"的分析中占有极重要的位置。第二，在马克思那里，即便是在所谓"早期"写作中，国家的自主性也同样被社会和经济的分析所贯穿，"政治"的主要内容其实正是阶级之间的斗争关系。脱离开经济和阶级的关系便很难理解马克思所说的斗争是什么，这一点同样在某种程度上适用于马基雅维利。通过对黑格式国家观念的再批判，马克思完成了新的国家理论的建构，这是一种革命性的、以阶级关系和唯物论经济观为基础的国家理论。

我们从写于 1843 年的《论犹太人问题》中即可以很清楚地看到这一点。犹太人问题在马克思的时代是一个被讨论很多的话题，马克思对这方面辩论的干预是针对青年黑格尔派的代表布鲁诺·鲍威尔（Bruno Bauer），而鲍威尔又对当时比较流行的犹太人解放的方案提出了批评。根据当时流行的方案，犹太人的解放问题主要是一个自由权赋予的问题：在传统的欧洲社会中犹太人的自由权受到限制，不能从事某些行业、不能担任公职等等，那么该观点认为所谓"犹太人的解放",就是给予他们以更多的自由权利,让他们逐渐与其他人(主要是基督徒)平权。鲍威尔继承黑格尔的国家理论,认为这种"解放"是非常不充分的,因为它只是"犹太人的解放,而不是所有人的解放"。该方案并没有改变国家仍然是一个宗教神学国家的事实。当国家和某种特定的宗教捆绑在一起时,不仅犹太人显然受到歧视与压迫,所有人也都被束缚。因此,鲍威尔主张要将国家从宗教中解放出来,通过将所有人解放,来实现犹太人的解放,即从根本上解决犹太人问题。这同时包含两层意思:(1)国家应该是世俗的国家,而不是宗教的国家;(2)宗教应该是公民个人的私事,是私人领域的选择。鲍威尔说:"犹太人解放的彻底、成功、安全的方式只有在他们不是被当作犹太人——即永远与基督徒不同的人,而是被当作人——即与其他人不因某种犹太人错误地觉得很重要的障碍而分开的人——解放时,才是可能的。"[1] 因此,鲍威尔对犹太人群体也提出了批评,认为他们把自己的认同看得太重,"错误地"在自己和其他人之间设置了一道不必要的障碍。不过他批评的主要矛头还是指向当时的宗教和神学国家观,在这种观念之下,犹太人的所谓解放是绝不可能的,尽管他们可能被"给予"更多的权利。因此,在鲍威尔看来,只有当所有人获得解放,犹太人问题才可能得到真正的、彻底的解决。

---

[1] Brono Bauer, *The Jewish Problem*, trans., Helen Lederer, Cincinnati: Hebrew Union College-Jewish Institute of Religion, 1958, p. 62.

鲍威尔的理论带有很强的自由主义的色彩，他认为国家应该是中立的、世俗的，宗教不应该与国家联系在一起，它应该被看作一种私人事务，完全属于个人选择的范畴。这一观念在欧洲近代早期一些主要的自由主义思想家如霍布斯、洛克、密尔等人那里都有体现。从政治史来说，欧洲近代几百年残酷的宗教战争也催生了这样一种自由主义的观念，即宗教与国家挂钩的后果是和平消失，无论是国内还是国外，因为人们总是会分裂为不同的宗教派别，他们又会因为权力和利益而以宗教的名义发动战争，互相残害。从这个意义上来说，鲍威尔是有道理的，即犹太人的问题只是一个更大的问题中的一个方面，它只有在那个更大的问题解决之后才能从根本上得到解决。洛克的宗教宽容论和密尔的伤害原则都从不同的方面回应了这一问题，其结果也大致与鲍威尔的理论类似，即宗教不能再是一种政治力量，而应该是个人的选择，就跟人选择不同的发型、衣着、职业等一样。在19世纪欧洲的社会历史语境中，这一要求实际并不简单，因为它需要从根本上改变人们对宗教和对人自身的理解。犹太人在这方面转变思想观念的可能性比其他人显得更加困难一些，因为他们更特殊地将宗教和种族观念混合在一起。不过对鲍威尔来说，最重要的仍然是政治问题，即将国家从宗教中解放出来，国家不干涉宗教，宗教也不插手国家对人的统治。他期待的是，如果这一问题得到解决，宗教自然会在人们心中失去重要性，人自然地会慢慢将宗教看作一种外在的选择，民众会慢慢变得更加"理性"，更加不受宗教影响，社会也将变得越来越世俗化。[1]

正是在这一点上，马克思认为鲍威尔的判断是错误的，他认为即使是在国家与宗教彻底分离，宗教完全归属私人领域的情况下，宗教也不会消失，不会停止对人、社会乃至国家产生重要影响。为了说明这个问题，在《论犹太人问题》中，他列举了国家与宗教分离——也就是他所说的"国家解放"或"政治解放"——程度不同的国家：德国、法国和美国。在19世纪中叶的马克思看来，这三个国家代表了政治解放的三种不同程度。在这其中，德国的政治解放程度最低，因为它基本还没有出现分离，在那里，"犹太人问题纯粹是神学问题，因为那里尚不存在政治国家，不存在作为国家的国家，因为这个国家是'职业神学家'"。其次是法国，法国大革命后，"（法国）国家虽然已在名义上是一个立宪国家，但还保存着国教的外观"。最后是美国，美国的政教分离相对而言最彻底，从法律上来说宗教就是完全的私人事务，因此"只有在美国，国家已没有了神学上的外观，犹太人问题才失去神学的意义，而成为真正世俗的问题。对宗教与国家关系的批判也才不再是神学的批判，而是对政治国家的批判"。[2] 按照鲍威尔的理论，当宗教成为完全私人的事务，也就是宗教失去政治权力时，它将逐渐失去对人的影响，人们将慢慢变得不信教。然

---

[1] Brono Bauer, *The Jewish Problem*, trans., Helen Lederer, Cincinnati: Hebrew Union College-Jewish Institute of Religion, 1958.

[2] 马克思、恩格斯，《马克思恩格斯全集》（第三卷），人民出版社2002年版，第168页。

后，马克思借用法国思想家托克维尔及其旅行同伴古斯塔夫·博蒙（Gustave de Beaumont）对美国的观察，指出相反的事实："在政治解放已经完成了的国家（如美国），宗教不仅仅存在，而且是生气勃勃地、富有生命力地存在。"[1]

但如果是这样，它正好说明人并没有获得真正的解放。当人们还是普遍而广泛地信仰宗教时，尽管国家已经不再与宗教紧密地挂钩，人们还是受到宗教和教会这种社会性权力的控制，普遍的宗教信仰状态表明人是愚昧的，这种人为的"愚昧"有利于一些人，而不利于另一些人，因此很难说人是自由的。而且，在这种情况下，犹太人的解放其实也无从谈起，因为如果人们普遍是不自由的，那么社会内部的少数派——如犹太人——就更不可能获得真正的解放。马克思在这里问道："在美国，我们可以说，犹太人在政治上已经得到了解放，但他们作为'人'，在社会中是否真正得到了解放？"[2] 答案当然是否定的，因为政治的解放与人的解放是不一样的，"在政治上得到解放是用间接的方法，是通过一个中介，即国家"，这也就是鲍威尔所构想的犹太人问题的"彻底"解放方法。然而，"人即使已经通过国家的中介宣布自己是无神论者，就是说，他宣布国家是无神论者，这时他总还是受到宗教的约束"。[3] 马克思超越了鲍威尔以及黑格尔的国家理论，为国

---

[1] 马克思、恩格斯，《马克思恩格斯全集》（第三卷），人民出版社2002年版，第169页。
[2] 马克思、恩格斯，《马克思恩格斯全集》（第三卷），人民出版社2002年版，第169页。
[3] 马克思、恩格斯，《马克思恩格斯全集》（第三卷），人民出版社2002年版，第171页。

家和社会之间的关系提供了一个全新解释。在黑格尔的理论中，现代国家的出现是人的最终解放的表现，在现代国家出现之前，人与人之间始终有主奴关系，因此而产生的斗争推动着社会的变迁和历史的进步。现代国家第一次使得主奴关系不再存在，人与人之间实现了一种平等的关系，人们以平等的身份结合在一起。但这种平等不是自然的平等，而是作为现代国家公民的平等，是相对于国家的平等。平等的公民在国家的制度和法律保护之下获得平等和自由，从而构成市民社会内人与人之间的互相关系；而在市民社会中，人与人之间又被理解为一种既合作又互相否定的关系，而非过去的压迫与被压迫关系，每个人都获得承认，都是自由的。黑格尔总结道：

> 国家是绝对自在自为的理性东西，因为它是实体性意志的现实，它在被提升到普遍性的特殊自我意识中具有这种现实性。这个实体性的统一是绝对的不受推动的自身目的，在这个自身目的中自由达到它的最高权利，正如这个最终目的对单个人具有最高权利一样，成为国家成员是单个人的最高义务。[1]

正是在这一黑格尔式国家理论的基础上，鲍威尔才给出了其

---

[1] 黑格尔，《法哲学原理》，范扬、张企泰译，商务印书馆1961年版，第253页。

犹太人问题,同时也是人的普遍解放问题的方案。这一方案的内核即是黑格尔意义上的现代国家,解放是人作为公民的解放,在市民社会中,人确实都具有特殊的身份,但它们并不具有政治上的重要性,也不会构成支配与被支配、主与奴关系的基础。

然而,马克思希望强调的,正是人在社会中的具体的身份具有政治意义,它们即便在现代国家中也构成新的支配与被支配、主与奴的基础。他首先提醒人们(主要是鲍威尔),当国家获得解放,即国家取得所谓的自主性或独立性时,作为公民的人仍然会具有各种各样的特殊身份,人作为国家的公民这一事实不会改变作为某些具体身份的人这一事实,而且根据马克思,前者恰恰需要以后者为前提才能得以存在,只不过这一关系在黑格尔以及鲍威尔那里都被大大地淡化了。马克思说:

> 当国家宣布出身、等级、文化程度、职业为非政治的差别,当它不考虑这些差别而宣告人民的每一成员都是人民主权的平等享有者,当它从国家的观点来观察人民现实生活的一切要素的时候,国家是以自己的方式废除了出身、等级、文化程度、职业的差别。尽管如此,国家还是让私有财产、文化程度、职业以它们固有的方式,即作为私有财产、作为文化程度、作为职业来发挥作用并表现出它们的特殊本质。国家根本没有废除这些实际差别,相反,只有以这些差别为前提,它才存在,只有同自己的这些要素处于对立的状态,

它才感到自己是政治国家，才会实现自己的普遍性。[1]

如果我们将目光从国家转移到社会，从人的公民身份转移到人的具体的社会与经济角色之上，就会立刻发现，人与人的具体身份是不一样的，而且这种"不一样"是非常惊人的。在这些人的具体身份中，马克思最关注的当然是经济上的身份，即在生产资料掌握方面的人与人之间的区分：谁是富人，谁是穷人；谁是资产者，谁是普通工人。资本家和工人同样都是一个（现代）国家的"公民"，他们都服从和遵守同样的法律体系，享有同样一套法律规定和保护的权利，他们之间没有前现代社会中以血缘关系为基础的身份不平等。但我们能说这两种人是一样的吗？在马克思看来，黑格尔法哲学的荒谬即主要在于，他只看到法权体系中人与人之间的平等，就想当然地认为人与人之间是真的平等。事实上并不是这样，这在19世纪的欧洲社会中尤其明显。当时的社会中人与人之间的差距实际上极大，人们作为国家平等的公民生活在一起，但他们又是生活在两个完全不同的世界，过着完全不同的生活，就像狄更斯在《双城记》中描述的那样。这与古代的奴隶主与奴隶、封建领主与农奴之间的区分有什么本质上的区别吗？

在这种不平等关系之中，难道不存在权力上的支配与被支配

---

[1] 马克思、恩格斯，《马克思恩格斯全集》（第三卷），人民出版社2002年版，第172页。

吗？马克思认为这是显然的。那些更富有的、掌握着资本的阶级显然比穷人、靠出卖劳动力为生的人拥有更多的支配权力。这是真实的支配权力，而不是法律规定的形式上的权利。当在社会内部存在这种支配与被支配关系时，我们反过来也可以思考，国家的制度、法律和机构会保持中立，丝毫不受社会内部的支配关系影响吗？马克思认为显然不可能。因此，他将黑格尔的国家与社会关系颠倒了过来。黑格尔认为国家是市民社会的前提，因为有国家才有平等的个人，才有自由的市民社会。但在马克思这里，国家不仅无法阻止社会内部形成事实上的不平等以及支配关系，而且前者恰恰是后者的产物。也就是说，社会内部的支配关系是国家的前提。黑格尔意义上的国家实际上是资产阶级维持自身支配地位需要的产物，它保护个人的自由与安全，确保人与人之间在形式权利上的平等，但这些恰恰是确保资本的力量在社会中始终居于主导地位的需要。同样，从这一视角来看，现代国家背后的普遍人权等"真理"，也成了阶级支配关系的支持，其本身的真实性被大大地解构和相对化了。

马克思对被鲍威尔用来做论据的、法国大革命后颁布的《人权和公民权宣言》中包含的普遍权利观念做了进一步的分析。他认为这些权利在革命初期是有正面和积极作用的，主要是因为它们起到了团结人的作用，否定传统社会中的封建等级关系，而将所有人——在当时主要是成年男性——都看作"公民"，让他们都同等地享受法律所规定的权利。正如法国大革命中的"自由、平等、博爱"口号所表达的那样,所有人——无论其原来是贵族还是平民——都是平等的同胞,都应该享有同样的尊重和保护。但马克思认为,很快这些权利就显示出了它们"分裂"的属性,因为他们是将人看作"个人",这些个人都有着自私自利的打算,而这些权利的目的正是保护这种自利倾向,从而就一定会产生人与人之间的区隔,而不是团结。正是在这些权利的保护之下,才出现了资产者和无产者,出现了支配阶级和被支配阶级,人们最终被分隔成两个不同的群体。在马克思看来,这种阶级的区分与阶级间支配关系的出现,并非"尽管有普遍人权,还是有这种现象",而是"正是因为有普遍人权,才会有这种现象"。换言之,普遍人权是阶级统治关系出现的原因。正因为此,他说:"自由这一人权不是建立在人与人相结合的基础上,而是相反,建立在人与人相分隔的基础上。这一权利就是这种分隔的权利,是狭隘的、局限于自身的个人的权利。"[1] 同样,他对财产权这一普遍人权中的关键要素也做了如下批评:"私有财产这一人权是任意地、同他人无关地、不受社会影响地享用和处理自己的财产的权利;这一权利是自私自利的权利。这种个人自由和对这种自由的应用构成了市民社会的基础。这种自由使每个人不是把他人看作自己自由的实现,而是看作自己自由的限制。"[2]

与马基雅维利类似,马克思的这一批判显然是有利于平民或

---

[1] 马克思、恩格斯,《马克思恩格斯全集》(第三卷),人民出版社2002年版,第183页。
[2] 马克思、恩格斯,《马克思恩格斯全集》(第三卷),人民出版社2002年版,第184页。

受压迫阶级的,它一方面正当化了平民的反抗,另一方面也告诉平民,在反抗并建立一个新秩序、新社会的过程中,不用遵守原来的社会秩序中的"道德"。这种"道德"在马克思那里主要体现为一种广义上的普遍人权观念,它和马基雅维利那里的道德观念一样被体现为建构的、相对的,以及相对于特定社会秩序的人的普遍意识。如同马基雅维利在《君主论》末尾的"畅想",马克思在《共产党宣言》中也说道:"代替那存在着阶级和阶级对立的资产阶级旧社会的,将是这样一个联合体,在那里,每个人的自由发展是一切人的自由发展的条件。"[1]

三 现代君主与革命

出生于1891年的意大利共产党创始人和领导人之一的安东尼·葛兰西是将马克思的革命学说明确地与马基雅维利的理论联系起来的思想家。在墨索里尼的监狱中写作的他,部分地出于逃避审查的目的,在提及马克思的学说时,用"关于实践的哲学"(philosophy of praxis)取代之,同时还用"现代君主"(the modern

---

[1] 马克思、恩格斯,《马克思恩格斯选集》(第一卷),人民出版社1972年版,第273页。

prince)来指代革命政党。[1] 葛兰西关于现代君主的讨论可以说是其思想中最具创新、最引人注目的地方，以至于他的著作的第一部英文译本就直接被命名为《现代君主》(Modern Prince and Other Writings)，[2] 后来才普遍以《狱中札记》(Prison Notebooks)名之。

葛兰西是马克思主义者，但他有自己独特的理论贡献。他的理论思考很大程度上来自他对现实中的革命和政治、军事行动的参与、观察与思考。一个非常具有说明性且与马基雅维利有关的事例，同时也构成了葛兰西写作的一大历史政治背景的是，1920年左右苏联军队攻打波兰。苏军意图在取得胜利后向西进军，解放欧洲，但在波兰遭遇到极大的挫折，以至于这一西进计划完全被打断。导致挫折的一个很大的原因在于波兰的下层民众、工人和农民等都没有如预期的一样起来帮助苏联军队，推翻地主和贵族统治阶级。不仅如此，在这场"苏波战争"中，波兰很多下层民众最后都积极支持其政府与苏联军队的战争，并最终以少胜多，赢得相当大程度的胜利。当时苏军西部防线第十五军革命军事委员会成员鲍卢扬说："在波兰军队中，民族主义思想把资产阶级、农民、工人结合在一起，并且到处都是这样"，红军来到华沙城

---

[1] Antonio Gramsci, *The Gramsci Reader*, ed., David Forgacs, New York: New York University Press, 2000.
[2] 该书1957年由英国共产党的出版社 Lawrence and Wishart 出版，参考 Joseph A. Buttigieg, "Gramsci in English", *International Gramsci Journal*, Vol. 3 (1), 2018, pp. 26-40。

下,"未曾想到的是红军受到了包括劳动人民在内的波兰社会各种力量的联合反对"。[1] 一般而言,对这一状况,人们的反映是,波兰民众被蒙骗、觉悟不高等。葛兰西并不反对这一说法,但他从中看到了更多的东西。

首先,这是一个军事策略的问题。为什么苏联军队以优势兵力和国家整体实力,却无法如预期的那样迅速取得胜利?葛兰西为了说明这一问题,区分了两种战争:运动战(war of maneuver)和阵地战(war of positions)。运动战是苏军当时采用的军事策略,主要是指用优势兵力在短时间内向对方的军事组织开展猛烈的攻势,以图在很短时间内压垮敌方的战斗意志,"使他们对自己、对自己的力量和前途丧失信心"。[2] 但显然这一策略在波兰并没有奏效。葛兰西认为这种方法在波兰的使用中存在一种他称之为"经济决定论"(economic determinism)的错误,因为该方法的预设是,当敌方的军事力量遭受巨大的冲击时,对方的国家(上层建筑)本身也受到强大的威胁,考虑到资本主义国家的上层建筑是建立在其阶级压迫的关系基础之上的,下层被压迫的民众——也就是广大的市民、农民等——会看到这种机会,从而起来反抗上层建筑(国家),或至少当上层建筑被战争压力威胁时不会主动去帮助它渡过难关。这是经济基础决定上层建筑这一关系在战争中

---

[1] И·С·雅日波洛夫斯卡娅,《从苏波战争看 20 年代初苏联的对外政策》,《西伯利亚研究》1996 年第 23 卷第 1 期。
[2] Antonio Gramsci, *The Gramsci Reader*, ed., David Forgacs, New York: New York University Press, 2000, p. 225.

的一种反映，而根据葛兰西的分析，这正是当时苏军运动战这一军事策略背后的考量。但事实与此期待几乎相反，许多普通的、下层的民众都没有反抗其国家，甚至没有保持中立，而是民族情绪高涨，相当紧密地团结在国家机构周围，投入到战争中，最终帮助国家渡过这场危机。换言之，在葛兰西看来，运动战在这里是不起作用的。但苏联军队在之前使用的主要是这种策略，在乌克兰、高加索、西伯利亚等地区都获得了成功，而且革命军队在推翻沙皇俄国的统治、获取革命胜利的军事行动中，采取的也主要是这种策略。但它为什么在波兰就失效了？葛兰西认为这和波兰的社会与俄国等"东方"社会的性质区别——尤其是国家与社会关系——有关，他因此着重对比了俄国和波兰——或者广义上的"东方和西方"——的"国家—社会"关系。他说：

> 在东方，国家就是一切，市民社会处于初生而未成形的状态。在西方，国家与市民社会之间存在着调整了的相互关系。假使国家开始动摇，市民社会这个坚固的结构立即出面。国家只是前进的堑壕，在它后面有工事和地堡坚固的链条；当然这个或那个国家都是如此，只是程度大小不同。正是这个问题应用到每一个国家去时要求加以仔细的分析。[1]

---

[1] 安东尼奥·葛兰西，《狱中札记》，葆煦译，人民出版社 1983 年版，第 180 页。Antonio Gramsci, *The Gramsci Reader*, ed., David Forgacs, New York: New York University Press, 2000, p. 229.

在波兰，市民社会相当发达，就像黑格尔所说的那样，在市民社会中，个人拥有相当程度的自由与平等权利，市民社会本身相对独立于国家，拥有一种自身的力量，但它又不是独立于国家而存在的。国家保证法律的有效，确保市民社会中的财产得到保护，合同得以有效成立与执行，当民众遇到纠纷时，国家也在场予以解决，公民个人的信仰、婚姻、迁徙等自由都得到国家的保障，而这些自由都构成了市民社会的基础。这一国家与市民社会间的关系在波兰或"西方"实现得更切实一些。马克思对这一对关系的批判我们在上一部分中已经做了阐述，传统的马克思主义视角从这一批判出发，认为市民社会本身并不重要，因为它不仅没有实现真正的团结，而且内含着阶级之间深刻而又难以调和的对立，国家只不过是其中统治阶级的代言人而已。从上述军事角度来看，这一对立是可以被革命军队利用的，运动战的策略即来源于此。葛兰西从军事角度观察这一对关系，得出的结论是，在波兰以及广义上的西方社会，市民社会恰恰是国家后面的"工事和地堡坚固的链条"。这实际上提出了一种既与黑格尔和鲍威尔式的自由主义者不一样，又与许多当时的马克思主义者不一样的国家和社会关系理论。

在葛兰西看来，首先，市民社会一旦成熟——正如在西欧社会那样，它确实凝聚着相当程度的共识，人们分享着大致相同的价值观、道德标准、民族感情、传统、审美趣味等等，这一共识甚至渗透到社会的底层，人们并没有单纯从经济角度想象的那样分裂，尤其是在面临外部战争时，这种共同性立刻就被调动起来，成为人们同仇敌忾、一致对外的基础。其次，葛兰西将市民社会看作上层建筑的一部分，它是资产阶级有意识地建立起来维系统治地位的组织。但他认为，市民社会之所以有利于维持资产阶级的统治，恰恰是它非暴力、自愿的性质，在市民社会中，人们没有受到明显的强制，他们可以相当自由地从事各种活动，这使得人们形成了很大的共识，包括道德和价值层面的共识。但与马克思一样，葛兰西认为这些共识是有利于资产阶级的统治的，因此它也一定是被特定的历史阶段和特定的阶级统治需要的。虽然这些共识本身不是所谓"真理"，但它们仍然具有"真实性"，这种"真实"不是终极真理意义上的真实，而是人们生活意义上的真实。人们无论如何都需要某种价值观和道德判断标准，从而才有真实的生活。当它们慢慢被人们接受，人们已"习惯"它们，将它们内化到生活细节甚至自身存在之中时，资产阶级的统治才真正建立起来。因此，葛兰西将市民社会看作国家的一部分，用他的话来说，"国家＝政治社会＋市民社会"（state＝political society ＋ civil society），[1] 这里的"政治社会"指的是传统意义上的上层建筑，即国家机构。

到这里，我们就明白了葛兰西对运动战批评的真正用意。在他看来，运动战的错误主要在于它打错了地方，或者说它只攻击

---

[1] Antonio Gramsci, *The Gramsci Reader*, ed., David Forgacs, New York: New York University Press, 2000, p. 235.

了国家的一个部分，即"政治社会"，而完全没有关注到国家的另外一部分，即市民社会。正如葛兰西所说，市民社会是国家的"工事和地堡坚固的链条"，那些外部的军事组织和国家机构是比较容易辨别和打击的，而内部的市民社会才是难以撼动的，或者更准确地说，难以用单纯的武力来撼动。甚至在葛兰西看来，单纯的武力很有可能在这里起到反作用，因为市民社会中的人在外部武力面前主要想到的不是自己身上的"桎梏"受到攻击，而是自己的生活、自身的存在受到攻击，因为人们的生活细节就是市民社会的主要构成内容。所以在这里，葛兰西其实是在说，国家不仅仅是那些政府、军队、警察、法庭等国家机构，国家存在于市民社会之中，在人们的生活细节之中，在人的存在本身之中。在市民社会较发达的地方，攻击国家很难不攻击人的生活，因此阵地战的方式在这里很有可能起到反作用。因此，葛兰西在这里发展出了其"伦理国家"（ethical state）或"文化国家"（cultural state）的概念，以突出他所要表达的新的国家理论，他说：

> 每个国家都是伦理的，因为它的最重要职能之一是把广大居民群众提高到符合生产力发展需要，从而符合统治阶级利益的一定的文化和道德水平（或形式）。在这个意义说来，在国家中起特别重要作用的是执行积极的教育职能的学校。但是在现实中为了达到这项目的，还进行许多具有所谓局部性质的各种活动和创举，它们总在一起构成统治阶级政治的

或文化的领导机关。[1]

我们知道，伦理具有普遍性，无论哪个时代的伦理道德，都提供了一套超越具体、当下的人和事的宇宙观、价值观或者判断是非的标准。即便是当权者，在这一套伦理标准面前，一般也需要表示尊重，例如中国古代的儒家伦常观念和天道学说，人们在某些情况下也可以使用它们来针砭时弊，甚至批评君主。但毫无疑问，这一套伦理观又是非常有利于君主和统治阶级统治的，这二者之间有一种共生的关系。同样，在资本主义社会中，法国大革命后颁布的以《人权和公民权宣言》为代表的价值体系和权利观念也提供了一套生活准则，在市民社会中，人们用它来规范彼此的关系，将相互之间的纠纷诉之于它，甚至可以用它来规范国家的行为，当政府或某些社会主体逾越其所规范的界限时，可以用它来做抵抗。但同时，这一套价值规范是有利于资产阶级的统治的，因此它也是资产阶级国家的构成部分。这就是葛兰西所说的"伦理国家"或"文化国家"的基本内涵，它也进一步说明了，从军事策略上来说，当某个外部的力量在攻击这种国家时，很难不同时攻击"伦理"或"文化"的部分，而如果后者遭到剧烈的攻击，被攻击的伦理国家中的人很难不感到"人"的存在本身遭

---

[1] 安东尼奥·葛兰西，《狱中札记》，葆煦译，人民出版社1983年版，第217页。Antonio Gramsci, *The Gramsci Reader*, ed., David Forgacs, New York: New York University Press, 2000, p. 234.

到否定和践踏。

　　这一分析同时也给了葛兰西以设想一种新的军事策略的灵感。在他看来，伦理中既包含普遍性，包括人之为人的成分，同时其整体又一定是和某种特定的历史阶级和阶级统治关联在一起的，因而需要"符合统治阶级利益"。因此，在攻击这一伦理国家时，就不能只采用武力攻击"政治国家"的"运动战"策略，而更应该采用"阵地战"的策略。什么是"阵地战"？我们可以再来简单回顾一下战斗者面对的真实情况：对波兰这样的西方社会来说，猛烈的军事攻击只能消灭敌人的外部工事，其市民社会才是最坚韧的防线。同理，葛兰西说："在发生严重的经济危机时期，在政治方面也会有同样的现象，尽管危机后果严重，进攻者既不能迅雷不及掩耳地在时间上和空间上把自己的力量组织起来，更不能取得进攻的精神；而被攻击者也不会士气涣散，甚至在废墟中也不停止抵御，而且对自己的力量和自己的前途也不失掉信心。"[1]针对这一状况，葛兰西认为，更好的斗争方式是通过文化上的教育、宣传、引导去改变人们——尤其是底层民众——的世界观和价值观。这一工作需要更多的耐心和时间，以及更少的炮火和暴力。这就是他所谓的"阵地战"。"阵地"（positions）就是"位置"的意思，革命者应该占据人们生活中的多种位置，改变人们思考和交往的方式，从思想和心灵的角度影响人，从而将广大的民众

---

[1] 安东尼奥·葛兰西，《狱中札记》，葆煦译，人民出版社1983年版，第178页。

争取过来。因此,阵地战的内容主要是夺取伦理和文化上的领导权,将它们从原有的统治阶级手中夺取过来,使人们意识到有另一种社会、另一种生活方式的可能,并且引导他们积极地接受这种可能。人们也需要意识到,他们现在生活于其中的"普遍"的道德秩序只是多种可能性的一种,而且它更有利于统治阶级而不是被统治阶级。如果能在社会内部形成这一普遍共识,那就相当于从市民社会内部瓦解了资产阶级国家最坚实的防御工事,这才是真正胜利的保证。如何实现这一目的?葛兰西认为需要"有机知识分子"(organic intellectuals)的解释、引领作用,[1] 当然也需要政党对文化和价值问题充分地重视,需要采用"毛细管式"、润物细无声的方式对市民社会进行渗透,去争取民众的支持,改变他们的想法,使他们具有完全不一样的世界观和价值观。[2] 葛兰西认为,对于市民社会发达的西方社会来说,"阵地战在西方是唯一可能的"。[3]

从上述国家理论出发,葛兰西发展出了著名的"霸权"(hegemony)概念。他所阐述的西方社会的国家其实就是一种霸权结构,主要体现在它不仅仅是一种外在的力量,更包含与这种力量交织在一起的具有普遍性的道德意识,尽管这种普遍性在本质上是"特殊的"、从属于某个阶级利益的普遍性。运动战和阵地战是军事术语,霸权概念才是更正式的政治理论术语,因此他需要在

---

[1] Antonio Gramsci, *The Gramsci Reader*, ed., David Forgacs, New York: New York University Press, 2000, p. 302, 309.
[2] 安东尼奥·葛兰西,《狱中札记》,葆煦译,人民出版社1983年版,第184页。
[3] 安东尼奥·葛兰西,《狱中札记》,葆煦译,人民出版社1983年版,第179页。

政治科学的范畴内阐述其国家理论。当然，这二者在他那里是相互关联的。葛兰西从马克思的基本理论出发，认为国家不是独立存在的，而是阶级意志的表达。他同样认为一个社会最基本的社会关系是由生产力发展水平决定的，经济和物质基础决定了这个社会中基本的人群划分，如地主与农民、资产者与工人等。在这些人群——也就是阶级——的互相冲突中，那些掌握生产资料的人或阶级占据优势，他们需要建立上层建筑来对全社会进行统治，这也就是国家的出现。但这个国家对葛兰西来说，包含着经济和政治的双重目标，它是一个复杂的综合体，而不是简单的"幌子"，对民众来说它也是实实在在的伦理存在。葛兰西这样描述这一复杂的权力结构：

> （它）不仅带来经济和政治目标的一致，也引起精神和道德的统一，产生各种问题，围绕这些问题风行的斗争不是建立在团体的基础上，而是建立在"普遍的"基础上，从而造成某个基本社会集团对一系列从属社会集团的领导权（hegemony）。当然，在这一阶段上，国家被看作某一特定集团的机构，注定要为后者的最大扩张创造有利的条件。但是某一特定集团的发展和扩张被看作和体现为普遍扩张和全部"民族"力量的发展。换言之，统治集团根据从属集团的整体利益进行具体调整，国家生活被看作基本集团和从属集团的利益之间的不稳固平衡（在法律上）持续形成和取代的过

程——在这一平衡中,统治阶级的集团占上风,但只是在一定程度上,也就是说仅止于狭隘的社团经济利益。[1]

这里的"领导权"就是"霸权"。要理解霸权概念,关键是把握其中的"特殊"与"普遍"的辩证关系:"特殊"指的是"某一特定集团",其实就是掌握生产资料的统治阶级;"普遍"则是指这一集团或阶级利益的实现不是对被统治阶级的完全否定,而是通过一套普遍的道德和价值体系,使得被统治阶级也能够认同它,并将其内化于自己的生活之中。甚至,人们(包括被统治阶级)还可以用这一套道德和价值体系来批评权力的所有者,但前提是承认权力结构本身的正当性。特殊集团的统治加上普遍的道德和价值体系,就是葛兰西所说的霸权,也就是"某一特定集团的发展和扩张被看作和体现为普遍扩张和全部'民族'力量的发展"。这一概念和理论并没有脱离马克思的基本框架,但明显少了经济决定论的色彩,更加强调人的思想、意识和价值观的重要性。人在这里被看作道德的存在,肯定会受到经济的影响,但其行动总要根据某种具有普遍性的道德原则。普遍道德原则在资本主义社会以及之前的社会中都存在,在将要建立的新社会中也同样重要,不仅斗争策略方面需要考虑到它,而且在取消了资产者剥削和压迫的新制度与新秩序中也需要考虑到它的存在。

---

[1] 安东尼奥·葛兰西,《狱中札记》,葆煦译,人民出版社1983年版,第153页。

正是在讨论霸权概念的过程中，葛兰西使用并以其独特的方式诠释了马基雅维利的贡献。他没有将马基雅维利看作"邪恶的教导者"，这显然是因为他意识到，"邪恶"或"良善"本身的内容与特定的社会形式及其霸权结构相关。他认为马基雅维利实际上阐述了霸权概念的内涵，并且其主要贡献不是阐述本身，而是积极地思考并告诉人们如何推翻一个已有的霸权结构，建立一个新的霸权。因此马基雅维利是一个新的"实践哲学家"，而非旧的、旨在阐释某种形而上学"真理"的学究。葛兰西对马基雅维利的解释相当精彩，以下这一段可见其精要：

> 《君主论》要点在于：它不是系统的论述，而是"生动的"作品，它采用"神话"的戏剧形式把政治意识形态和政治科学结合在一起。在马基雅维利之前，政治科学一直沿用乌托邦或学术论文的形式。马基雅维利把两者结合起来，用满怀想象的艺术形式表现自己的概念——用统帅的形象象征教条和理性的要素，形象而"拟人地"体现出"集体意志"。为了表现具有一定政治目标的既定集体意志的形成过程，马基雅维利没有进行长篇累牍的论述，也没有迂腐地划分一定的行为方式准则和标准。相反，他通过具体人物的品质、特征、职责和需求来表现这一过程。这一手法激发了说服对象的艺术想象力，赋予政治热情更为具体的形式。[1]

---

[1] 安东尼奥·葛兰西，《狱中札记》，葆煦译，人民出版社1983年版，第99页。

葛兰西认为马基雅维利笔下的新君主——经常是雇佣兵队长的形象——本身代表着人民集体意志（collective will）的可塑性，因为他要夺取位置，所以他便要重新塑造新的集体意志，这一集体意志必然带有道德属性，包含人们对善与恶的认知，对正常与异常的判断等。夺取位置之所以困难，主要就在于塑造这种新的认知和判断的困难，因为人们早已习惯原来的认知和判断，一个新人（新君主）不可能期待一瞬间就改变人们的习惯。而且，在这个过程中，一个尝试改变人们的道德意识的潜在新君主通常面临极大的危险，因为原先社会中的人——包括普通人——会认为这一新秩序是对他的利益和生活习惯的威胁，他不知道这个新的秩序——包括其所包含的价值和道德——是否对他有利，因此在迟疑之间，很容易做出不利于潜在新君主的事。所以新君主需要用一些非常手段，甚至包括公开的暴力行为、恩惠等，来展示他的新秩序是可以接受的。但不管什么样的方式，新君主的任务是将旧秩序及其道德"去神化"，将其要建立的新秩序及其道德"神化"，让人们最终自愿地认同新的道德意识和统治权力。

因此，葛兰西认为马基雅维利所描述的新君主所要完成之事，跟现代工人运动鼓动下层民众起来推翻旧秩序、建立新秩序这件事，在本质上是一样的。这里的关键都是要使普通民众从旧的道德自觉转向新的道德自觉，使这一转变成功且具有持续性。如上所述，葛兰西在这里并不太相信简单机械的经济决定论，预设下层民众就是"被迫"地接受统治阶级的统治。相反，在他看来，在旧的秩序中，下层民众对统治秩序的接受是有着相当程度的"自愿"成分的，而正是这一点成为革命行动的最大障碍。因此，葛兰西将马基雅维利与19世纪末、20世纪初法国的知识分子、工运积极分子乔治·尤金·索雷尔（Georges Eugène Sorel）联系在一起。索雷尔认为真正有影响的、有改变社会和推动社会进步作用的大规模工人运动或社会反抗，不能依靠冷冰冰的理论说教，而需要有某种通俗易懂、振奋人心、激发想象的话语或形象来调动民众，他将后者统称为"神话"（myth）。换言之，工人运动也需要某种"神话"。[1] 葛兰西认为马基雅维利的新君主其实就是用神话来塑造新的集体意志，从而构建新的集体意志的典型。但与索雷尔不同的是，马基雅维利式的新君主会去主动构建神话，让人们接受，而索雷尔认为神话带有偶然性、不可知性，是非理性的存在，虽然有用，但它本身是应该被批判的。在这里，葛兰西选择了马基雅维利，而放弃了索雷尔。与马基雅维利一样，葛兰西认为神话的建构正是"新君主"主动选择的结果，是行动者的主动干预，其持续有效也主要依赖行动者的主观能动性（即"能力"或"virtù"），而不应该将其交给环境中的偶然因素（即"命运"或"fortuna"）。正因为此，葛兰西说："我们完全可以把马基雅维利的《君主论》拿来作为索雷尔的'神话'的一个明显的历史实例而加以研究，也就是作为一个政治思想体系的实例而加

---

[1] Georges Eugène Sorel, *Reflections on Violence*, ed., Jeremy Jennings, Cambridge: Cambridge University Press, 1999.

以研究，这种政治思想体系并不是一种冷冰冰的空想，也不是一种空论，而是一种对分散的人民起作用的、使他们产生并组织集体意志的具体的幻想的产物。"[1]

葛兰西认为，上述新君主在现代社会主要体现为政党。他说："现代君主，神话君主，不可能是一个真正的人，具体的个体；他只能是被承认了的并且在行动中部分确定下来的集体意志已经开始表现自己的那个社会中的有机体的复杂的要素。这个已经由于历史发展产生了的有机体，就是政党。"[2] 葛兰西认为现代革命政党的主要作用就是将一种新的理念带到民众之中，让民众接受，使他们具有新的价值观和道德意识。当然，革命政党在这样做的时候是有意识地代表无产阶级、下层民众，但他们所要采取的具体行动却是与旧有的霸权结构对抗，并力争建立新的霸权。在这个过程中，政党的主动性和积极性就体现得很充分。值得注意的是，这一霸权概念同时适用于旧的社会和新的社会，在葛兰西那里实际上是一个"中性"的概念，新秩序和旧秩序都要建立霸权，尽管其内容完全不一样，对人的解放的意义也不一样。

葛兰西这一霸权理论影响了很多当代政治思想家，尤其是左翼知识分子，拉克劳和墨菲是较著名的代表。在20世纪90年代以前，政治活动基本由左和右两派之间的抗争构成，两派各自提供

---

[1] 安东尼奥·葛兰西，《狱中札记》，葆煦译，人民出版社1983年版，第100页。
[2] 安东尼奥·葛兰西，《狱中札记》，葆煦译，人民出版社1983年版，第102页。Antonio Gramsci, *The Gramsci Reader*, ed., David Forgacs, New York: New York University Press, 2000, p. 240.

了清晰的、互相反对的关于"如何组织一个良好社会"的看法。但随着冷战的结束,人们开始认为这种左右之争已成为过去,未来属于"居中"的、"以人为本"的理性政治,我们应该追求共识,而不是世界观和意识形态上的对立,政治的内容应该是寻找客观中立的解决问题之道,或者干脆就取消"政治",以"治理"(governance)代之。[1] 这种中立的"共识政治"看上去很好,但在墨菲和拉克劳看来,它在现实中会造成两个后果。第一,它会将政治泛道德化,如果政治完全失去"抗争"的成分,那么也就意味着在资本主义社会中形成的法律和政策都成了理性、道德、正义的化身,人们也就很难再从不同的政治立场对它进行批评和反对。第二,正如保守主义政治理论家卡尔·施密特(Carl Schmitt)在《政治的概念》(*The Concept of the Political*)一书中所指出的那样,政治的中立化和泛道德化并不真的意味着政治的消失,它只不过是在别处以另一种形式展开而已。[2] 在过去,"敌友之争"在左派和右派之间展开,虽不和谐,但互相大致承认对方的合理性存在。但在共识政治之下,那些继续进行抗争的人则会被涂上"不那么理性、不那么道德和不那么正义"的色彩,逐步被边缘化。[3]

---

[1] Anthony Giddens, *The Third Way and Its Critics*, Cambridge: Polity Press, 2000.
[2] Carl Schmitt, *The Concept of the Political*, Chicago & London: The University of Chicago Press, p. 53.
[3] Chantal Mouffe, "The 'End of Politics' and the Challenge of Right-wing Populism", in *Populism and the Mirror of Democracy*, ed., Francisco Panizza, London: Verso, 2005, pp. 54 – 59.

类似的寻找"共识"的努力还包括约翰·罗尔斯,他在思考一个社会应该实行的正义原则时,一个核心的努力就是确定某种"客观的""理性的"立场,例如在他的"无知之幕"的思想实验中,为了实现这种客观理性,假想某种人不知道自己的身份、善的理念、世界观和价值观的状态,在这一状态中人们通过"理性协商"得出的关于社会资源应该如何分配的原则,才是"理性的人可以接受"(reasonable persons can accept)的原则。[1] 言下之意,你如果不接受这一原则,那么很可能是你不够理性。尽管在遭到很多批评后,罗尔斯后来试图修正这一立场,但寻找理性共识的冲动一直在那里,并且影响着整个时代的政治思考。[2]

对墨菲等人来说,在这些"理性共识"的方法中,包含的狭隘和傲慢是惊人的。其主要依据之一,正是葛兰西的霸权理论。因为从葛兰西——以及再往前追溯至马基雅维利——的视角看来,这种理性共识是不可能的。理性共识的话语当然会存在,但我们更应该问它们在事实上做了什么,而不是问它们能够解释什么。它们将那些"少数派"的立场边缘化为"非理性"的,但这本身一定是合理的吗?更关键的是,那些边缘群体、下层民众的声音可能难以被听到,或者他们本身并不能有效地解释他们所处的境况,或者当他们表达了某些原始、粗糙的不满和抗议时,会被当

---

[1] John Rawls, *A Theory of Justice*, Cambridge: The Belknap Press Of Harvard University Press, 1999, p. 81.
[2] John Rawls, *Political Liberalism*, New York: Colombia University Press, 1996.

成"不和谐的""非理性"的声音,从而不能在"理性共识"面前具有道德立场。墨菲等人认为,这一理性共识的视角本身就是当代西方资本主义社会霸权结构的体现,它显然是有利于资产者、富人,而不利于穷人的。因此在他们看来,我们的出发点就不应该是寻找某种理性共识的原点,而应该是预设在任何时候,我们都不可能用所谓共识来规范整个社会,使社会内部不和谐的声音消解于无形之中。理性共识的提出伴随着"政治的终结",即社会内部不应该再有大的争执、冲突以及不和谐的声音。但墨菲等人的主张恰恰相反,他们认为在西方资本主义社会中,应该有更多的抗争,特别是来自底层民众的抗争,只有抗争,才能够改善统治社会的法律和制度。因此,墨菲主张要有"政治的回归"(the return of the political),并构思了一种正面接受"冲突"的"争胜型民主"(antagonistic democracy)。[1]

墨菲将其理论上的努力概括为"政治的回归",其实也借鉴了卡尔·施密特的"政治的概念"。施密特同样对自由主义提出猛烈的批评,且同样批评其中"理性共识"的基础。在施密特看来,个人自由和权利本身依赖于国家的存在,而国家的存在又依赖于"政治上的决断",即区分敌人和朋友,它不可能建立在完全客观中立的基础之上。这种"决断"在施密特那里就是"政治"(the

---

[1] 尚塔尔·墨菲,《政治的回归》,王恒、臧佩洪译,江苏人民出版社 2005 年版。Chantal Mouffe, *The Return of the Political*, London: Verso, 1993. Chantal Mouffe, *The Democratic Paradox*, London: Verso, 2000. Chantal Mouffe, *On the Political*, London: Routledge, 2005.

political)的内容,与理性共识的要求正好相反。墨菲从这里看到对自由主义的很有价值的批评,但她认为施密特夸大了"同质性"(homogeneity)对一个社会的重要性,在朋友之间其实也可以存在"冲突",只要这种冲突不超过和平的界限,冲突对真正的和谐就是有益的。她的"争胜型民主"在本质上类似马基雅维利的"冲突"理论,即冲突是可以有益的,它是一种对社会整体原则的竞争性表达,而不是否定对方存在的、你死我活的斗争。与马基雅维利以及葛兰西等人的观点一致,这种积极的抗争总体上有利于下层民众,因为它们会不断地将某个主导性的道德意识放置在怀疑的聚光灯下,不断地重新解释、塑造这个道德意识,甚至用新的道德意识取代旧的道德意识,在这个过程中普通民众的立场必然会被更多地带入新社会的构成中。因此,墨菲和拉克劳实际上直接继承了葛兰西的霸权理论,他们都像马基雅维利一样期待普通民众在抗争中建立起新的制度和秩序。[1]

马基雅维利对新君主以及民众抗争的分析以一种出人意料的方式重现于现代社会的革命话语体系之中,这实际上是对马基雅维利思想内核的承认。在这一点上,现代激进主义的对立面、保守主义者奥克肖特的观察是有道理的,马基雅维利确实是在为"新来者"写作。

---

[1] Ernesto Laclau, Chantal Mouffe, *Hegemony and Socialist Strategy*, London: Verso, 2001.

第七章　权力与政治代表

现代社会与马基雅维利的时代以及之前的社会相比，一个很大的不同点在于，人与人之间身份平等已经成了被广泛接受的现实。托克维尔最著名的判断——"民主的到来有如天意"，[1] 实际并不是指某种特定的民主制度不可避免，而是说身份平等的社会的到来是确定的。[2] 过去时代的贵族与平民之间的等级关系逐渐消失，人与人之间身份不断平等化，这一事实早已不是预见，而是成为现代社会的核心特征之一。在古代社会，包括在亚里士多德等人那里，人与人之间被普遍认为是天然不平等的，平民与贵族的区分是自然的，因此才有古代的混合政体理论，在"政治体—身体"的比喻中，身体的各个器官虽然重要性不同，但都应该和谐相处。平民与贵族区分的框架虽然被马基雅维利继承，但古代的混合政体理论又遭到他的极大改造与冲击，以至于面目全非。

---

[1] 托克维尔，《论美国的民主》，董果良译，商务印书馆1988年版，第4页。
[2] 段德敏，《托克维尔"民主"的概念》，《学术月刊》2015年第4期。

在现代社会，在身份等级区分不再具有社会基础的时代，似乎只有一种政治统治的可能性，即人民的统治。但谁是人民？人民的意志到底是什么？在任何时候对这种问题的回答似乎都带有很大的不确定性和流动性。马基雅维利政治思考的基本预设是平民和贵族的区分，但当这一区分在现代社会中不再存在，这是否意味着他的理论无法再被用来思考现代民主政治？

为回应这些问题，本章将主要以现代社会中的政治代表和冲突为内容，以克劳德·勒弗（Claude Lefort）等人的文本为参考，进一步突显出思考现代民主的马基雅维利视角。在这一视角中，人民的身份认同和意志并不是自明的，而是在很大程度上被建构式"代表"的。这里的代表是一种建构，而非镜面式的"反映"。政治代表正如马基雅维利的"新君主"一样，需要主动地通过聚拢民意来建立权力，但这一建构又不是一种单纯的暴力，而是建立在对"社会应该是什么样"的想象基础上的意义赋予。"新君主"就是那些在政治上非常积极的、希望塑造新社会的人或组织，其目标是建立"新制度与新秩序"。另一方面，尽管在现代社会中没有贵族与平民的身份等级区分，但仍然存在上层与下层、平民与精英、穷人与富人之别。建构论代表的视角更能够让我们体认到，不同的人群和阶级对"社会应该是什么"的理解可能有着极大的差别，其距离可能无法用哈贝马斯的"交往行动"理论或罗尔斯的"重叠共识"理论来弥合，或者这种来自"理性共识"的强行弥合会更有利于富人精英，从而加重潜在的冲突。在这里，马基雅维利的冲突理论具有跨时代的意义。

一　代表与君主的面具

现代政治中的代表和马基雅维利笔下的新君主在本质上相同，他们都是戴着"面具"的人，他们是自己，但又不完全是自己，他们代表着其他人。在西文中，"面具"一词本来就具有"代表"的意涵，代表某人就是戴着那个人的面具。近代政治思想家托马斯·霍布斯在《利维坦》中这样解释人、代表与面具三者的关系：

"人"（person）这个字原来是拉丁文。希腊文不作人而作面貌讲，正像"人"字在拉丁文中指人在舞台上装扮成的某人的化装或外表一样，有时则更加具体地专指装扮脸部的面具或面甲。后来这字从舞台用语转而变成指法庭和剧院中的任何行动与言论的代表。所以在舞台上和普通谈话中，人的意义便和演员的意义相同。代表就是扮演或代表他自己或其他人。代表某人就是承当他的人格或以他的名义行事。[1]

---

[1] 托马斯·霍布斯，《利维坦》，黎思复、黎廷弼译，商务印书馆2013年版，第122—123页。

《代表的概念》（*The Concept of Representation*）一书作者汉娜·皮特金（Hannah Pitkin）认为，在近代政治思想史中，尽管有很多人提到过代表，甚至有人围绕"代表"建构起很可观的理论——如约翰·斯图亚特·密尔的《代议制政府》（*Considerations on Representative Government*），但极少有人真的去明确解释"代表"的意涵，而"霍布斯是唯一为'代表'概念给出全面、系统解释的主要政治理论家"。[1] 在霍布斯看来，人可以分为两种：自然人（natural person）和虚拟人（artificial person），自然人就是代表自己的人，虚拟人就是代表他人的人。就后者而言，霍布斯特指当一个人在代表他人时，就这一代表关系而言，他是虚拟人。这里"虚拟"的意思不是现代"法人"意义上的虚拟，而是说当代表他人的人在代表关系中采取行动时，他的行为虽然是由其自然身体和头脑做出，但这一行动的归属（authorship）是在另一个或另一群人身上，后者即是被代表者。在霍布斯那里代表是能够采取行动的人，是主动的和积极的，而被代表者则不一定如此，他们既包括能正常行动的人，也包括儿童、具有精神疾病者，甚至包括无生命物如桥梁、医院等。就像在法庭审判中，原告和被告往往因为不具备足够的控辩方面的法律知识和经验，所以需要请律师来代替自己在法庭中行动，其人格和诉求在律师的代表行动中得以展现。霍布斯曾援引西塞罗在模拟庭审中的三方来说明

---

[1] Hanna Pitkin, *The Concept of Representation*, Berkeley: University of California Press, 1967, p. 4.

这种代表关系："西塞罗说：我承当着三重人格——我自己、我的对手和裁判者。"[1]

霍布斯将这一代表的概念运用在了政治关系——特别是国家概念——之上，他认为主权者（也即国家）就是代表全体人民的"虚拟人"：

> 把大家所有的权力和力量付托给某一个人或一个能通过多数的意见把大家的意志化为一个意志的多人组成的集体。这就等于是说，指定一个人或一个由多人组成的集体来代表他们的人格，每一个人都承认授权于如此承当本身人格的人在有关公共和平或安全方面所采取的任何行为或命令他人做出的行为，在这种行为中，大家都把自己的意志服从于他的意志，把自己的判断服从于他的判断。[2]

对于这一特殊的"政治代表"关系，皮特金在《代表的概念》第一章"霍布斯论代表"中给予了详细解释。她将霍布斯的代表概念称为"形式的代表"（formalistic representation），与实质性代表（substantive representation）相对。前者主要包括两层意思：一是代表者代替他人（被代表者）行动，二是这一行动的后果归属被代表者，代表不需承担该行动的后果。律师代表诉讼人参与庭

---

[1] 托马斯·霍布斯，《利维坦》，黎思复、黎廷弼译，商务印书馆 2013 年版，第 123 页。
[2] 托马斯·霍布斯，《利维坦》，黎思复、黎廷弼译，商务印书馆 2013 年版，第 131 页。

审时，无论律师的表现如何，庭审的后果都由其被代理人承担。也就是说在授权的范围内，代表（representative）可以采取任何行动，而不需为这些行动的后果负责。皮特金认为，霍布斯正是将这种形式代表的概念运用在了他的社会契约论和主权者国家的理论建构上。自然状态（无休止的战争状态）中的人们为了自我保存，将政治行动（统治）的权力授予主权者，由主权者承担他们自己的人格。同时，又因为霍布斯对人性的看法和对自然状态的预设，这种授权必须是绝对的，否则人们仍然会陷入无休止的冲突之中。因此，当主权者"代表"人们进行统治时，他可以采取任何他认为合适的行动，而这些行动的"归属"则是民众而非主权者。换言之，主权者的任何行动相当于是民众（授权者和被代表者）自己做出的，民众既无理由反对这些行动，主权者也无须为他们负责。[1] 皮特金意义上的"实质性代表"则是指代表实质性地反映被代表者的意志，而不是形式上的代替他人行动。因此实质性的代表预设着被代表者主动的意志，如我们想找人代替投递信件，我们（被代表者）的意志很清楚，代表需要反映这一意志并在此基础上采取行动。如果代表未能很好地反映被代表者的意志，那么他/她是不合格的，因此也需要为此负责。这一概念在政治关系上的反映即如人们选出的议员代表，他们应该实质性地反映民众的意志。与此实质性的代表相比，皮特金说，霍布斯"到

---

[1] Hanna Pitkin, *The Concept of Representation*, Berkeley: University of California Press, 1967, pp. 14–59.

处使用'代表'的概念,但在我们不注意的时候'代表'完全消失了,……我认为霍布斯从一个非常单一的角度构建了一个非常狭窄的认识'代表'的视角,他只表达了'代表'的概念中的一种"。[1]

作为对皮特金的批评,昆廷·斯金纳认为她极大地误解了霍布斯使用代表概念的意图,也因此未能准确地把握其内涵。在斯金纳看来,霍布斯远非第一个表达代表概念的近代政治思想家,在霍布斯之前或同时代,很多英国议会派知识分子——典型如亨利·帕克(Henry Parker)、威廉·普莱恩(William Prynne)等——都使用代表的概念来表达自己的政治思想或观点,而霍布斯非常清楚地是在回应这些人的代表概念,并在这一过程中提出了自己独特的代表概念的内涵。[2] 根据斯金纳,霍布斯写作《利维坦》的首要动机是为了反对当时(英国17世纪内战前)议会派知识分子的主张和立场。议会派反对国王的绝对权力,认为议会是人民的代表,替人民说话,人民则是国家的主人,而国王是为人民服务的,因此议会拥有最高主权,国王应该受议会的限制与监督。霍布斯显然持王权派立场,他认为国王的权力应该是绝对的,国王才是人民的真正代表,议会只是在国王代表人民框架下对人民的诉求进行有限的代表,因此议会最多只能算国王的咨询机构,可以为

---

[1] Hanna Pitkin, *The Concept of Representation*, Berkeley: University of California Press, 1967, p. 37.

[2] Quentin Skinner, "Hobbes on Representation", *European Journal of Philosophy*, Vol. 13, No. 2, 2005, pp. 155–184.

国王提供建议，而不能对国王权力进行限制。这里分歧的关键就在于，到底谁才是人民的真正代表？传统议会派知识分子的观点其实更接近我们当代流行的代表观念，它预设人民作为一个整体有自身的意志与利益，代表是为了反映这一整体，而议会是这一整体的"反映"，也是其"代表"。因为议会集中提炼了人民整体的诉求，可以说议会就是微缩版的人民，在这个意义上国王作为人民的"仆人"，服从人民也就是服从人民的代表（即议会）。这一代表概念接近皮特金所说的实质性代表，而霍布斯正是反对这一主张：首先，霍布斯认为并不存在一个先在的、能自主行动的人民整体，他认为如果没有一个外在力量"使得"人们服从的话，人与人之间是自然互相冲突的，并不会自动形成一个内部一致的意志；其次，这种内部一致的意志需要来自外部，即主权者，在主权者的统治之下才能够形成。因此，在霍布斯看来，主权者和民众之间才是真正的、首要的"代表"关系。但这一代表关系并不是对已经存在的"人民意志"的镜面反映，因为"人民"并不能先于主权者存在，而是只有在主权者存在的前提下，才有一个"人民整体"及其意志可言。换言之，与议会派的观念相反，在霍布斯那里，不是先有人民后有人民的代表，而是先有"代表"（即主权者），然后才有人民。在主权者存在并能发号施令且被人服从的前提下，才存在作为整体的人民，否则，只能存在始终有互相间敌意的"散众"(the multitude)。[1]

---

[1] Quentin Skinner, "Hobbes on Representation", *European Journal of Philosophy*, Vol. 13, No. 2, 2005, pp. 155–184.

理解霍布斯的代表理论，我们就能理解马基雅维利思想中的君主与人民的关系，后者预见了前者。霍布斯将一种特殊的代表概念用在现代国家作为一种非人格（impersonal）权力的构建方面，而马基雅维利则更直接地关心君主个人权力和地位的获得与保存。用保罗·拉荷（Paul A. Rahe）的话来说，霍布斯实际上是意识到并不是人人都能够成为君主，因此更关心一种非人格化的权力体系，也就是主权者国家，在其统治之下每个人都能够安全地过自己的私人生活。[1] 霍布斯所描述的主权者其实与现代国家的概念已经高度重合。在马基雅维利的君主论中，君主的位置尽管接近现代国家的概念，但其人格化色彩仍然非常浓厚。但马基雅维利的现代性正在于，"新君主"的形象与现代社会中积极政治行动者的角色高度吻合。现代政治生活中仍然时刻存在积极的个人对权力和地位的争取，虽然他们不再以"君主"的名义采取这样的行动，但在本质上并没有太大区别。而且，与马基雅维利一致，现代社会中此类积极的个人也将其目光放在"人民"之上，希望从获取人民的接受、认可和服从的角度来实现权力地位的获得，同时现代社会的"新君主"也用这种方式试图实现其对新制度和新秩序的想象，使其成为人们生活的现实内容。

马基雅维利并没有使用"代表"这一概念，正如皮特金所说，

---

[1] Paul A. Rahe, "Montesquieu's Anti-Machiavellian Machiavellianism", *History of European Ideas*, vol. 37, 2011, pp. 128–136.

政治语言中"代表"一词的出现是近现代社会的现象,[1] 但马基雅维利在其政治思考中使用了"面具"的意象。这首先体现在他在《君主论》的核心章节第十八章"论君主应当怎样守信"中所说的这样一句话中:"对于一位君主来说,事实上没有必要具备我在上面列举的全部品质,但是却很有必要显得具备这一品质。"[2] 这里"显得"(appears)是关键词,就像我们在表演戏剧时戴上面具是为了"显得"是那个要表演的角色一样。当然,在马基雅维利这里,"显得"的内容是品质,这里的"品质"一般来说包括当时基督教传统中的美德,诸如守信、仁慈、慷慨等。在传统道德中,人们应该尽可能具备这些美德,虽然不一定能成为"圣人",但应该尽可能地往这个方向努力。人应该有一个向上的朝望,用更高的道德标准要求自己,否则就与禽兽无异了。柏拉图等人的古典伦理学认为这种向上的朝望是理智和自然的要求,人的灵魂与肉体之间有一种等差序列,肉体欲望和激情对理智的服从(也就是过正义的生活)本身就是好的和自然的,而不是因为它能带来什么感官欲望上的"好处"。[3] 中世纪以降的基督教伦理将这一教导纳入了上帝信仰的体系之中,但其内核仍是灵魂与肉体之间的等级关系。在这一背景下,马基雅维利的"显得"一说就十分刺眼,

---

[1] Hanna Pitkin, *The Concept of Representation*, Berkeley: University of California Press, 1967, p. 2.
[2] 马基雅维利,《君主论》,潘汉典译,商务印书馆1997年版,第84—85页。
[3] 柏拉图,《理想国》,顾寿观译,岳麓书社2010年版,第175页 (428e—429a)。

因为它似乎是在教导人做虚伪的人,即"不一定真的要守信或慷慨,只要'显得'这样就可以了",这也成了人们经常诟病的"马基雅维利主义"的主要内容,也是施特劳斯认为马基雅维利就是在"教导邪恶"的缘由之一。[1]

如果我们仔细阅读马基雅维利的文本,就会发现他所说的其实比单纯的"教导邪恶"更多一些。在讨论君主是否应该仁慈时,马基雅维利举了切萨雷·博尔贾的例子,博尔贾被认为很残酷,曾将手下一个将领当众腰斩,但马基雅维利认为博尔贾的这种残酷其实可以起到震慑作用,能够在其统治之下维持很长时期的和平。马基雅维利还举了反例,在皮斯托亚内部两个派别之间的纷争面前,佛罗伦萨的统治者并没有采取果断的惩罚措施,从而导致更大规模的流血、掠夺等事件发生。两相比较,我们可以问这样的问题:哪一种才是更仁慈的?是及时地采取惩罚措施,哪怕招来残酷的恶名,还是顾及名声,以所谓"仁慈"的原则行事?马基雅维利的答案非常清楚:"君主为着使自己的臣民团结一致和同心同德,对于残酷这个恶名就不应有所介意,因为除了极少数的事例之外,他比起那些由于过分仁慈,坐视发生混乱、凶杀、劫掠随之而起的人说来,是仁慈多了。"[2] 另一个例子是关于慷慨和吝啬,很多君主想拥有慷慨的名声,避免被人指责为吝啬。马基雅维利对此也有不同意见,他说:"君主所花费的钱财,或者是

---

[1] Leo Strauss, *Thoughts on Machiavelli*, Glencoe: The Free Press, 1958, pp. 9-14.
[2] 马基雅维利,《君主论》,潘汉典译,商务印书馆1997年版,第79页。

他自己的和他的老百姓的钱财,否则就是别人的钱财,在头一种场合,他必须节约,如果在第二种场合,他不应该忽略表示慷慨的任何机会。"[1] 通常,当一个君主表现得很慷慨时,他花费的钱都是从百姓那里征来的,那么他相当于花百姓的钱,长此以往,他越是慷慨就越需要从百姓那里征税,加重他们的负担,以至于"横征暴敛,只要能够获得金钱,一切事情都做得出来,这就使得他的臣民开始仇恨他,而且当他变得拮据的时候,任何人都不会敬重他"。[2] 而如果君主并不太在意吝啬的名声,节省开支,他的百姓会因此获得实在的好处,君主的位置也更牢固。

这两个例子说明,仁慈、慷慨等作为"美德",它们在现实中被具体执行时的内容是不同的,执行效果也可以是多样化的。马基雅维利在这里其实并没有否认这些美德的重要性,他还是认为君主在任何时候都要"显得"具有那些美德,而且"应当十分注意,千万不要从自己的口中溜出一言半语不是洋溢着上述五种美德的话,并且注意使那些看见君主和听到君主谈话的人都觉得君主是位非常慈悲为怀、笃守信义、讲究人道、虔敬信神的人"。[3] 但他马上又说,表面上显得具备这些美德,和实际上怎样做,是两回事。一方面,人们不会容忍公开与这些美德对立的人;另一方面,从长期实效的角度看,他们会接受那些残酷行事、不吝惜

---

[1] 马基雅维利,《君主论》,潘汉典译,商务印书馆1997年版,第77—78页。
[2] 马基雅维利,《君主论》,潘汉典译,商务印书馆1997年版,第76页。
[3] 马基雅维利,《君主论》,潘汉典译,商务印书馆1997年版,第85页。

慷慨名声的君主，如果这些君主能够维持其统治的话。因此，我们在这里可以将那些美德看作形式性的原则（formal principles），而将君主的实际行动看作在为这些原则赋予实际的内容。他一方面在告诉君主：你虽然表面上要"显得"拥护那些形式性的原则（美德），但你可以为其赋予属于你自己的内容，而在这方面，你一定要选择那些适合你的、有利于维持或提高你的地位的内容。另一方面我们可以看到，马基雅维利极端地多样化了美德的具体内涵，以至于不同的人可以有完全不同的对"什么是善好"的定义，在这方面其实并没有一个固定不变的定义。短期的残酷其实是长期的仁慈，当下的吝啬可以是长远的慷慨，君主的行动不应该为这些美德"形而上"的内容所束缚，而应该以"实效"为准则，主动地为这些美德赋予实际的内容。

马基雅维利的"面具"就是"显得……"，他将美德的内容变成面具，由君主穿戴。但他讨论的主要对象其实是公共领域内的权力与政治，而非私人关系中的交往方式。我们今天经常说政治家就像演员一样，他们在舞台上表演，为的是让大家接受他们关于公共利益的主张。他们在表演时，实际上也戴上了面具，这个面具的内容就是他们对公共利益的理解。要让人们接受你成为他们的"代表"，你就必须戴上这个面具。你并不一定要真的成为这个面具，但如果没有这个面具，你就完全没有资格成为民众的代表。即便这个人具有卡里斯玛式的人格魅力，人们将其奉为领袖，也主要是主观地"认为"这种人格魅力具有公共属性，而非单纯地将其看作更高等的特殊存在而接受。

　　代表（政治家）所戴的面具也会发生改变，我们会说他是"伪善"的吗？也许会，但只有在当我们对这个人的私人生活也做出要求时，才会发出如此指控。私人生活和公共角色在事实上确实经常被混在一起，无法完全分开，从而导致我们产生疑惑：好的政治家一定是好人吗？私人生活中的好人是否一定是好的政治家？恐怕并不一定。大多数政治思想家都会宣扬真善美，因为这样做安全得多，马基雅维利不想在生前出版《君主论》这一事实恐怕也是因为这一点，因为他并不期待当时甚或今天的主流观点会接受他。

　　马基雅维利将君主还原为人，将他神圣的光环降为面具，人们可以戴上这个面具，也可以脱下它，还可以换一个面具，而面具作用的对象则是民众。无论是短期的残酷还是长期的仁慈，都是朝向民众的选择，君主如何选择，选择的后果是什么，这才是马基雅维利主要关心的。在马基雅维利之前，人们一般认为，君主之所以有资格统治，是因为他更接近真理或神，例如柏拉图的哲学王的观念，或者中世纪基督教传统对好君主的想象。这样的君主不需要面具，因为他本身就被认为是美德的化身；他也不需向民众做出回应，因为民众通常认为不具备美德，或离美德较远。马基雅维利所要说的却是，美德的内容其实是多样的，互相之间有可能是冲突的。另一种君主不需要面具的情况，是他作为一个自然人纯粹以武力统治，但这显然也是马基雅维利所反对的。暴力的使用在某些时候是必要的,但"一定要妥善使用","为了自己安全的必要,可以偶尔使用残暴手段,除非它能为臣民谋利益,其后决不再使用"。[1] 暴力并不能产生持久的服从,马基雅维利对此十分肯定,因为服从需要更多的暴力,这意味着存在持续反抗的可能性,任何一个君主都应该避免一直用武器胁迫其臣民。如谢尔顿·沃林所说,马基雅维利有着自己的"暴力经济学"。[2] 他希望君主能获得权力(power),而不是仅仅掌握某种暴力,这二者的区别主要在于权力包含民众的承认与同意,而暴力则不需要。在权力关系中,服从的一方并不是因为暴力强迫而服从,而是认可或同意权力方拥有对其发号施令的资格,增加暴力的成分反而有可能使这样一种承认消失。

因此,君主需要不断地戴上各种面具,来获取民众的追随,以及他对某种生活方式的认同。对受迫害、出埃及的以色列人,和对古早时期的雅典部落,一个有为的君主所应戴上的面具显然是不一样的。君主需要知道在什么时候戴上什么样的面具,并知道应该使用什么样的方法来使得民众接受他所戴面具指示的生活方式,有时候需要言语等方式的说服,有时候也需要一些强迫。面具的多样性暗示着生活方式的多样性,波斯、古雅典、古罗马、基督教,这些都是生活方式,马基雅维利并没有在其中做好与坏

---

[1] 马基雅维利,《君主论》,潘汉典译,商务印书馆1997年版,第43页。
[2] Sheldon S. Wolin, *Politics and Vision: Continuity and Innovation in Western Political Thought*, Princeton University Press, 2004, pp. 175–213.

的区分，而是将他们看作君主所可能为人们"创造"的新的生活方式的例子。君主的成功与否，与这种生活方式的原创性和持续呈正相关关系，这种生活方式越是原创、越是持久，相关的君主就越伟大。根据施特劳斯，马基雅维利在这里有鼓励年轻人（年轻君主）开创事业的动机，因为即便那些传说中伟大的帝国或人所共知的宗教最早也都是某个有德性（能力）的人的创设。[1] 马基雅维利因此大大多元化了人们可能选择的生活方式，只不过他将这种"选择"放在了有能力的杰出人物身上而已。

马基雅维利不太相信普通人可以自己选择适合自己的生活方式，在这一方面他远没有后来的自由主义者们那样对个人有信心，也反映了马基雅维利思想的古代色彩。他还是像古代的学者那样认为历史主要是那些大人物塑造的，普通民众主要是追随与服从。但显然并不是所有的大人物都有能力去塑造新的生活，这就需要科学的分析。然而，如果我们从那些政治上积极的大人物对民众生活方式的选择和塑造的角度看，马基雅维利又带有鲜明的现代性。在他的视野中，没有一个固定的模式，人们可以去参照或模仿，这个世界有着极多样的"活法"，君主对它们的建构实践本身即确认了这一点。没有哪个帝国或宗教是模仿得来的，它们都是"新君主"从无到有创立的，而这些被创立起来的生活方式也都是会朽坏、衰败，以至于被替代、被遗忘的。马基雅维利认为希望

---

[1] Leo Strauss, *Thoughts on Machiavelli*, The Free Press, 1958, pp. 77–81.

通过模仿某种模式或参照某些固定的规则来确立新的生活方式，会面临命运的嘲弄，十之八九会迅速失败。这方面较切近马基雅维利写作背景的例子，就是佛罗伦萨的萨沃那罗拉修道士，在用宗教号召力推翻美第奇家族的统治后，萨沃那罗拉没有严肃地对待他所选择的"面具"的暂时性，而是将自己与他心目中永恒的神恩秩序关联在一起，希望借助于这个永恒的秩序来实现和强化现实中的"好政治"，其结果却是很快被美第奇家族及其党羽推翻。

马基雅维利笔下君主的"面具"意象因其强调"集体意识"塑造的一面而与现代自由主义有相当大的距离，但它却与现代政治中的权力机制非常吻合。现代社会中有一些形式性的原则，如正义、公平、自由等，那些在政治上积极的个人或团体不断试图为这些形式性的原则赋予实在内容，并使人们接受它。这一过程，既是新的法律、制度或生活方式的创造，也是那些积极的个人或团体建立自己权力的过程。在这里，"面具"同样有两层意涵，一个是积极的，一个是消极的。消极的意涵与马基雅维利所受到的指控是一样的，即道德上的伪善。政治家们的个人信念与他们在公共议题上的主张并不一定完全一致，他们有时候被认为通过"说谎"来欺骗民众，让民众接受他们的观点和主张，然而他们自己却不一定真诚地相信它们。例如现代环境保主义的支持者，他们的公开政策主张不一定和他们私下的所说所做完全符合，二者的具体内容的边界并不十分清楚。在公众的认知中，这类情况很可能就是伪善的例证：这些政客或精英为了权力不惜欺骗民众，他们"显得"怎样和他们实际怎样并不一致。这一点也和现代政治中的积极的个体有时候为获取权力所使用的"手段"有关，即他们在这方面的所作所为与其宣扬的价值之间似乎也有一定的距离。

但另一方面，"面具"的积极意涵在于，它是多样化的，人们可以对它们进行比较与衡量。政治家们在获取个人权力的过程中，都会或多或少戴上一个面具，他们都要为那些形式性的原则提供某些具体的、当下的实在内容。我们可以认为，形式性的原则加上这些具体内容就构成了面具本身，这是政治家们对"民意"的理解，他们希望用这样的面具来吸引民众的支持，从而获取个人的权力与地位。这一过程实际上也为公开的讨论与对话提供了基础。政治家们追逐权力的过程也是提出某项议题的过程，如果人们过于用道德的视角看待他们对个人权力和地位的追逐，便有可能忽视政治上对话与比较的可能性。无论是在现代还是古代——尤其是中古时期，人们更经常地重视前者而忽视后者。在过去，人们经常要求人具有某种神的属性，然后才有资格掌握权力，就公共议题发表意见。而在现代社会，人们认为一个人应该尽可能地接近真实的民意，最好是将真正的民意原封不动地反映出来，其个人不应该有所创造。这二者在本质上异曲同工，即都要求政治权力与某种形式性原则高度重合。而被掩盖的，则是政治领域中多元意见的承认，每个人的立场都是"意见"，都是不完美、有瑕疵的,都与人们的权力欲望有着或多或少的联系。而每个人在发表意见时,其实都是戴着面具出现在公众面前。

从这个意义上说,现代民主政治向人们展示的正是一个舞台,舞台上有不同的演员在"表演",不是字面意义上的表演,而是不同的关于公共议题立场之间的互动。那些演员则是戴着面具的人,他们的面具象征着不同的角色,亦即不同的民意在他们那里的代表。追逐权力的人就是戴着面具的演员,他们的目的是让民众看到他们的面具和表演,并接受它们。马基雅维利应该是第一个严肃对待并发展了这一观念的政治思想家。

二 政治代表之争

在近现代社会,"代表"逐渐成为主流的政治语汇,但它从一开始就遭到很多人的批评和反对,其理由主要是它太过于强调精英(代表)的作用,而降低了民众自治的必要。卢梭是最早、最有力表达这一观念的思想家,也极具说明意义。在《社会契约论》第三卷第十五章中,他对公民选举代表来代替自己进行立法这一现象提出了极尖锐的批评,他认为这是公民失德的表现,即放弃自己的责任和义务,花钱(或其他好处)让别人——也即代表或议员——来替自己做那些本该自己完成的工作。他说:

一旦公共服务不再成为公民的主要事情，并且公民宁愿掏自己的钱口袋而不愿本人亲身来服务的时候，国家就已经是濒临毁灭了。需要出征作战吗？他们可以出钱雇兵，而自己待在家里。需要参加议会吗？他们可以推举议员，而自己待在家里。由于懒惰与金钱的缘故，他们便终于有了可以奴役自己祖国的军人和可以出卖自己祖国的代表。[1]

与这种自私自利、贪图个人享受和眼前好处的个人相对应的，是代表的狡猾与奸诈，他们想尽办法将自己个人的特殊意志伪装成公意，或以某种方式掺杂到公意的内容中去，从而试图用自己的个人（或特殊团体）的统治代替人民的统治。卢梭认为，代表在这方面的成功与公民德性的消失成正相关关系，即代表越成功，公民越从"主人"或统治者的身份下降为私人的、非政治的存在，最后和奴隶没什么本质的区别。古代的城邦共和国的公民不知什么是代表，他们亲自履行作为公民的义务，承担作为公民的责任；而现代社会的公民却用代表来免除自己的公民责任。

卢梭所描述和批评的代表和人民之间的关系，高度类似马基雅维利笔下的君主和人民之间的关系。马基雅维利衡量政治生活的维度，如他自己所说，即君主国与共和国，前者是由一个主人

---

[1] 卢梭，《社会契约论》，何兆武译，商务印书馆2003年版，第119页。

(即君主）统治的国家，后者则是存在着自由的国家，即公民在其中共同统治，做自己的主人。君主要维持自己的统治，就需要使得民众接受自己的想法，如果他们太过于活跃，就离共和国不远，也就不需要君主的统治了。因此，如果我们观察一个政治体中公民的积极程度、政治参与程度，那么很明显君主国中被统治的民众总体上是消极的，他们主要是被动地接受君主的统治，而共和国中的民众则是积极的，他们是公共事务的广泛参与者，从而也构成马基雅维利所说的"自由"的主要内容。因此，在这个意义上，卢梭对代表的批评就变得可以理解。他所理解的"代表"，即是一种改换名称的君主统治，代表即是新君主。卢梭说："不管怎样，只要是一个民族举出了自己的代表，他们就不再是自由的了；他们就不复存在了。"[1]

英国即是这样一种"不复存在"的例子。在很多人（典型如较早于卢梭的法国人孟德斯鸠）的观念中，英国是近代自由共和国的代表，且其主要特征就是代议制。但在卢梭眼里，英国的代议制恰好是封建残余："英国人民自以为是自由的，他们是大错特错了。他们只有在选举国会议员的期间，才是自由的；议员一旦选出之后，他们就是奴隶，就等于零了。"[2] 卢梭并没有将英国政体的"封建"属性放在它"表面上"的君主制之上，而是将其追溯到广受人们赞誉的代表制，英国人每隔若干年选举一次议员代

---

[1] 卢梭，《社会契约论》，何兆武译，商务印书馆2003年版，第123页。
[2] 卢梭，《社会契约论》，何兆武译，商务印书馆2003年版，第121页。

表,这一过程就相当于给自己选择一些大大小小的"主人"。或许反过来看这一过程更准确,即每隔几年,就有一批大大小小的自认为可以做民众主人的人,通过竞选的方式,获取足够的民意支持,从而成功当选,成为可以进行统治的人。君主在英国保持政治的中立,是为"虚君",实际上是那些代表在替人们做主,这同中古时期的封建制度有什么区别?封建制度难道不正是一些地方领主替人们做主,施行统治的权力吗?也正因为此,卢梭进而说:"代表的观念是近代的产物;它起源于封建政府,起源于那种使人类屈辱并使'人'这个名称丧失尊严的、既罪恶又荒谬的政府制度。"[1] 与马基雅维利对共和与君主的二分相似,卢梭在这里是在用共和的标准去衡量代表制。而与马基雅维利同样高度相似的是,卢梭也对古代共和国情有独钟,他们都认为古代共和国值得现代人效仿,只不过卢梭为此增加了一个特殊的原因——古代共和国没有代表制。

如何理解卢梭与马基雅维利之间的关系?卢梭曾在《社会契约论》第三卷第六章"论国君制"里说:"马基雅维利自称是在给国王讲课,其实他是在给人民讲大课,马基雅维利的《君主论》乃是共和党人的教科书。"[2] 卢梭显然认为马基雅维利的《君主论》是一部反讽性质的书,考虑到他在很多地方明确提到共和国是相对而言更好的政体,《君主论》中对君主如何才能获得和保持其位

---

[1] 卢梭,《社会契约论》,何兆武译,商务印书馆2003年版,第121页。
[2] 卢梭,《社会契约论》,何兆武译,商务印书馆2003年版,第91页。

置的分析，应该被理解为是在讽刺君主，揭露其获得君主地位的种种卑劣手段，并以此"教导"民众，从而可以防范君主（或潜在的君主），最终的目的是获得并维持自由的政治生活。然而，卢梭在这里其实是大大地误用了马基雅维利，或至少我们可以说他和马基雅维利想象的共和国有着极大的区别。马基雅维利虽然也有"理想化"古代共和国的倾向，但他对古代共和国的想象并不是卢梭式的带有道德主义色彩的自由生活。在马基雅维利笔下，无论古今，基本的人性是相通的，人都是自私的，"人们忘记自己父亲的死比忘记遗产的丧失来得更快一些"，"除非必要，人从来不做任何好的事情"。[1] 古代共和国中的公民在本质上也是自利的，他们之所以表现出某种政治上的美德，即关注公共利益，不是出于内心自然的善，而是出于"必要"，即某种外在的制约力量迫使人们看到，做某些事——如违反法律——不利于自己利益需要的满足，而某些行为——如帮助国家打仗——从长远来说有利于自己的需要。

事实上，如前面提及的，马基雅维利试图对古代共和国做出新的理解，他要打破那种道德化、理想化的想象，"论述一下事物实际上的真实情况，而不是论述事物的想象方面"。真实的情况，对他来说，就是古代共和国也是人们获取欲望的政治组织，只不过它是一种特殊的组织形式而已。亚里士多德将城邦的政治生活

---

[1] 马基雅维利，《君主论·李维史论》，潘汉典、薛军译，吉林出版集团有限责任公司2013年版，第155页。

看作人最自然的存在状态,意思是它能使最高级的善好,即人的灵魂层次得到提升,使人成为好人。[1] 亚里士多德并不否认人有口腹之欲,也认为城邦的功能之一就是满足这些欲望,但城邦存在的目的远远高于这一基础层面的需求,它是人对更好的生活、更值得追求的美德和更升华的灵魂的保障。然而,在马基雅维利那里,这种"精神—肉体"的等级划分不再存在,他并没有将城邦共和国放在这一框架中去理解,而是将它放在"获取—保存"的框架之中,人性的自然不再是肉体服从于精神,而是获取和对获取的保存。卢梭虽然从根本上反对古典伦理学,特别是否定了古典的"精神—肉体"的等级序列,但他并不认为无限的获取和保存就是人的自然,他认为这是人的过度"文明化"的产物,人的自然是仅仅获取自己生存所需的,而不一定要多过别人,人对异性的追求仅仅是对性欲和在此基础上的亲密关系需要的满足,而不应该是某种权势。因此,卢梭和马基雅维利对古代共和国的想象本质上是互相矛盾的。卢梭对代表制的否定带有马基雅维利的共和主义色彩,但马基雅维利比卢梭更坦然地接受人获取和保存的欲望。

这一区别也反映在,马基雅维利虽然同卢梭一样支持积极公民,但他对共和国的分析始终保存了一种个人与集体、特殊与普遍之间的紧张关系。共和国中的党派之争,对马基雅维利来说,

---

[1] 亚里士多德,《政治学》,吴寿彭译,商务印书馆1997年版,第3页 (1252a)。

不仅是自然的，而且是必要的。反观卢梭，他坚持认为共和国的公意的不可代表、不可分割，任何分裂都意味着特殊意志部分或全部地取代了公意，都是自由的丧失。他对政治代表的批评就是对公意完整性的维护。他并没有否定从实际的角度需要一些"代理人"，事实上他认为政府本身就应该从"代理"公意的角度去理解，但他认为这种代理单纯地是一种主人和仆人的关系，后者没有自己的意志，只是单纯地"执行"主人的意志和命令。[1] 而他所批评的代表，则是另外一回事，奴仆具有自己的独立意志，他对主人（人民）的喜好施加了自己的判断，而不单纯是执行后者的命令。当奴仆具有了这种独立意志和判断能力时，他事实上就不再是奴仆，而是变成了主人，人民才是真正的奴仆，尽管表面上也许奴仆原来的称号仍然保留。这就是为什么卢梭坚持认为当人们选出代表时，他们就"事实上"成了奴隶。

今天，人们在想到代表时，仍然经常遇到代表的双重属性：一方面，他们好像听命于民众，反映民众的诉求；另一方面，现实中的种种细节又会提示，代表实际上有着充分的个人独立意志和判断，反而是民众经常不知道自己该要什么，或内部互相冲突，而且代表具有的实际权力往往比理论上预设的要大得多。卢梭的"贡献"在于他彻底将代表与民意绝缘，认为有代表即无民意，无论代表如何表达自己反映民意，他只要开口说出自己对民意的理

---

[1] 卢梭，《社会契约论》，何兆武译，商务印书馆 2003 年版，第 73 页。

解,他实际上就已经在民意中掺杂了个人的特殊成分。个人的特殊背景——贫富、信仰、性别、种族等——都在潜移默化地影响着代表作为个人对公意的"代表",可以说代表和公意本身永远存在距离。从另一个角度看,卢梭所说的"代表"就是现代民主社会中马基雅维利笔下的"新君主",他们披着民意的"外衣",但服务的却是个人的权力和利益,其目的是要将民众下降为奴仆。

"人民是为主人,主人的意志不可被代表和分割",卢梭传达出的这一信息是他与大革命关联在一起的缘由,同时也是他被很多人诟病,被当作"革命恐怖"的思想渊源。吊诡的是,卢梭的这一观点与绝对君主制有共通之处。事实上,卢梭的公意观念受让·布丹(Jean Bodin)影响很深,与布丹的绝对主权观念同构,只不过后者认为绝对主权的落脚点不一定是人民,完全可以是君主。[1] 当代卢梭研究者纳蒂亚·乌尔比纳蒂(Nadia Urbinati)注意到了这一联系,而且进一步将卢梭与17世纪著名的绝对君权辩护者罗伯特·菲尔默关联在一起。菲尔默同样使用了布丹的观点,认为"当国王在场时,一切代理权力都静默"。卢梭则说:"当主权者人民在场时,所有政府权限都停止。"二者所表达的意思几乎相同。[2] 如果说卢梭在公意观念上与绝对君权有着内在的同构性,那么,我们是否可以说,他在马基雅维利的"君主—共和"二分

---

[1] Jean Bodin, *The Six Books of a Commonwealth*, ed., K. D. MacRae, Cambridge MA: Harvard University Press, 1962.

[2] Nadia Urbinati, "Continuity and Rupture: The Power of Judgment in Democratic Representation", *Constellations*, 2005, vol. 12 (2), p. 204.

的框架中，其实离君主制更为接近？卢梭将代表制看作封建社会的特征，代表们类似于中古时期的领主，从君主的视角看来，这当然有问题。马基雅维利在《君主论》中表达的也是同样的意思。在民众和贵族之间，马基雅维利认为，君主毫无疑问应该更加依赖人民，而不是贵族，贵族是要时刻加以防范甚或打击的对象。原因很清楚，贵族具有统治的野心，而民众没有或少得多。如果我们把这里的"君主"换成作为整体的人民，其实并不违和，人民同样需要时刻防范代表的权力欲，需要时刻让他们回归"代理者"或真正奴仆的角色。

如此看来，卢梭所说的"马基雅维利是在给人民上大课"，可能不仅仅是指要从反讽中学习，而且包括正面的教导，即如果"人民"本身是君主的话，应该怎么做才能维持自身的统治。这也进一步解释了马基雅维利与卢梭式共和理论之间的关联和最主要的区别。二者都带有一些人们通常所说的"共和主义"的特征，马基雅维利自不必说，卢梭的"自由"观念正是一种共和式的自由，自由不是个人私人领域不受干涉的状态，而是在公共领域中的政治参与，用卢梭自己的话说，"唯有服从人们自己为自己所规定的法律，才是自由"。[1] 私人领域内的追求和享受，对卢梭来说，是社会性权力对人性自然腐蚀的开端，因为人的"社会化"过程即是将人区分成美与丑、聪明与愚笨、有才华与没才华的过程，

---

[1] 卢梭，《社会契约论》，何兆武译，商务印书馆 2003 年版，第 26 页。

人在这个过程越来越远离自然，反而去追求那些自己并不真正需要的东西。封建制度正是在这一过程中创立起来的，它模仿和辅助的也是人的这种违反自然的需要，人性既已扭曲，人们竟至于"同意戴上枷锁，为的是反转来把枷锁套在别人身上"。[1] 人们既已远离原始自然状态，只有在公共领域内的参与才能恢复人作为人的自然尊严，在这一领域中，人们作为公民而完全平等，不存在任何身份上的差别，人们服从的不是某个特殊的意志，而是公意。卢梭的共和包含着公意的绝对性，他需要这种绝对性来对抗私人领域中人近乎"自然"的异化倾向。如果没有如绝对君权般的人民主权权力，那么很快人们就会忘记自己是谁，转而去追逐那些繁华的虚荣，特殊的意志也很快就会占据主导权力的位置。

正是在这一点上，马基雅维利的共和主义有着明显的不同。他的"自由"概念虽然也包含"服从自己为自己制定的法律"的意涵，从而区别于君主制，但相较于卢梭，这一概念明显带有一层"消极"（negative）的色彩。这一"消极"取自当代政治哲学家以赛亚·伯林的"消极自由"（negative liberty）中的"消极"，但又肯定不是指向伯林式的消极自由概念本身。马基雅维利式的"消极自由"毋宁是，自由即意味着支配（domination）的不存在状态。他认为共和国中始终存在着不同的派别，或至少有贵族与平民两派，每一派都试图压制对方，其中贵族尤甚。自由即是一

---

[1] 卢梭，《论人类不平等的起源和基础》，李常山译，商务印书馆 1997 年版，第 142 页。

种没有哪一派能够完全占据支配地位的状态。这种自由概念虽然是一种政治自由,但不承认任何形式的绝对权力,因此卢梭所说的"强迫自由"从这个角度看即是一个自相矛盾的词,如同说"方的圆"一样,没有任何实在的意义。有强迫即没有自由,自由是支配的不存在,马基雅维利的自由观念在这个意义上具有"消极"色彩。这并不是说马基雅维利否定政治参与的重要性,但与卢梭不同的是,他对政治参与的强调的落脚点不是集体对特殊意志的斩草除根,而是特殊意志之间"冲突"式的互动和互相制衡。

从政治代表的角度反对卢梭,最著名的当属英国保守主义政治思想家埃德蒙·柏克。如果说卢梭对代表持绝对否定的态度,那么柏克则相反,他认为代表不仅需要,而且应该相对于民众有自己独立的判断,代表不应该随时听命于民众的命令。柏克在这方面的分析最直接体现在他著名的《对布里斯托尔选民的演说》("Speech to the Electors of Bristol")中。1774年,柏克获得当时英国第二大城市布里斯托尔选民的支持,成为由该市选出来的英国下议院议员之一,他在当时还只是一位略有名气、擅长写文章、做过几年下议院议员的人。当时英国下议院的选举仍带有很强烈的贵族色彩,经常一个地区的选民大多是某位领主的佃户,下院议员的位置便是这位领主的囊中之物。柏克从1765年开始就在凡尔内勋爵(Lord Verney)的庇荫下,做了将近十年白金汉郡文多弗镇选举出来的下院议员。1774年,凡尔内勋爵因为经济原因收回了对柏克的支持。但很快柏克又在一些朋友的支持下,成为布里斯托尔市的候选人，并以较微弱的优势成功当选下院议员。[1] 布里斯托尔当时已经是非常现代化、多元化的城市，也是英国最重要的港口城市之一，要在该市当选议员，显赫家族和重要人物的影响当然不可忽视，但来自普通选民的"公众舆论"已经有了举足轻重的作用。议员作为某个地区选出来的"代表"和这个选区之间的关系应该怎样，在当时就已经成为一个被热议的问题。

和柏克一起当选的"激进派"议员亨利·克鲁格（Henry Cruger）认为选民完全有权力对议员发号施令，他本人也十分愿意服从指令。对此，柏克有非常不同的看法，他在当选后的第一次演说中就直接告诉那些刚刚投票给他的人：谢谢你们投票给我，选我做你们的代表，但是我既不会也不应该听从你们的指令。和现代社会的政治环境相比，这一态度颇为特殊。为了尽量全面展现柏克的意思，我们将《对布里斯托尔选民的演说》中的一段话摘录在此：

> 毫无疑问，先生们，作为一名代表，能够与他的选民亲密无间，高度一致，并且毫无保留地交换意见，应该是他的光荣。选民们的意愿对他来说当然很重要，他们的意见应当受到高度尊重，他们的事务，应当始终予以重视。他有义务为了他们的安宁、快乐和舒适而牺牲自己的安宁、快乐和舒

---

[1] Richard Bourke, *Empire and Revolution: The Political Life of Edmund Burke*, Princeton University Press, 2015, p. 232.

适。最重要的是,在任何情况下,他都应当永远将他们的利益置于自己的利益之上。但他却不应该为了你们,为了任何一个人或一类人而舍弃自己公正的立场、成熟的判断力和开明的良心。这些东西并非来源于你们的快乐,绝不是的,也并非来源于法律和宪法。它们是上帝的信托,他必须为滥用它们负很大的责任。你们的代表不仅应当为你们勤奋工作,还应当运用他的判断力,如果为了你们的意见而放弃自己的判断力,这不是为你们效力,而是对你们的背叛。[1]

柏克上面这段话中表达的意思很清楚:代表要向选民负责,但这种负责并不意味着代表要时刻听命于选民的意见。事实上,作为议员,柏克自己就是这么做的。在1744年之后六年左右的任期里,柏克至少在两件大事上和他的布里斯托尔选民们意见十分相左。第一件事是关于大不列颠和爱尔兰之间的贸易问题。当时的爱尔兰尚在大不列颠帝国的牢牢控制之下,爱尔兰的货物出口——包括向英国的出口——受到严厉的限制。但在对反叛的北美殖民地的战争中失利以后,英国开始重新考虑其对北美以及爱尔兰的贸易政策,很多人都倾向于放宽对爱尔兰的贸易限制,让其享受相当程度的自由贸易权利,柏克也持此立场。然而,布里

---

[1] Edmund Burke, *Select Works of Edmund Burke* (vol. 4), ed., Francis Canavan, Indianapolis: Liberty Fund, 1999, pp. 10–11. 埃德蒙·伯克:《埃德蒙·伯克读本》,陈志瑞、石斌编译,中央编译出版社2006年版,第78—79页。

斯托尔选民的主流意见却是反对此项政策变动，原因很简单，如果允许爱尔兰的货物——尤其是有竞争力的羊毛制品等——自由地在英国销售，那势必会影响英国本土的商业利益，对布里斯托尔这样的港口城市来说尤其如此。很多人写信向柏克抗议他在议会的立场，并威胁说如果他不改弦易张，他们就收回对他的支持。为此，柏克写了两封信回应这些愤怒选民的意见和威胁。在第一封信的开头，他开宗明义地说："请您向商会转达我最诚挚的敬意，请他们放心，他们不用提醒我关心选区的利益。自从任职议员以来，我从没考虑过别的事情。但经仔细、成熟地考虑这个利益，并检查过几乎所有观点后，我相信，在目前的情况下，除了秉持目前的立场外，我没法更有效地促进布里斯托尔选区的利益。"[1]

柏克支持对爱尔兰自由贸易的理由其实很好理解，即自由贸易的结果是双赢，而非单边获利。在自由贸易的框架下，布里斯托尔的一些商家会承受一定的压力，但长期来说，这一政策是有利于整体英国的，包括布里斯托尔。比如，爱尔兰的货物可以销到英国，其人民可以从中获利，赚英国人的钱，但这也意味着他们消费能力的提高，英国的货物从而也可以有更大的市场。这一道理在今天看来虽然简单，但在当时重商主义还比较流行的英国，让人们——尤其是短期利益确实会受到一定冲击的商人——明白，

---

[1] Edmund Burke, *Select Works of Edmund Burke* (vol. 4), ed., Francis Canavan, Indianapolis: Liberty Fund, 1999, p. 33.

尚属不易。柏克自己也说:"我们很难让自己相信,在这方面,他们的获利并不意味着我们受损。"他在第二封信结尾处劝道:"爱尔兰享受的自由越多,越对您们有利;如果您们在一处受损,您们会在二十处其他地方获利。"[1]

第二件导致柏克同其选区选民意见冲突的事是关于天主教徒权利的争议。英国从17世纪开始逐渐确立了针对天主教的《惩戒法》(Penal Law),天主教徒的权利受到严格的限制,如不得任公职,不得多人聚会等。爱尔兰大部分人口都是天主教徒,但他们在英国的控制之下受到的压迫更深,比如不得从事法律、教师等职业,无选举权,死后财产必须由所有继承人平分(除非长子改宗新教),新建的天主教教堂不得使用石材,等等。很多这类法律都和当时延续数个世纪的英国国教和罗马天主教之间的冲突有关,但自从罗马教宗承认英国汉诺威王朝的权力合法性之后,《惩戒法》的很多内容都逐渐被取消,天主教徒也逐渐获得"解放"。然而数个世纪的严刑峻法使得普通英国民众对天主教徒的歧视甚深,在布里斯托尔也是如此。柏克自始至终都反对《惩戒法》,称它是"一个精巧和细致的发明,专门用于对一群人的压迫、剥夺和贬低,并使得人性本身在其中堕落,它是人类聪明才智的变态产物"。[2] 但布里斯托尔的选民们不这样认为,他们大多反对"天主

---

[1] Edmund Burke, *Select Works of Edmund Burke* (vol. 4), ed., Francis Canavan, Indianapolis: Liberty Fund, 1999, p. 47.

[2] Edmund Burke, *Select Works of Edmund Burke* (vol. 4), ed., Francis Canavan, Indianapolis: Liberty Fund, 1999, p. 251.

教解放"(Catholic Relief),并要求柏克在这一点上同他们保持一致。如在爱尔兰贸易问题上一样,柏克拒绝听从他们的指令,坚持了自己的立场。

主要因为这两件事,柏克于 1780 年失去了代表布里斯托尔的下院席位,但他似乎并不太在意,他在给布里斯托尔商会代表的抗议信的回复中表示,如果他因为这件事(爱尔兰贸易)而失去了议员资格,那就让它为下院的代表们树立一个榜样,即至少有一个人敢于站出来对他的选民们说"你们错了",并试图抵挡他们的欲望。[1] 从后来者的眼光看,毫无疑问,柏克是对的,但这给我们提出了这样一个问题:民主社会到底需要什么样的政治代表?很多时候,我们的本能似乎是说:"代表应该听人民的话,应该如实反映人们的意志和需求,否则就不是好代表。"这在一定程度上是对的,正如柏克并不承认他对其选民不忠一样,但问题的关键在于代表如何促进选民的利益。假如柏克选择了将自己真实的想法埋在心里,表面上听从选民的意见,甚至在公开场合违心地说点选民们喜欢听的话,比如"爱尔兰人去死,天主教徒都是坏蛋,谁不同意就是叛徒!"那么他继续当选几乎是肯定的,其个人权力是得到了保障,但这对社会、国家和选民本身来说是否有利?答案恐怕是相当明显的。

柏克自己对此也有相当成熟的思考,他说:"发表意见是每个

---

[1] Edmund Burke, *Select Works of Edmund Burke* (vol. 4), ed., Francis Canavan, Indianapolis: Liberty Fund, 1999, pp. 40–41.

人的权利,选民的意见很重要,值得尊重,代表应当永远乐于听取,并且总是严肃认真地予以考虑。但是,权威式的训示、发布的命令,尽管它们与议员的判断力和理智所确信的东西相抵触,他也有义务盲目、绝对地服从,投票赞同并为之辩护,这等事情就本国的法律而言,真是闻所未闻。其所以产生,是由于对我们的整个秩序和方向的根本误解。"[1] 很多时候我们不愿意相信或接受民众所表达的"意见"可能是错误的、分裂的、自相矛盾或缺乏远见的,就好像这根本不可能发生一样。事实上,这样的例子举不胜举,稍远的如二战时期很多德国人要求"驱逐犹太人",如果那是人民的呼声,它实际上是其自掘坟墓的声音;较近的如近年欧债危机时期希腊很多民众接受不了紧缩政策带来的生活水平下降,要求几乎已经破产的政府继续维持高社会福利,但事实上如果不紧缩希腊就不可能渡过危机。在柏克看来,"政府和立法是关乎理智和判断力而不是偏好的问题",政治代表的责任也不是像镜子一样去"反映"民众的意见,而是应该有自己的立场和判断。很多时候,一个社会的进步需要有人站出来违背民众的意见,对他们说:"你们错了。"然而,这看上去又与所谓民主精神相矛盾。

可能马上会有人反对说:如果政治代表有了独立性,那如何确保他一定不会脱离群众?他对理智和判断力的运用一定会符合

---

[1] Edmund Burke, *Select Works of Edmund Burke* (vol. 4), ed., Francis Canavan, Indianapolis: Liberty Fund, 1999, p. 11. 埃德蒙·伯克:《埃德蒙·伯克读本》,陈志瑞、石斌编译,中央编译出版社 2006 年版,第 79 页。

人民的利益吗？难道就没有可能他是错的，或者他干脆就是想利用这种所谓的独立地位做有利于自己、不利于人民的事情？而且他在这样做的时候还可以说："虽然我跟民众想得不一样，但我更有远见，所以得听我的。"这种危险是真实存在的，卢梭就是系统表达过这一意见的思想家。卢梭从原则上反对政治代表机制，他认为立法应该是"公意"（general will）的结果，而公意的根本特征就是它的普遍性，它不是某个具体的人或群体的意志，而是所有集合在一起的人所形成的公共的和一般性的意志。而立法过程中一旦出现代表，就意味着某个具体的人的意志获得了它不应得的重要性。每一个所谓代表，即便是像柏克这样充满着宗教虔敬心、诚意为公共利益服务的人，也不可避免地带有某种特殊性。这种特殊性有很多来源，比如其宗教、文化或家族背景，某种特殊的利益导向，或者是其本人可能都不清楚的特殊心理状态等，这些都可能导致特殊意志和公意之间的差别。

　　这一批评虽然显得有些激烈，但并非完全没有道理，在现实中我们能看到太多所谓人民的代表以人民的名义做着违背人民利益的事情。另一方面，卢梭也意识到，在现实中我们很难避免对某种代表机制的需要，尤其是在公民人数过多时。卢梭在为波兰设计政体时就遇到了这个问题，他的解决办法是一种折中，即尽可能地减少政治代表所拥有的自由裁量权，增加选民对代表的控制。但这又回到了柏克提出的问题，即民众可能是错的。这看上去是个困境，这里的关键实际在于意志（will）与判断（judgment）

的区别。[1] 正如我们一再提到的,柏克并不反对代表应该服从选民的意志,当选民们表达出不再信任某个代表的意思时,他就必须退出。他反对的是代表简单地服从选民的判断,在那些涉及公共福利的问题上代表应该有自己的判断,这个判断事实上并不一定完全对,或不一定总是对,但代表需要从自己的良心和成熟的理性出发做出判断,并尽可能地向选民们解释,说服他们。比如在爱尔兰贸易问题上,柏克显然认为布里斯托尔选民的利益应该是他服务的对象,在这一点上他是选民意志的忠实奴仆,但这个利益具体在爱尔兰贸易问题上应该如何实现,政府应该采取什么样的立场,他则有自己的主见,即使选民的意见再大,他也不愿屈服。

柏克后来被称为保守主义思想家,他显然并不认为有哪个政治代表能通过理性获知公共利益的全部——它是什么以及如何实现等,他非常清楚地知道他以及任何一个诚实的政治代表都只可能是从一种带有特殊性的角度观察和理解有关公共利益的问题。在这一点上,他不需要卢梭的提醒。然而,同卢梭不一样,他认为这种特殊性恰恰是政治的题中应有之义,一个好的政治家或政治代表,正是应该在对其自身判断的特殊性有清醒认识的前提下尽可能地为普遍的公共利益服务。这种特殊性与普遍性的结合也存在于他对现代政党的开创性解释中,很多现代政治学家——如

---

[1] Nadia Urbinati, "Representation as Advocacy: A Study of Democratic Deliberation", *Political Theory*, vol. 28 (6), 2000, pp. 758–786.

萨托利（Giovanni Sartori）——关于政党的理论实际上都受益于柏克所做的贡献。[1] 就政治代表而言，柏克的立场还带有一些敢做敢当的英雄色彩，他自始至终都表明他的观点就是他自己的，他愿意为其负个人责任。假如布里斯托尔选民在爱尔兰贸易等问题上选择信任柏克，最后事实证明这是一个错误，那么柏克毫无疑问要为自己的判断负责，没有任何余地可言。或者如果选民们根本不信任他，那么他也接受后果，不再做他们的议会代表。无论如何，其个人责任非常清晰。然而，假如柏克违心地听从选民一时的意见，甚至对他们愤怒、排外的情绪煽风点火，那么无论后果是什么，他都可以将自己摘得干干净净，说自己只不过是在听从选民的命令，就像一个"传声筒"一样。于是，他个人的权力可以获得保障，同时也不用为公共利益方面的任何问题负责。

柏克的这一观念与现代民主政治有着显著的关系，但如果我们把它放回到其写作的时代，它其实也具有"前现代"色彩。在柏克所生活的19世纪的英国，英国的议会——包括下议院——仍然主要是由贵族绅士们构成，与社会大众之间其实有着较大的身份差别，至少二者在财富占有、受教育程度等方面有着不容忽视的距离。因此，柏克所要论证的代表相对于人民的独立性，实际上和古代的混合政体理论同源，它们都强调某种贵族和民众之间的"合作"。柏克并没有忽视民众的意见，显然代表要被民众选举

---

[1] Giovanni Sartori, *Parties and Party Systems*, Cambridge: Cambridge University Press, 1976.

出来或罢免下去，而且代表要以民众的利益为服务对象。但同时，柏克认为也要为某种"贵族"或精英留有一定的位置，不能任由民众的意见决定一切，代表要在某些问题上具有自己独立的、理性的判断，要从国家的长远利益考虑问题，而不应服从一时一地的激情。虽然柏克在这里并没有明确使用混合政体的理论，但这几乎就是古代混合政体理论的现代版本。这一观念甚至影响了美国的建国及其宪制构造。《联邦党人文集》著名的第10篇中，詹姆斯·麦迪逊就表达了类似的代表观念，他（以及其他"联邦党人"）认为美国要建立的国家是"共和国"而非"纯民主"，两者最关键的区别即在于前者有代表制，而后者没有。"纯民主"中人民直接表达自己的意见，没有任何中间的过滤和提炼，麦迪逊等人认为这既危险又不适合美国，特别容易导致内部的派别纷争，他们认为应该有一个观点过滤和提炼的机制，既不否定"人民主权"的基本原则，又防止多数人的暴政和剧烈的冲突。这个机制就是政治代表，即由选举产生的一些代表来对公共事务进行商讨和决定，同时向选民负责。对于这一代表机制，麦迪逊解释道：

> 一方面是通过某个选定的公民团体，使公众的意见得到提炼和扩大，因为他们的智慧最能辨别国家的真正利益，而他们的爱国心和对正义的热爱似乎不会为暂时的或局部的考虑而牺牲国家。在这样的限制下，很可能发生下述情形：由人民代表发出的公众呼声，要比人民自己为此集会和亲自提

出意见更能符合公共利益。[1]

这里"提炼和扩大"二词无疑具有柏克的色彩。不过很难想象美国的宪制中仍然保留贵族成分，无论某些联邦党人如何希望。混合政体学说在早期美国政治思想中仍有一定的市场，这方面恐怕约翰·亚当斯（John Adams）比麦迪逊尤甚。亚当斯的观念是，美国既然是平等的个人组成的国家，那么为了这个国家的稳定与健康，便需要一定的贵族要素，使之与民众平衡，这样才能实现共和国的长治久安。美国原本并无旧欧洲那样的封建贵族阶层，但政治代表似乎可以作为替代方案。因此，亚当斯等人认为可以通过选举的方式创造所谓"自然贵族"（natural aristocracy），他们在财富、受教育水平、品味等方面要高于普通人，他们可以在共和国中起到如罗马元老院那样的"压舱石"作用。[2] 欧洲近代以来，一直可追溯到古希腊，选举确实被一致看作"贵族"制度，因为在古代，选举的结果总是那些有名望、有能力的贵族当选。马基雅维利就曾记录了古罗马的一次贵族和平民之间的交锋，当愤怒的平民被要求选出那些他们认为腐败的元老院议员的替代者

---

[1] Alexander Hamilton, John Jay & James Madison, *The Federalist*, Indianapolis: Liberty Fund, p. 46. 译文参考以下译本但有所改动：汉密尔顿、杰伊、麦迪逊，《联邦党人文集》，程逢如、在汉、舒逊译，商务印书馆 2004 年版，第 49 页。

[2] John Adams, *The Works of John Adams, Second President of the United States: With a Life of the Author*, vol. 8, ed., Charles Francis Adams, Boston: Little, Brown & Co., 1853, p. 370. David Waldstreicher (ed.), *A Companion to John Adams and John Quincy Adams*, Wiley-Blackwell, 2013, p. 48.

时,他们虽然有无数怨言,最后无一例外还是选了贵族担任,因为随便一个平民在他们看来都不够担当此任。[1]

然而,这在现代社会中可行吗?美国的宪制是一种混合政体吗?美国政治史和思想史家戈登·伍德认为,约翰·亚当斯在当时几乎完全脱离时代,跟不上美国建国时期的历史步伐,他身为"联邦党人",仍然用一套过时的概念框架来为当时新生的联邦宪法辩护。伍德对亚当斯的评价近乎苛刻:"他从未能理解1776年以后(美国)政治思想发生的变化。""在十八世纪传统政治概念瓦解之际,亚当斯却比任何人都更彻底、更咄咄逼人地为其辩护,他执着、倔强地往前行进,那一方向最终使他脱离美利坚思想发展的主干道。"[2] 他认为,亚当斯等人一厢情愿地用古代的政治智慧理解美国的政治发展,几乎是一种时代错置。美国联邦体制的要义并不是某种自然贵族的产生机制,而完全是民众多元的、个体性的利益和诉求的"反映"机制。联邦看似"高于"各州,因此好像更具有整体性,更能从宏观、长远的角度思考和决定公共问题,似乎和古代贵族所扮演的角色接近;但这是一种错觉,实际上人们只是将联邦机构看作利益和诉求表达的多重渠道之一,联邦能纠正各个地方团体的极端倾向,联邦本身也需要被各地方团体所约束和纠正,同时联邦内部各机构之间也需要互相约束。

---

[1] 马基雅维利,《君主论·李维史论》,潘汉典、薛军译,吉林出版集团有限责任公司2013年版,第274—275页。

[2] Gordon S. Wood, *The Creation of the American Republic: 1776—1787*, Chapel Hill & London: The University of North Carolina Press, 1998, p. 569.

这一整套州和联邦体系的最终目的仍然是为了保护个人的权利，防止专制权力的出现，并不存在高于部分的所谓整体。

对伍德而言，美国建国时期的政治实践是历史上从来没有过的，如何在平等的个人基础上建立起一个庞大的共和国，使这样一个国家始终为个人的权利服务，同时又防止某种专制或贵族政体的出现，这是一个不存在先在经验的创举。美国建国之时，"18世纪最先进的政治科学"告诉人们，在这样一个大规模的国家，如果要保证民众之间的平等，就会导向某种罗马帝国式的专制；而如果要防止专制，又必须引起某种贵族等级体系。然而在伍德看来，美国的政制实际上放弃了这种"政治科学"而另辟蹊径，此即以个体权利为基础的多元代表机制，代表主要的内涵则是对多元利益的直接反映，不同的利益诉求可以在这一体系中获得充分的代表、发声或施压机会，从而可以保障个体的权利和利益，同时也与人民主权的原则不矛盾。

不过，伍德的这一理论——或对美国宪制的"新解释"——与美国著名政治理论家罗伯特·达尔的所谓"多头民主"（polyarchal democracy）在本质上并无不同。在达尔看来，美国在建国时期所给出的方案就是一种典型的、有意识的妥协，主要体现在《联邦党人文集》第十篇中麦迪逊给出的"共和"方案，因此他将美国的妥协版本称作"麦迪逊式民主"（Madisonian democracy），主要内容是代表性机构之间的分工和制约，它既让人民主权的原则得以实现，又尽量避免一种简单多数式的、"民粹主义民主"(populistic democracy)。他的"多头民主"理论实际上是在批判性地继承麦迪逊式民主的基础上提出的,其内核即上述两种原则的妥协。而与这种妥协相对的,则是"民粹主义民主"向"多数决"(majoritarian rule)方向的过度倾斜,其结果是对个人自由造成威胁。[1] 多数决民主的困难在于,多数的获得其实并不容易。以美国为例,很多美国选民实际上对政府和政治知之甚少,或对政治参与毫无热情。有数据显示,美国总统选举的投票率有时只在50%左右,但如果大众中在政治上真正活跃的不占多数,那么多数人的意见也就无从谈起了。

达尔认为林肯"民有、民治、民享"中的"民治"(government by the people)真实的含义是人民通过多元竞争的利益团体来施行统治,政府决策民主与否由其对那些由民众自愿组织起来的利益团体的诉求的反映程度决定。这一民主模式不需要预设民众对政治参与有很大热情,也不需要他们对政府决策过程有充分的知识。对大多数民众而言,政治离他们的生活很远,这对多元民主模式来说并不是一个严重的问题。在达尔看来,关键在于整个社会中应该存在多元的竞争性的利益团体,人们可以依靠现有的利益团体去集中表达自己的诉求,也可以在感到自身利益受损时主动与其他类似的人结合成新的利益团体,从而对政府施压。由此,政府决策的过程实际上主要是在这些多元的利益团体之间寻找平衡。

---

[1] Robert A. Dahl, *A Preface to Democratic Theories*, Chicago: The University of Chicago Press, 2006, p. 4.

多元民主的"多元"主要就体现在多种团体——不管它们多么"小众"或边缘——都有机会对政府决策过程施加影响。这方面的一个典型例子是 20 世纪中叶美国平权运动中美国全国有色人种协进会（NAACP）希望取消种族隔离的诉求，该组织在各州碰壁后转向国会，在国会失败后又求助于司法系统，最终成功让最高法院判决宣布公立学校实行种族隔离、拒绝黑人入学违反宪法。达尔民主理论中的"多元"主要是一种利益诉求方面的多元，即尽可能充分地将不同的利益诉求纳入体系之中。这一理论与伍德的所谓多元代表机构其实出入并不大，它们都试图将人民主权与个人自由这两个有矛盾的原则结合在一起。它们其实共同地区别于柏克的代表原则，后者更接近古代的混合政体理论。柏克的问题意识不是人民主权如何与个人自由相结合，而是人民（或平民）如何与贵族相结合这一更古老的问题。在代表观念上，柏克更强调代表的主观能动性，而伍德的多元代表理论则认为代表更多地要忠实反映民众的意志与利益。

在区分贵族精英与平民的意义上，马基雅维利与柏克有相似性，但正如本书第二章所阐释的，马基雅维利在整体理论气质上与柏克式的保守主义相距甚远。我们可以将马基雅维利的政治思想看作混合政体理论和现代多元代表理论之间的存在，他承认平民与贵族之间的"混合"有利于共和国的自由，但这种有利主要来自他所谓的良性冲突，而非各司其职式的和谐友爱关系。现代政治中的"积极分子"与民众之间，在他那里更多是一种建构与被建构的关系,而非某种混合政体的现代版本。什么是民众的利益,民众是谁,其道德意识是什么,这些问题都由君主提出,并由君主回答。君主如果是民众的"代表",那么这种代表就是一种建构主义式的代表,而非镜面反映式的代表,代表塑造着被代表者的认同和利益。为了更好地建立起马基雅维利的权力理论与现代政治代表理论之间的关系,我们需要借助于克劳德·勒弗的文本。

三　权力与政治代表

　　真正将马基雅维利的权力理论与现代政治代表理论结合,并发展出一套新的、完全不同于麦考米克"马基雅维利式民主"理论的,是克劳德·勒弗。活跃于二战之后的法国左翼思潮代表人物勒弗与葛兰西一样,对马基雅维利有很浓厚的兴趣,他们都从马基雅维利那里看到一种变革与底层抗争的思想内涵。但勒弗的关注点不是葛兰西式的文化霸权或某种军事斗争策略,而是起自对工人运动中的领导者与运动本身的关系方面的思考。这需要我们先简要了解他在从事政治思考与写作之前的工人和学生运动经历。从1942年开始,勒弗就在他的启蒙导师、现象学家梅洛—庞蒂(Maurice Merleau-Ponty)的影响下积极参加各种社会活动,此后很长一段时间内他的主要精力都被各种社会运动所占据，参与建立了第四国际在法国的分支——托洛茨基主义的国际主义共产党（Parti Communiste Internationaliste, PCI），后勒弗与其观点不合，于 1948 年与科内利乌斯·卡斯托里亚迪斯（Cornelius Castoriadis）脱离该党成立了著名的"社会主义或野蛮"小组（Socialisme ou Barbarie），1960 年该小组又因内部意见分歧而分裂，勒弗与亨利·西蒙（Henry Simon）分离出去组建了"工人信息与沟通"组织（Informations et Correspondance Ouvrière），继续以自己的方式参与组织工人运动。在长达二十多年的积极政治活动生涯之后，勒弗逐渐淡出积极政治活动而转向智识思考，其后出版的第一本书（也是其博士论文），就是对马基雅维利政治思想的解读。[1]

勒弗对马基雅维利兴趣的开始，就是因为他的学生和工人运动经历。勒弗这一时期的思想活动伴随着他在政治活动上的跌宕起伏，主要围绕着权力在社会政治活动中的角色这一问题，或更具体地说，政党权力在争取工人阶级解放中的角色。他在 PCI 遇到了来自希腊的活动家科内利乌斯·卡斯托里亚迪斯，两人随后在对托洛茨基主义的看法上达成一致，他们都认为虽然托洛茨基主义对官僚主义的批判非常中肯，但总体上却持"批判＋正面评价"（critical-positive）的态度，他们认为这并不够，工人运动应该

---

[1] Bernard Flynn, *The Philosophy of Claude Lefort: Interpreting the Political*, Evanston, Illinois: Northwestern University Press, 2005.

更多地由工人本身组织。主要由于这一分歧，勒弗和卡斯托里亚迪斯等人逐渐从 PCI 中淡出，先是成立一个反对派"查留—蒙塔派"（Charlieu-Montal Tendency），后又分裂出来组建了新的活动小组"社会主义或野蛮"，并同时出版以该名字命名的学报。[1]《社会主义或野蛮》的创刊号中发表了一篇同样以"社会主义或野蛮"命名的文章，主要由卡斯托里亚迪斯执笔，相当于该小组的政治宣言。该文认为，美国和苏联作为"二战"后的两个超级大国，并且都试图压制对方，其结局很可能是一场第三次世界大战，最终导致国际社会陷入野蛮状态。而能阻止这一结局发生的，则是一场旨在推翻全世界资本和权力精英的激进社会主义革命。该小组由此而得名"社会主义或野蛮"，取"要么社会主义，要么野蛮社会"之意。[2]"社会主义或野蛮"仍以无产阶级的解放为目标，但是围绕着它的一个核心问题是如何看待政党在领导革命运动过程中产生的权力关系，换言之，运动往往需要一个政党来领导，以达到共同解放的目标，但该政党同时需要以"代表"或"先锋"的名义在自身周围集聚起强大的权力。围绕这一问题的争议在"社会主义或野蛮"中仍然继续，并最终导致该小组的分裂。

"社会主义或野蛮"内部的争论主要发生在卡斯托里亚迪斯和勒弗之间。卡斯托里亚迪斯更熟悉组织和运作，在很大程度上，

---

[1] Marcel van der Linden, "Socialisme ou Barbarie: A French Revolutionary Group (1949—65)", *Left History*, Volume 5.1, 1997, pp. 7-12.

[2] Marcel van der Linden, "Socialisme ou Barbarie: A French Revolutionary Group (1949—65)", *Left History*, Volume 5.1, 1997, p. 12.

他也接受革命运动中的组织和领导角色。而勒弗则在"社会主义或野蛮"期间表现出一些无政府主义的倾向。[1] 因此两人在"社会主义或野蛮"这样的小组如何起作用的问题上发生了争执。"社会主义或野蛮"的初衷是为反对过度官僚化,然而看似荒谬的悖论在于,这一反对本身仍然需要"领导",需要一定的"权力"。两人的共同点在于他们都认为工人自身应该在反抗运动中起主要作用,但两人在"社会主义或野蛮"是否应该是一个拥有自主权力的组织上产生了分歧。卡斯托里亚迪斯坚持认为工人阶级的反抗仍然需要像"社会主义或野蛮"这样的小组作为权力主体,来领导推翻资本主义社会和官僚制国家机器的革命任务。[2] 但勒弗认为,问题的焦点不在于政党领导的革命,而在于如何增强工人自身的权力。勒弗的立场是:必须通过加强工人的自我组织能力增强他们的力量,从而使工人阶级自身,而不是他们的所谓"代表",在与资本和精英的斗争中起主要作用,在这一过程中,"社会主义或野蛮"这样的小组应该主要起宣传、协调、收集并分析无产阶级"经验",以及提供理论支持的作用,不能越俎代庖。

　　勒弗与卡斯托里亚迪斯的立场进一步分化,最终使"社会主义或野蛮"陷入分裂。勒弗和白领工人亨利·西蒙离开"社会主

---

[1] Marcel van der Linden, "Socialisme ou Barbarie: A French Revolutionary Group (1949—65)", *Left History*, Volume 5.1, 1997, p. 17.

[2] 凡·德·林登(Marcel van der Linden)总结卡斯托里亚迪斯的立场道:"政党必须成为领导,目的在于摧毁自身。" Marcel van der Linden, "Socialisme ou Barbarie: A French Revolutionary Group (1949—65)", *Left History*, Volume 5.1, 1997, p. 17.

义或野蛮"组建了"工人信息与联络"(Informations et Liaisons Ouvrière) 小组，1960 年改名为"工人信息与沟通"(Informations et Correspondance Ouvrière)。不过，同样的悖论似乎仍然纠缠着新的小组，勒弗与西蒙之间还是因为小组的组织角色问题而产生分歧。但与前次分歧不同的是，这一次勒弗意识到，无论如何，小组与工人阶级之间都存在着不可避免的"分裂"。或者说，任何以工人阶级为"名"、声称"代表"工人阶级的小组，无论它以何种形式存在和活动，都必然与被代表的工人阶级存在隔阂，产生某种形式的权力和"等级"。仅以出版刊物、收集工人阶级的经验或提供理论分析而言，并非所有工人都能顺畅地表达或阅读，只有一部分（或少数）受过教育的人有此能力。在这一点上，西蒙认为小组组织的"理论"分析和辩论也是不可接受的，因为它们无形中在工人阶级运动中拉开了等级距离，发言（speech）本身即创造了在发言者和听众之间的权力关系，在西蒙看来，权力关系即压迫关系，所以应该彻底避免。而这时的勒弗较之前的立场显然有所转变，他意识到这一"距离"是无法消除的，甚至认为它是必要的。在 1975 年的一次访谈中，勒弗针对西蒙的立场说道："发言的权力使发言成为权力的表达，这的确是事实，但同样是事实的是，这一问题无法通过沉默来解决。"[1]

至此，勒弗其实已经逐渐超出对政党角色问题的反思，上升

---

[1] Claude Lefort, "Entretien avec C. Lefort", *L'Anti-mythes*, volume 14, 1975, p. 244.

到对权力和社会之性质的思考上。权力拥有者与它声称代表的对象之间不可弥合的"距离"成为一个更具普遍意义、更为重要的问题。针对这一距离,勒弗认为既不能假装它不存在,也不能像亨利·西蒙那样用取消权力的极端方式来回应,因为这无异于掩耳盗铃。勒弗认为,这一始终存在的距离应该被放在可见的位置,使它成为可辨别、可理解的东西。在上面提到的那次访谈中,勒弗说道:"这一矛盾是可怕的,但我认为它不可能被解决。当你认为政治是关乎所有人的事时,你会忍不住想为所有人而写作;但你的语言必然使你脱离大多数。我只是相信这一矛盾不应被掩盖。"[1] 这里的"矛盾"其实就是权力关系中代表者与被代表者之间的距离,他随后的政治思考很大程度上都是在围绕这一距离展开。

在这里,勒弗转向对马基雅维利政治思想的解读,并写作专著《马基雅维利著述之道》(*Le Travail de l'œuvre Machiavel*)。可以说,马基雅维利提供了他认为最能表达这一阶段思考的概念和理论框架。有意思的是,勒弗首先用了文本解读中"解读"(interprétation) 的含义来说明其理论思考的出发点。勒弗详细讨论了其他学者如诺里森(Jean Felix Nourrisson)、施特劳斯等对马基雅维利的研究,但与这些学者不同,勒弗对如何"解读"文本有着自己独特的见解。他认为,解读是一种对文本的把握,但这

---

[1] Claude Lefort, "Entretien avec C. Lefort", *L'Anti-mythes*, volume 14, 1975, p. 235.

种把握既不是根据自己需要的任意发挥，也不是对所谓文本原始含义的忠实还原，它是一种解读者与被读文本之间的微妙关系。这是一种双向互动的关系，解读本身是带有鲜明主体特征的读和解的活动，过于注重任何一方都是误区。事实上，几乎所有解读者都会宣称自己对文本的解读是"正确的"，即自己所读即为原作者所要表达的，或者就是这本书真实的含义，而且这一对文本意涵确定性的声称在很大程度上是不可避免、甚至是必要的。但勒弗一再强调的是，阅读者与文本之间存在着必然的、不可弥合的距离，阅读者可以而且应该根据自己的理解和判断来解释文本，但文本不存在一个所谓确定的、"正确"的意涵等着解读者去把握，这一意涵必须通过不断的解读才能显现出来，也只有在不断的解读中才能显现。而解读者展现的既是文本的意涵，又是自己的见解。[1] 我们的解读和原始文本之间存在着一个"本体论式的距离"（ontological gap），就像我们与地平线之间的关系一样，它是一种无法消除的距离。

在勒弗那里，权力与民众（及社会）之间的关系也是一种类似于"解读"的关系。在马基雅维利的《君主论》中，勒弗看到的即是这一关系。马基雅维利的新君主所要做的，首先就包括对社会的"解读"，正如解读和被解读对象之间的关系一样，新君主与民众之间也存在一种若即若离的微妙关系。在勒弗看来，马基

---

[1] Claude Lefort, *Le Travail de l'œuvre Machiavel*, Paris: Gallimard, 1972, p. 307.

雅维利在《君主论》中对美第奇统治者如何获取和维系权力的种种建议之下，实际上隐藏着他对社会和权力关系世俗性、政治性的解释。君主并不是以追求赤裸裸的力量为唯一目的，他还要担当一个社会的"解释者"的角色。君主为了维持自己的统治，最恰当的途径不是简单地增强自身的力量（force），而是为社会赋予一个合适的意义，对社会的过去、现在和未来做出"合理"的解释，为社会提供一个指导性的方针，并让人们接受。君主权力的有无、大小、维系时间长度都依赖于这种解读在多大程度上为民众持续认可。但同时，勒弗认为马基雅维利深刻地意识到，就像对一本书的解读一样，君主对社会的任何解读也是多种可能性中的一种，都有可能被其他解读替代，都需要面对自己的特殊性这一事实。这也正是新君主焦虑的真实来源：如何将自己的特殊性变成民众接受的普遍性？如何让自己的解读成为民众的普遍道德观念来源？[1]

在勒弗看来，马基雅维利的这一洞察实际上道出了人类社会普遍的政治特征，提出对一个社会"现在是什么样、应该是什么样"的解读过程，就是权力建构的过程，自我理解与政治权力二者从来就是互为一体的。在这方面，勒弗的一个重要的人类学观察是，社会不可能从"内部"产生一个自洽的对自身的理解，社会对自我的理解需要从一个象征性地脱离于社会的点来对社会进

---

[1] Claude Lefort, *Le Travail de l'œuvre Machiavel*, Paris: Gallimard, 1972.

行整体把握。卢梭笔下和谐的自然状态在某种程度上可以说是达成"自我理解"的社会，从而也不需要政治权力，但这一状态毕竟是虚构的。现实社会中政治权力的产生与社会"被解释"的需要一同产生，政治权力为社会整体提供了一个高于社会现实的"意义"。随着对"社会意义"的解释而来的必然是政治权力，因为这一对"社会意义"的解释在描述性的功能之外，不可避免地也是规范性的，解释社会的权力即是决定社会应该怎么组织的权力，亦即政治权力。换言之，这一解释也决定了谁是统治者、谁是被统治者以及如何统治。《君主论》中的君主即代表着这种权力，君主要统一意大利的城市和国家，就必须为这一整体提供一个能够让人们自我理解的意义。这一意义是政治权力存在的根本，也是权力区别于暴力的前提。

然而，矛盾在于，每当一个君主（或任何其他形式的权力主体）给予社会一个貌似"确定"的含义时，这一含义本身马上变得"可疑"，变得与社会脱节。《君主论》中的君主面临的一大问题是如何维持统治，如何维护政治体的统一，其原因在于每当君主为社会提供一个统一的意义、确立政治权力时，这一权力及其代表的意义立刻变得不稳定，变得与现实不完全符合。勒弗称这一距离为"象征"（the symbolic）与"真实"（the real）的距离。[1] 在勒弗看来，社会并不存在一个确定的一成不变的意义（或本

---

[1] Claude Lefort, "Machiavelli and the Verità Effetuale", in *Writing: the Political Test*, Durham & London: Duke University Press, 2000, p. 118.

质),任何对社会本质或意义的声称只能是一种"代表",它与社会之间有一个无法弥合的裂痕。[1] 社会的意义与社会本身的分裂,勒弗认为是社会最基本的分裂,即"社会的原始分裂"。所谓"社会的意义"只能在不断地对这一意义的"代表"中显现,它体现了社会本身的历史性和不确定性。对这一意义进行独断性声称的社会,在古代通常是"蒙昧"状态中宗教统治下的社会。

这一原始的分裂在《君主论》中主要表现为君主追求统一的需要与社会分裂倾向之间的矛盾。任何形式的政治权力都本能地追求政治体的统一,用一个统一的意义来为社会提供指导和规划。意义与社会的关系也是权力与社会的关系,权力主体从社会整体的高度赋予人与人之间的关系以"意义",政治权力在社会中起着组织性的作用(constitutive role)。但这也意味着政治权力不可能对社会进行确定性的把握。一方面,社会本身是在不断变化的,任何一刻都会有新的社会关系产生,因而社会的"含义"不可能一成不变。另一方面,从横向上看,社会在任何时候都可能产生多样的"解释",都可能被赋予不同的含义,政治权力的角逐则主要是在"社会应该获得什么样的意义"这一点上的竞争。因此,在勒弗那里,统一和分裂之争即是意义之争,即政治权力追求确定的社会意义的冲动与这一确定性并不存在之间的矛盾。

勒弗在《马基雅维利和实效真理》("Machiavelli and the

---

[1] Claude Lefort, *Le Travail de l'œuvre Machiavel*, Paris: Gallimard, 1972, pp. 425 - 426.

Verità Effetuale"）一文中指出马基雅维利的革命性正在于他对社会意义的确定性的消解："他（马基雅维利）宣称要摧毁这样一种思想，这种思想认为存在以自身为条件的美德和正义——或许事实上人们无法获知它们，但据说它们构成了人们的行为和社会组织的标准。"[1] 这里，马基雅维利对"以自身为条件的美德和正义"的批评正是勒弗所说的对社会意义之确定性的消解，也正是在这一意义上，勒弗才对马基雅维利的革命性赞赏有加。勒弗在《马基雅维利著述之道》中说："对确定性的必要的追求需要经过这样一种经验，即一种对所有政治都无法填补的空虚的经验；也需要经过这样一种承认，即国家不可能将社会纳入统一。"[2] 马基雅维利笔下的君主需要不断地调整策略，包括法律和政策，来维护国家的统一和自身的权力，最根本的含义莫过于此。而在《李维史论》中罗马的成功也在于它能不断地改变自己政治组织的原则，能不断地成功应付社会内部产生的分裂和矛盾，从而能长久地维持一个政治体的统一和权力。如勒弗所说，共和国的政治原则建立在"不同阶层的对抗之上"，而非某种抽象的正义和美德之上。[3] 事实上，在马基雅维利那里，不存在某种"正义和美德"的本质性内容等着君主去把握，存在的只是对它们的不断解释和应用，只有在这些具体的解释和应用（即法律和政策的制度）中，才能

---

[1] Claude Lefort, "Machiavelli and the Verità Effetuale", in *Writing: the Political Test*, Durham & London: Duke University Press, 2000, p. 122.
[2] Claude Lefort, *Le Travail de l'œuvre Machiavel*, Paris: Gallimard, 1972, p. 382.
[3] Claude Lefort, *Le Travail de l'œuvre Machiavel*, Paris: Gallimard, 1972, p. 517.

够看到美德和正义的内容。

　　勒弗对马基雅维利的解读既影响了他对人类社会的普遍性的理解，也经由这一理解影响了他对现代民主的看法。我们不妨从现代民主问题开始阐释其中的内在关联。与托克维尔一样，勒弗首先关注的是社会意义上的身份平等和人类社会从古代到现代的变迁，而非简单的制度形式的民主。在勒弗看来，即使古希腊城邦存在某种作为制度形式的民主，它也并非我们今天意义上的"民主社会"，因为即使在最"民主"的古希腊城邦，社会仍然严格地分成不同的等级，自由人和奴隶、城邦公民和外邦人、成年男性公民和妇女儿童，这些都构成了当时社会的统治秩序。相应地，民主作为制度形式在当时并不具有天然的正当性，反而被认为是较好政体中最差的和较差政体中最好的，完全可以而且应该被其他统治形式——如君主政体、贵族政体或某种混合政体——所取代。在古代和中世纪时期，贵族的统治也正是建立在身份等级基础之上，平民掌握政治权力则被认为是"自然不正当"的，是最大的荒谬。只有到了现代社会，即便我们只是在有限的范围内使用民主制度的概念，其背后隐含的社会经验也包含着"所有人在身份上都是平等的"这一观念事实。正如勒弗的研究专家伯纳德·弗林（Bernard Flynn）所说，勒弗与其同时代许多民主理论家不一样的地方主要在于他对这种民主经验的体会和反思。[1]

---

[1] Bernard Flynn, *The Philosophy of Claude Lefort: Interpreting the Political*, Evanston, Illinois: Northwestern University Press, 2005, p. xix.

因此勒弗需要对现代社会及其经验做出解释,他在这方面大量使用了托克维尔的分析。在《民主的问题》("La Question de la démocratie")一文中,他说:"使托克维尔从他的同侪中脱颖而出的是他意识到民主是一种社会形式,他得出这一结论是因为在他看来,民主是相对于它的一个背景而言的:一个它脱胎于其中的、他称之为贵族社会的社会形式。"[1] 托克维尔政治思考的出发点正是所谓民主社会与贵族社会的分殊,这是思考现代社会——亦即他所说的"民主社会"——必须把握的前提。民主社会相对于贵族社会的一个最重要的特点是"社会境况的平等"(l'égalité des conditions),即人与人之间不再有身份等级差别,"个人"被看作平等的个体。而贵族社会则以"社会境况的不平等"为基础,社会以等级制的方式组织,人以其所属的社会等级来定义,不存在自然的普遍性的个体。现代社会意味着社会组织方式的根本性转变,人与人之间所能维持的秩序的前提也随之改变,社会必须在新的条件下建立社会与政治关系。[2] 勒弗将托克维尔的观点吸收为现代社会和前现代社会之间的区分,但不同的是,"民主"一词在托克维尔那里多少带有一点贬义:托克维尔认为"民主社会"的身份平等会带来高度中央集权和消极个人主义;而勒弗则认为现代社

---

[1] Claude Lefort, *Democracy and Political Theory*, Cambridge: Polity Press, 1988, p. 14.
[2] Alexis de Tocqueville, *Democracy in America*, trans. Harvey C. Mansfield & Delba Winthrop, Chicago & London: The University of Chicago Press, 2000, pp. 3–12.

会带来的机会远远大过它的负面效应,[1] 其中最重要的是现代社会前所未有的"权力的空位"("lieu vide du pouvoir";"empty place of power")。

"权力的空位"这一概念是理解勒弗民主理论的关键。他认为从政治的角度看,现代社会区别于前现代社会的根本特点即在于现代社会中象征性的"权力的空位"。"权力的空位"是指任何政治权力不再可能永久和确定地宣称自己是社会的唯一代表,权力的位置永远处于象征性的空置状态,而在前现代社会没有权力的空位。在这里,勒弗使用了恩斯特·坎托罗维奇(Ernst Kantorowicz)在《国王的两个身体》(*The King's Two Bodies: A Study in Mediaeval Political Theology*)中的比喻。坎托罗维奇将前现代社会比作一个有机的"身体",国王是这一身体之"首",而整个社会则依赖于某种超越性的天启式信仰。社会的意义被完整和确定地代表在这一信仰体系之中,人们对其相互关系的理解也是以它为前提。根据坎托罗维奇的说法,国王在这一信仰体系中处于一个关键的位置,他具有"两个身体":一个是他的自然的会死亡的身体;另一个则是其象征性的不会死亡的身体,作为王国统一性的象征。勒弗说:"同时处于法律之下和超越法律之上,国王将孕育国家秩序的原则内化在他那既是凡俗的又是不朽的身

---

[1] Claude Lefort, *Democracy and Political Theory*, Cambridge: Polity Press, 1988, p. 15.

体之中。他的权力指向一个绝对的、超世的点，同时，他自身又是国家统一性的保障者和代表者。"[1]

这一有机体的形象随着现代民主革命的发生而瓦解，其标志性时刻是法国大革命时期国王路易十六被斩首：这一斩首既是国王肉身的被斩，又是国王象征性之"首"的被斩，它标志着国家有机体的形象不再存在，一个确定的超越性的信仰体系不再能在人们心中找到普遍共鸣。可以说，社会从此处于一个无"首"的四分五裂的状态，这便是勒弗所说的"权力的空位"的由来，它意味着传统的象征性秩序（symbolic order）的瓦解。而民主社会则是在这一"权力的空位"前提下进行新的政治体——同时也是"社会"——构建的结果。在这一意义上，对勒弗来说，从前现代社会到民主社会的转变绝不仅仅是政治体制的转变，它带有深深的"象征性"（symbolic）的含义。[2]

勒弗认为，民主就是制度性地解决这一权力空位问题的结果。如托克维尔所观察到的，法国大革命中国王被斩首后再立新国王是毫无意义的，因为此时国王之死不仅是其肉身的死亡，更是其背后的象征性秩序的死亡。毫不奇怪的是，"人民"成为在法国大革命中出现频率最高、也最有力量的词汇，主权归于一个抽象的

---

[1] Claude Lefort, *Democracy and Political Theory*, Cambridge: Polity Press, 1988, p. 17.

[2] Claude Lefort, *Democracy and Political Theory*, Cambridge: Polity Press, 1988, p. 17.

统一的"人民","人民的意志"则是"法律之法"(law of law)。[1]但正因为"人民"一词的抽象和笼统,它无法替代国王成为新的权力的具体所有者,因为"人民"是一个可以被不断声称的名字,各种力量都以"人民"的名义要求政治权力。换言之,在现代社会,"人民的意志"的代表必然是多元和互相冲突的。值得注意的是,在勒弗看来,这种冲突与自由主义者关于"利益集团"之间的冲突截然不同,自由市场论者认为这种冲突在本质上是私人利益之间的冲突,它或许会最大限度地导致所谓公共理性的产生,但从根本上来说它是非政治性的。而勒弗理论中的社会冲突则是严格的"政治性"的,冲突的各方都宣称代表"人民",都试图给整个社会以一个统一的秩序。但民主社会的条件又使他们清醒地认识到,任何人都不可能绝对地把握社会的意义,任何对"人民"的代表都是有限的和暂时的。

在勒弗的民主理论中,"权力的空位"不是靠一个新的绝对权力来填补,而是通过政治主体规范化地代表人民、解释社会、为社会赋予意义来解决。在这当中,任何权力都是暂时的,都与社会本身保持着一定的距离。勒弗在《民主的问题》一文中说:"重要的是这一机制(民主机制),防止政府将权力挪为私用,防止它将政治权力内化于自身,权力的实施要通过周期性的再分配程

---

[1] Alexis de Tocqueville, *Democracy in America*, trans. Harvey C. Mansfield & Delba Winthrop, Chicago & London: The University of Chicago Press, 2000, p. 54.

序,……这一现象意味着冲突的制度化。"[1] 勒弗认为,政治权力主体并非仅仅是私人利益的追逐者,其最大的功能在于他们对社会和人民的"代表",并将这种代表的多元性摆上一个可见的政治舞台。[2] 因此,我们在这里看到了勒弗关于民主作为"舞台"的比喻,以及代表和权力在民主社会的特殊含义。勒弗强调民主政治中的代表机制,但这与密尔式的代议制民主还是有很大区别的。其最大的不同在于,勒弗赋予了"代表"(representation)一词特殊的政治性内涵。密尔的代议制民主观念中,"代表"主要是选民意见的表达和利益的表达,从而使"民治"适于大规模的政治体。[3] 但在勒弗看来,"代表"不仅是出于选民数量上的考虑,它更是现代社会自我理解的唯一途径。在现代社会,政治"代表"的过程实际上也是政治家对社会整体的"解读"和意义赋予,因而也产生了权力关系,社会需要这种解读,因为除此之外没有别的办法产生自我理解,也没有办法制定法律和政策。但这里的关键在于,这种"解读"一定是暂时的和有限的。暂时性和有限性意味着社会永远不可能有一个"终点"。在这一点上,勒弗说:"我已经花很长时间关注现代民主的这一特性:在我们所知的所有

---

[1] Claude Lefort, *Democracy and Political Theory*, Cambridge: Polity Press, 1988, p. 17.

[2] Claude Lefort, *Democracy and Political Theory*, Cambridge: Polity Press, 1988, p. 18.

[3] John Stuart Mill, *The Philosophy of John Stuart Mill: Ethical, Political, and Religious*, ed., Marshall Cohen, New York: Random House, Inc., p. 420.

政体当中，只有它用这种方式来代表权力，即权力指向一个空缺的位置，并因而保持着象征和真实之间的距离。"[1]

与现代民主社会象征着古代有机体社会瓦解之后的社会自我组织对应，现代极权社会虽然诞生在民主革命之后，但它的目标恰恰是重新填补"国王之死"之后的"权力的空位"，试图在新的社会条件下将社会重新纳入一个有机体中。这一想象中的有机体需要以一个极端的"真理"为前提，它承担着统一描述社会意义的功能，因而要以极端的确定性的解释来给社会一个终极目标。由此，社会在神启的象征性秩序消失之后重新被赋予一种确定的意义，社会内部不再存在分裂和冲突，唯一的分裂只存在于有机体和它的敌人之间。勒弗在"L'image du corps et le totalitarisme"一文中说："人民作为一个整体（People-as-One），分裂之内在于社会组成的事实被否认。"[2] 在"La logique totalitaire"一文中，他指出这一现象的基本逻辑有二。其一是位于中心位置的"社会权力"宣称与社会自身相重叠，传统的国家与社会的二分法被取消；这一权力往往依赖官僚体系的力量将整个社会纳入管理之中，以前相对独立的领域——经济、文化等——都被高度"政治化"。在这一过程中，权力的拥有者被认为是社会目标的化身，与社会目标相等同，"权力即社会"。第二个逻辑是"社会内部的分裂被否

---

[1] Claude Lefort, *Democracy and Political Theory*, Cambridge: Polity Press, 1988, p. 225.

[2] Claude Lefort, *The Political Forms of Modern Society: Bureaucracy, Democracy, Totalitarianism*, Cambridge, UK: Polity Press, 1986, p. 297.

认",认为社会只有一个本质,也只能有一个目标,任何与这些所谓"本质"或"目标"相违背的行为、思想和言论都遭到否认或消灭。[1] 因此这是一个"非政治"的社会,权力不再是权力,而是实现某种终极真理或社会本质的手段。正是在这一意义上,勒弗的批判与阿伦特殊途同归,他们都认为现代社会相对于古代社会来说存在着更大的一体化和单一化的危险。[2] 但他们又存在着明显的区别,伯纳德·福林(Bernard Flynn)指出,勒弗认为阿伦特过于强调某种"历史法则"所支持的"运动"(motion)在现代社会中的作用,但在勒弗看来,这一"运动"实际上以停滞和僵死为前提,即极权所要实现的是某种"历史的终结",而非永恒的运动。在这一点上,勒弗认为,民主才是体现历史永远处于开放和运动状态的社会形式。

在勒弗那里,"the political"(le politique)与"politics"(la politique)的区分对理解什么是"政治"至关重要。"the political"指的是使社会成为一个整体、具有一个"形式"的背后的动因;而"politics"则是指日常的与政治相关的活动。勒弗说:"the political 不是在我们所说的政治活动中展现,而是在社会的组成模式

---

[1] Claude Lefort, *The Political Forms of Modern Society: Bureaucracy, Democracy, Totalitarianism*, Cambridge, UK: Polity Press, 1986, pp. 284–285.

[2] Bernard Flynn, *The Philosophy of Claude Lefort: Interpreting the Political*, Evanston, Illinois: Northwestern University Press, 2005, pp. xxviii–xxix.

与其中显现和隐匿的双向运动中体现。"[1] 因此"the political"与整体社会的组成有关，社会之成其为社会，需要从一个点出发对社会做出整体性的理解，为社会提供一个意义，这正是政治权力的角色，这是最根本的"政治"。与马基雅维利一样，勒弗同样认为政治权力既是"构成性"（constitutive）的，但其"构成"又一定是不稳定的。与权力的构成性相伴随的是权力与社会的分离，也是对社会意义的理解与社会本身的分离，这也是现代社会中代表与被代表、解释与被解释之间若即若离的关系。我们从这里出发，可以发展出许多关于现代社会和现代民主的新的解释。

勒弗从总体上来说仍然具有左翼思潮的底色，他受马基雅维利影响所发展出来的政治代表理论，正是来自对工人运动的反思，也非常适合用来挑战资本和精英对社会的专断性"解读"。这种代表既非镜面反映式的代表，也不同于柏克式的混合政体观念，与麦迪逊式的"提炼和扩大"也不一样，我们只有从马基雅维利的视角才能对它加以恰当理解。威姆·威芒斯（Wim Weymans）将其解释为积极行动者"翻译"（translate）形式性原则（如正义、公平等）为具体法律和政策的过程，[2] 显然，在这当中，"翻译者"的主动角色是不可避免、无法取消的，它不以这种形式出现，也

---

1 Claude Lefort, *Democracy and Political Theory*, Cambridge: Polity Press, 1988, p. 11.
2 Wim Weymans, "Freedom Through Political Representation: Lefort, Gauchet and Rosanvalon on the Relationship between State and Society", *European Journal of Political Theory*, vol. 4 (3), 2005, pp. 263–282.

会以另外一种形式出现。它是政治社会中的"刺破"者角色,而不是寻求共识的"和事佬"。罗尔斯、哈贝马斯等现代主流政治学家都强调政治中的理性共识,将"政治"(the political)的重点放在对这种共识的追求之上,制度和法律的设计都要以此为目标。[1]但勒弗的民主理论正好反其道而行之,其马基雅维利式的"代表"概念实际上是预设我们任何人对社会意义的解读都带有主观色彩,就像我们在画一幅肖像画时对一个人的"代表"一样,不可能排除掉主观印象的成分,反而承认并使用这种主观性是有利的。放大到社会结构层次上,这种主观性又与人们的社会处境——尤其是阶级状况——有关,不同的阶级往往有极为不同的对社会整体意义的描绘和"代表",很难(或不可能)用理性对话或"重叠共识"加以整合。因此,正如马基雅维利以更宽容的心态拥抱冲突和底层抗争一样,勒弗同样认为冲突和抗争是一个社会充满活力和进步的根本来源,也是现代民主的衡量基准。勒弗在这方面的批评和理论建构,正可谓现代民主的"马基雅维利时刻"。

---

[1] Todd Hedrick, *Rawls and Habermas: Reason, Pluralism, and the Claims of Political Philosophy*, Stanford: Stanford University Press, 2010.

第八章 结论

一

现代民主理论的主流是理性共识的理论,从多元的、不同的立场出发,通过理性对话寻找人们都能够接受的共识,并以此共识作为制度、法律与政策的基础。正如哈贝马斯所说:"商议(deliberation)的目的一般来说是合理地推动一致意见。"[1] 从这一视角看,现代政治中流行的"数人头"方式本质上是一种暴力,因为在数字的叠加与比较中几乎没有任何理性可言,至少没有我们希望看到的公共决策中所需要的理性。共识理论的基础就是反对这种暴力,因此它对程序有很高的要求,合理的程序"体现了一

---

[1] 哈贝马斯,《在事实与规范之间:关于法律和民主法治国的商谈理论》,童世骏译,生活·读书·新知三联书店2003年版,第379页。

种高层次的主体间性","形成了可以讨论同全社会有关并有必要调节的问题的论坛,以及就这些问题进行或多或少合理的意见形成和意志形成过程的场所"。[1] 这一场所要求参与的主体之间是平等的、理性的、对话的关系,具体而言:

第一,平等。偏重于"数人头"的竞争性民主,人们有时候称之为"聚合式民主"(aggregative democracy),[2] 共识理论的支持者们之所以对它感到不满,从根本上说是因为它所带有的"强迫性"(coerciveness)特征。我们可能会本能地认为,民主政治取代专制,即意味着政治领域中"说服"取代了"强迫"。但聚合式民主中"说服"的成分并不多,选票数量成为决定立法、政策制定过程的主要因素,因而给了很多"非民主"因素以可乘之机,如政治精英的作用、资本的影响,宗教、民族、种族势力所扮演的角色等。很多时候,所谓民主的决策,只不过是某种社会力量发挥作用的另一种形式而已。在这一背景下,共识理论要求在政治领域尽可能排除强迫性要素,平等地对待每一位公民,无论他们所拥有的财富多少、社会地位如何、种族及宗教归属为何等等。

第二,理性。公共理性是共识理论的核心所在。在一个政治体中,人们所共同遵守的规范,其来源应该是公共理性,而不是某种宗教、特殊的传统、偏见、强制性武力等。公共理性一般并

---

[1] 哈贝马斯,《在事实与规范之间:关于法律和民主法治国的商谈理论》,童世骏译,生活·读书·新知三联书店 2003 年版,第 371—372 页。
[2] Jack Knight & James Johnson, "Aggregation and Deliberation: On the Possibility of Democratic Legitimacy", *Political Theory*, Vol. 22 (2), 1994, pp. 277-296.

不要求人们像柏拉图那样在形而上的领域找到某种"真理",它更接近康德式的程序性要求,即每个人都将自己放在别人的处境中,通过平等"对话"找到能适用于所有人的原则。为此,罗尔斯曾专门设计了一个所谓"无知之幕"的场景,假设其中所有人都不知道自己在真实生活中的身份——或穷或富、健康或疾病、信仰、肤色,甚至世界观如何,等等。当他们在这一场景中试图共同商讨找出一个规范其真实生活中的正义原则时,这一原则"应该"就是有理性的人能够接受的。[1] 罗尔斯使用这个比喻是为了说明民主政治应该努力实现的目标,现实中的民主应该是公民对这种公共理性的使用。[2]

然而,在平等方面,我们要问的是:什么是平等?是什么意义上的平等?即便在现代社会,人与人之间也总是有着巨大的差别,穷人和富人几乎永远存在。这种区分当然是不平等,也正是因为存在这种不平等,人们参与政治的能力、效果以及对政治过程的影响力显然都是不一样的。汉娜·阿伦特认为现代社会的主要问题是"社会的"(the social)太多、政治的(the political)太少,经济的重要性大大超过政治,但政治也需要社会的支撑,政治的问题也往往来自社会。马基雅维利将社会的基本构成区分为贵族与平民,并以此为框架展开政治分析,包括对君主制和共和制的讨

---

[1] John Rawls, *A Theory of Justice*, Cambridge, Massachusetts: The Belknap Press of Harvard University Press, 1999.
[2] 段德敏,《冲突还是协调:协商民主与政治代表机制间关系分析》,《学术月刊》2018年第3期。

论，实际上都是将政治的内容直接关联到社会内部阶级之间的关系之上。这一方面带有古典政治思想的特征，因为古代思想家如亚里士多德等人也是将社会划分为穷人和富人，城邦政体的变革和转化都围绕这一关系展开，马基雅维利在这里相当于是继承了古典思想的理论框架。另一方面，这一继承关系又使得他与现代社会强调个体和形式上的平等权利而忽略阶级区分的政治理论极不一样，马基雅维利对古典的回归放在当代却是一种前卫。如果考虑到他赞誉平民，特别是他们对共和自由的促进作用，强调平民抗争和冲突的积极意义，我们就更可以体认马基雅维利的当代性。然而，需要指出的是，与麦考米克、马赫等人所认为的不一样，马基雅维利虽然强调社会内部的不平等，但他最终的目的仍然是回归到"政治"之上，他希望平民在共和国中能积极抗争，与贵族精英对抗，但这不应该是完全暴力的、排他性的抗争，而应该是导向一种更多元的包容性政治的抗争。

就理性的问题而言，同样有什么是理性、谁的理性的问题。当一个父亲对儿子说，你的某个行为不够理性时，这一理性有"合理"的意思，但同时也多少包含父权的成分。当15世纪初佛罗伦萨的长官对下层纺织工人说，你们的反抗行为不够理性、破坏了城市和谐时，同样也有权力的成分在内。权力的成分使得"理性"或"合理"的声称变得不再那么客观、中立，这并不一定指权力主体在做此声称时就一定是不真诚的，而是指我们在做理性和非理性的区分时，实际就已经在行使某种权力，我们熟悉或习惯的往往是理性，而不熟悉和不习惯的往往是不理性的，对我们有利的我们认为是合理的，而对我们不利的我们往往认为不合理。我们在多大程度上能随时随地清醒地做此种区分？因此，从马基雅维利的视角看，刻意强调"合理"与"和谐"，与对某个特定权力结构的维护是同构的，不理解这一点就不理解人类社会秩序的"真实情况"。正如葛兰西所说，在阐述这一点时，马基雅维利不是选择旧的形而上学的方法，而是通过雇佣兵出身的新君主形象来表达。旧的形而上学只是描述事物的幻影或想象的一面，而马基雅维利则试图深入到其底层，探寻事物真实的样子。在贵族和平民之间的关系中，他并没有像过去和今天的主流政治学家那样追求和谐，而是认为冲突其实是有正面作用的，这实际上也是来自他对人的真实生活状况的观察。当某项法律或制度对贵族有利，而对平民没那么有利时，和谐的关系或简单的对话、协商不会使得这项法律或制度自动发生改变。更接近真实的是，在人们（平民）的抗议、争取、施压下，才会发生真正的改变。但这又并不是说马基雅维利支持某种所谓单纯的、没有终点的"权力的游戏"，他显然还是希望法律和制度能得到改变和进步，他举的罗马的例子是如此，对于他的祖国佛罗伦萨而言，他同样希望如此。

马基雅维利认为人世间的秩序只有两种，一是君主制，二是共和制（有自由的秩序），除此之外就是混乱的无政府状态。这听上去有些过时，但其实并不过时。当然，并不是所有的秩序都与其名称相符合，孟德斯鸠曾说18世纪的英国是"隐藏在君主制中的共和政体"，[1] 而罗马共和国晚期虽然有共和制，但事实上已经转向共和制的反面。[2] 今天的世界仍然有部分国家，如沙特阿拉伯等，实行君主统治，但其他绝大多数国家都是共和制。在可预见的未来，这恐怕都是人类社会秩序的两种基本类型。

对于君主制，马基雅维利提供了一个题材创新、立场激进的思考，即普通人如何成为成功的"新君主"。或者，我们也可以将他的分析看作关于所有的传统君主最初是如何成为新君主的。但对传统的君主秩序而言，这一分析无疑是尖刻、刺耳的，因为它实际上解构了君主统治可能具有的神秘色彩。在人们眼中，所有的权力建构都具有相似性，人民如同质料，君主或潜在的统治者将其"形式"施加在了质料之上，从而构成了特定的秩序。马基雅维利将这一过程赤裸裸地展示出来，从而使秩序本身完全祛除了原来可能具有的神圣性。但同时，对这一过程的分析也是现有秩序如何维系自身的方法的展示。建立一个新秩序需要付出代价，需要准备好做传统道德所不允许的事；同时，维持这个秩序也需要付出代价，需要统治者时刻了解实际的或潜在的敌人，并积极与之对抗，在这个过程中不排除使用武力。在马基雅维利那里，这种新秩序自其成立之时，就进入了同时间的赛跑之中，其存续完全依赖于统治者的能力与时间中的不确定之间的较量，而结果始终是一个悬念。

---

1 孟德斯鸠，《论法的精神》，张雁深译，商务印书馆1997年版，第70页。
2 孟德斯鸠，《罗马盛衰原因论》，婉玲译，商务印书馆2004年版，第48—73页。

共和国同样需要能力在和命运的对抗中占据上风，只不过共和国有其自身的机理。在马基雅维利看来，共和国"有着较强的生命力"，一个健康的共和国总是更有机会变得更强大，因为它运行的内在动力不是维系其中一部分对另一部分的统治，而是不同部分共同的统治。用亚里士多德的话来说，这是一种公民之间的轮流统治，因此每个人都既是主人，也是被统治者。按照马基雅维利的说法，这样的共和国即便被征服，也有"较强的复仇心"。支配关系和公民间强烈敌意的消除，使得它能够更好地向外投射力量，一个国家的公民团结一致，总是比其内部严重的内讧更容易在和其他国家的竞争中获得胜利。但这需要"共同利益"在法律和政策的形成中起主导作用，指导着整体的方向，这又要求马基雅维利所说的公民的"自由"。这里"自由"的内涵是具古典色彩的政治自由，即公民对公共事务的广泛、平等和不受限制的参与。从亚里士多德到波利比乌斯，再到圣托马斯以及文艺复兴时期的奎恰迪尼等人，他们所能提供的理论精华大致可以用不同版本的混合政体学说来概括，即平民、贵族和有德性的个人（君主）都要在城邦共和中占据一定的位置。

马基雅维利同样支持混合政体学说，但他不认为这个"混合"就是共同体不同组成部分之间的和谐友好关系，和谐更多地指向一种静止状态，但在他那里事物的真实状态是运动，"不是上升就是下降"。他认为罗马共和国之所以能不断改进其法律和制度，从而更充分地实现自由，维持自身的强大，和其内部的"不和"有极大关系，只有在外部的压力之下，人们才会改变原来的思考与行动轨迹。这又与他对人性较悲观的估计有关，人的天性是自私自利的，共同体的自由需要人们具有美德，需要共同利益超过个人私利，只有冲突和抗争所带来的压力能使这一上升得以可能。但冲突与不和又不能是一种暴力流血式的内战，它实际上仍然需要包含语言的使用和人与人之间的交往沟通。马基雅维利对他所说的"冲突"作了很深入的讨论，而且还直接关联到他所处时代和国家的现实困境。在当时的佛罗伦萨，不同派系之间的冲突几乎是白热化的，那是一种你死我活的冲突。当一个共和国陷入这种状态之中，它就很难从中抽离，即便有人抱有善意，希望为共和国的公共利益做一些贡献，很可能在这种环境中也会被推入狭隘的派系斗争而身不由己、无法自拔。

  佛罗伦萨就像一个巨大的隐喻。美国的"建国之父"们曾经担心美国会陷入这种"意大利共和国"的境地，明确地建立一些制度防止这一结局。然而时间所带来的不确定性远远超出华盛顿等人的预料，联邦制度和各州之间的天然分野都无法抵挡 21 世纪的全国性派别分裂，党派立场分歧大到使很多家庭因此破裂。国家会因此破裂吗？共和如何维系？这也使得我们注意到马基雅维利在《李维史论》中没有着重强调、但在《佛罗伦萨史》中有更明确讨论的问题，即"冲突"首先需要有一种整体的认同，才有可能存在他所希望的积极而有建设性意义的"不和"。这其实有点像体育比赛，我们首先要认同基本的比赛规则，然后才能在激烈竞争中获得观感上的享受。19世纪的约翰·斯图亚特·密尔认为单一民族认同是现代代议制民主的前提条件,[1] 但现代社会的绝大多数政治理论都倾向于批评这一立场,大概和两次世界大战时期及之后的极端民族主义浪潮所造成的破坏有关,例如哈贝马斯等人支持一种去除掉民族认同的所谓"宪法爱国主义"(constitutional patriotism),人们认同的"应该"是宪法或价值体系,而不是民族。[2]

马基雅维利关于冲突的讨论背后其实也隐藏着对"团结"问题的担忧,宗教有可能导致团结,但意大利的教会分裂的作用远远大于团结的作用,对外扩张和战争能起到一种内部团结的作用,但其前提是能保持胜利的希望。在理论上,马基雅维利认为人们只有在冲突中才能获得真正的团结,而不是某种规范之下的"虚假"团结。前者借助于人的"现实的"自利心理,而自利是可以被教育和提升的,人们可以在短期利益和长期利益之间找到某种平衡;而后者则更有可能导致长期的更大的分裂。马基雅维利和奎恰迪尼之间的分歧堪足以说明这两种方案各自的吸引力之所在,他们的当代意义也是明显的。

对人的自利倾向的承认和接受,并以此作为其政治理论的基础,这是马基雅维利遭到很多诟病的原因。典型如施特劳斯等人

---

[1] 约翰·斯图亚特·密尔,《代议制政府》,汪瑄译,商务印书馆2012版,第220—228页。
[2] Jürgen Habermas, *The Inclusion of the Other: Studies in Political Theory*, ed., Ciaran Cronin & Pablo De Greiff, Cambridge: The MIT Press, 1998.

从他与"马基雅维利主义"的关系出发,将其政治思想看作现代虚无主义与现代病的开端。然而,现代社会是真理话语太多还是太少?施特劳斯等人对"真理"的追求,不关心权力的建构作用,不关心阶级区分和经济不平等的重要性,这未尝不是一种"心灵的封闭"。马基雅维利强调自利以及对自利的满足,这是一种自由主义的开端吗?恐怕也不是。他认为人类社会可能存在的两种秩序中,并没有指向现代自由主义的方向,反而为今天所谓共和主义留足了空间。斯金纳、波考克等人对马基雅维利的使用更接近马基雅维利最原创的贡献,但正如本书所展示的,马基雅维利对冲突以及社会性问题的关注与斯金纳等人对法律和制度层面"政治自由"的强调并不完全合拍。"友好""不和""自由而强大",这些其实都是古典时代经典的政治思想命题,马基雅维利为其赋予了极为现代的意涵,价值的多元和人与人之间的冲突成为政治的基础,这使得更开放的、更适合现代人的共和成为可能。

二

法国近代启蒙思想家孟德斯鸠在其书信体小说《波斯人信札》(*Lettres persanes*)里记载了一个关于古代穴居人特洛格洛迪族的小故事,可以与马基雅维利的"罗马故事"相参照。故事的开头颇有点像罗马共和的开始,特洛格洛迪族原来的国王对待族人很凶狠,残暴无常,后来族人将他杀死。像在古罗马王政时代结束时那样,特洛格洛迪族在杀死国王后,也不再接受任何国王的统治。但从这里开始,特洛格洛迪族人的故事便与罗马共和国相差极远,可以说正好相反:

> (他们)便只凭野蛮的天性行事。大家都同意今后再也不服从任何人,每个人只注意自己的利益而不管别人怎样。这个一致通过的决定使所有人皆大欢喜。他们说:"我干嘛去替跟我毫不相关的人拼命干活呢?我只顾我自己好了,我会生活得幸福的。别的人是不是幸福干我屁事?我设法获得一切必需品,只要我应有尽有,我才不管别的特洛格洛迪人穷得精光哩!"[1]

孟德斯鸠借书中通信人之口继续讲道,这一族里有两拨人,一拨居于山地高处,别一拨居于低地平原。某年大旱,居于低地平原的人收获了粮食,而高地居民几乎颗粒无收,可平原民众却见死不救。来年大涝,高地民众有所收成,而低地民众受灾严重,这次轮到高地民众只顾自保,见死不救。又有另一则消息,说某族人强抢了邻居的漂亮妻子,邻居见争拗不过,去找当地一个有

---

[1] 孟德斯鸠,《波斯人信札》,梁守锵译,商务印书馆2016年版,第19页。

威望的人评理，该人却说："这个女人是你的还是他的跟我有什么关系？我有我的田要种，我才不会放下我自己的活，花时间去解决你们的争端，处理你们的纠纷哩。"[1] 于是受害者绝望之际，在回去的路上见一漂亮女子，便抢来做妻子，尤其知道她就是刚刚那位拒绝主持公道的人的妻子后，就更肆无忌惮了。还有一则消息，某年大疫，一位有才能的医生，奉献了大量的时间和金钱医好了许多人，过后向他们讨要一点酬劳，那些被他救命的人却不愿意花一分钱。接着又一次大疫发生时，这位医者再也不愿意救任何人。

可以看出，与罗马共和的故事不同，特洛格洛迪族人在推翻国王之后，完全各自"自利"，几乎彻底丧失公德，各自以损害他人、不顾他人死活的方式自保自肥。结果在孟德斯鸠的笔下，所有人最后都受到损失，没有人真正获利。与此相比，是否还是由君主统治更好一些？

不过，在这个故事的后半部分，特洛格洛迪族人的命运出现了转机。在几乎全民自利恶斗的情况下，幸运的是尚存两个有美德且有能力的族人，他们不满当时的堕落风气，合力试图扭转局面。他们一开始只是两家合作，互相关爱、团结互助，以美德教育子女，齐心协力克服困难。但他们的努力最终赢得了更多族人的关注，以至于最后真的成功改变了全族的风气，提高了他们的道德水平。也因为人们普遍变得更有美德，全族人过上了更好的

---

[1] 孟德斯鸠，《波斯人信札》，梁守锵译，商务印书馆 2016 年版，第 19 页。

生活。然而在这里,也是在故事的最后,又出现了新的转折。族人们认为是时候推举一位国王了,他们找到了一个公认最公正的老人,希望他能做他们的国王,带领他们。但这个人却不愿意做国王,他满面愁容地说:"你们把王冠给我,如果你们一定要这样,我也只好接受,但是请相信,我必然悲痛而死,因为我来到世上时,特洛格洛迪人还是自由的,如今却要受人奴役了。"为什么会这样?这位老人解释道:

> 你们开始感到道德是个沉重的负担,在目前情况下,你们没有首领,所以你们只得勉强凭道德行事,否则你们就不能存在下去,就会重蹈你们祖先的覆辙。但是你们可能觉得道德束缚太厉害了,你们宁愿听命于一个君主,服从他的那些法律,因为那些法律还不如你们现在的风俗严格。你们知道那时你们便可以实现你们的野心:发财致富,弛禁纵欲,消闲自在,而只要不犯大罪,你们就无须道德的约束了。……啊,特洛格迪特人,我是将死的人了,我的血在血管中已经冰凉,不久就要去见你们的列祖列宗了。为什么你们要我令他们伤心,让我不得不对他们说,我给你们留下的不是道德,而是另一种枷锁呢?[1]

这位老人是哲学家吗?他不愿意做王,是因为他看到王制会

---

[1] 孟德斯鸠,《波斯人信札》,梁守锵译,商务印书馆2016年版,第26页。

减少人们培育和维系美德的迫切感,在这一点上,他其实又与马基雅维利一致。

在 19 世纪虚构的《马基雅维利与孟德斯鸠之间的地狱对话》中,那个叫"马基雅维利"的对话者详细解释了他会如何改变欧洲的风俗,让人们变得自私自利,最终把欧洲变成一个专制社会,而那个叫"孟德斯鸠"的对话者则认为欧洲的风俗不会轻易被改变。最终,"马基雅维利"——在书中代表拿破仑三世——获得了胜利,"孟德斯鸠"哀叹:"永恒的上帝啊,你允许了什么!"[1]

---

[1] Maurice Joly, *The Dialogue in Hell between Machiavelli and Montesquieu*, trans., John S. Waggoner, Lexington Books, 2002, p. 149.

后记

有部分读者可能会从本书书名中看出它与约翰·麦考米克(John P. McCormick)的《马基雅维利式民主》(*Machiavellian Democracy*)之间的关联,但正如本书所示(尤其是第五章),我并不赞同麦考米克的理论立场,马基雅维利在《佛罗伦萨史》中集中表达的是一个非激进民主的理论取向,且该取向与其整体政治思想具有内在一致性。本书书名的另一半与J. G. A. 波考克(J. G. A. Pocock)的《马基雅维利时刻》(*The Machiavellian Moment*)有关,本书确实部分受益于剑桥学派的启发,但从根本上说,与波考克等"共和主义"政治思想史研究旨趣不同,本书主要指向马基雅维利政治思想的当代相关性,特别是在对现代民主政治的反思上。

本书的写作过程并不是很顺利,中间拖延多年。最早与陈卓兄达成协议并签约之后,许久未能系统写作,后来在陈卓兄的不断催促下才集中一年时间完稿,并做修改、调整,终成目前这一版本。在这个过程中,我深刻体会到"截止日期是第一生产力"这句话的内涵,所以特别感谢陈卓兄!但我仍然希望我的学生看到这里千万不要学我,一定要坚持"凡事预则立、不预则废"这一原则,尽早动笔,完成毕业论文,不要为难老师。幸好我的学生都很优秀。这几年,学习研究凡偶有所得,经常是在备课、讲课以及与同学们的交流中发生的,这一过程总是刺激我努力将看上去似乎很复杂的问题尽量用通俗易懂的语言讲出来。我发现通过这一方式讲出来的内容往往是经得起检验的,这也迫使我去查阅更多的资料、做更多的思考去验证该结论。我真心觉得,与同学们的交流是我个人成长进步的关键,所以我要在这里感谢我的可爱的学生们,是你们的好奇心推动着我完成了这本书。

定稿那一刻,我其实并不确定它能达到一个什么样的学术水准,我怀着惴惴的心情请我在政治思想研究方面的启蒙业师李强教授看一眼书稿,如果觉得还可以并且愿意的话,帮我写序。没想到李老师看完之后马上给了我积极的回应,并欣然作序。我在深深感动之余,想起了最开始读到李老师的文字并对政治思想研究产生浓厚兴趣的那一刻。我相信这本书还有很多值得批评的地方,但坦白说,有了李老师的肯定,我就能以更加坦然的态度对待这些批评。影响一个人的方式有很多种,李老师最让我敬佩的在于他能用真诚的思考打动人、启发人。我也一直用这样一种标准要求自己,虽然达不到李老师的高度,但至少可以说我努力了,所以特别感谢李老师。

在政治思想研究中对我影响很大的另一位学者是我的博士论文导师、比利时鲁汶大学安东·布拉克芒（Antoon Braeckman）教授。虽然本书的写作没有直接与他沟通，但他在我的早期研究（尤其是托克维尔研究）方面，对我的帮助和影响巨大，用鲁汶大学对"导师"的称呼来说，他是我的"提升者"（promoter），而不仅仅是论文写作的"监工"（supervisor）。布拉克芒教授也像是一个朋友，我无数次在鲁汶 RIPPLE（Research in Political Philosophy Leuven）小组的读书会和工作坊的讨论中受益于同他（以及其他老师同仁）的对话。离开鲁汶后，每当我在研究工作中遇到困难，经常会想想如果布拉克芒老师遇到这个问题会怎么看。因此，在这里我也很想感谢他。

此书的完成还要归功于我的家人，没有他们的支持，写作是难以为继的，因此我想将此书献给他们！

同时，我的编辑朋友们（尤其是陈卓兄）在阅读、修改书稿中给了我很多宝贵的建议，一些研究同行还对部分内容给出了很有启发性的意见，我的学生谭阳和王哲帮我检查了错字、漏字，北京大学公共治理研究所重点项目"中外政治思想与制度研究"、北京大学政府管理学院和北京大学欧洲研究中心也给予了我很多支持，我要在此一并表示衷心的感谢！当然，本书最后如有任何问题，责任在我，同时也恳请读者方家不吝指正。

2022 年 8 月 2 日于燕园

图书在版编目(CIP)数据

现代民主的马基雅维利时刻 / 段德敏著. —南京：南京大学出版社，2023.3
ISBN 978-7-305-26148-0

Ⅰ.①现… Ⅱ.①段… Ⅲ.①马基雅维里(Machiavelli, Niccol 1469-1527)-政治思想-研究②民主政治-研究 Ⅳ.①D095.463②D521

中国版本图书馆 CIP 数据核字(2022)第 169068 号

出版发行	南京大学出版社
社　　址	南京市汉口路 22 号　邮编　210093
出 版 人	金鑫荣
书　　名	现代民主的马基雅维利时刻
著　　者	段德敏
责任编辑	陈　卓
照　　排	南京紫藤制版印务中心
印　　刷	南京爱德印刷有限公司
开　　本	880×1230　1/32　印张 13.5　字数 302 千
版　　次	2023 年 3 月第 1 版　2023 年 3 月第 1 次印刷
ISBN	978-7-305-26148-0
定　　价	88.00 元
电子邮箱	Press@NjupCo.com
网　　址	http://www.njupco.com
官方微博	http://weibo.com/njupco
官方微信	njupress
销售咨询	025-83594756

版权所有，侵权必究
凡购买南大版图书，如有印装质量问题，请与所购图书销售部门联系调换